Mutações Constitucionais e Direitos Fundamentais

S276m   Sbrogio'Galia, Susana
         Mutações constitucionais e direitos fundamentais / Susana
    Sbrogio'Galia. – Porto Alegre: Livraria do Advogado Ed., 2007.
    184 p.; 23 cm.

    ISBN 978-85-7348-498-4

         1. Direito constitucional. 2. Constituição. 3. Direitos e garantias individuais. I. Título.

                                                    CDU - 342

         Índices para o catálogo sistemático:

    Constituição
    Direitos e garantias individuais
    Direito constitucional

    (Bibliotecária responsável: Marta Roberto, CRB-10/652)

SUSANA SBROGIO'GALIA

Mutações Constitucionais e Direitos Fundamentais

Porto Alegre 2007

© Susana Sbrogio'Galia, 2007

Capa, projeto gráfico e diagramação
Livraria do Advogado Editora

Pintura da capa
Gustav Klimt – As três idades da mulher (1905)

Revisão
Rosane Marques Borba

Direitos desta edição reservados por
Livraria do Advogado Editora Ltda.
Rua Riachuelo, 1338
90010-273 Porto Alegre RS
Fone/fax: 0800-51-7522
editora@livrariadoadvogado.com.br
www.doadvogado.com.br

Impresso no Brasil / Printed in Brazil

Agradecimentos

Desde que me deparei com as primeiras monografias acerca do assunto, não pude mais deixar de me debruçar sobre o tema das Mutações Constitucionais, tal a sensação de inquietação que desperta o paradoxo entre estabilidade e mudança. Vê-se, pois, que se cuida de matéria pouco abordada na doutrina, mas de grande relevância nos tempos atuais, porque traz uma visão inovadora sobre o aspecto da mudança constitucional e dos seus respectivos limites.

Diante de questões tão instigantes quanto pouco focadas pelo Direito, criou-se o desafio de produzir a dissertação apresentada ao Mestrado em Direito da Faculdade de Direito da Pontifícia Universidade Católica do Rio Grande do Sul. Nessa empreitada, teve papel fundamental meu orientador, o Prof. Dr. Ingo Wolfgang Sarlet, sem o qual o estudo não teria chegado ao mesmo resultado. Primeiro, porque acreditou na idéia, atuando para além do que se poderia esperar de um orientador e estudioso da matéria dos direitos fundamentais, no âmbito do restrito círculo dos constitucionalistas brasileiros. Não somente forneceu as diretrizes que proporcionaram consistência a esse trabalho, como soube ser crítico e flexível quando necessário. Qualidades não provindas apenas do vasto conhecimento, mas, principalmente, da inegável vocação à docência.

Quando a tarefa se demonstra longa e difícil, também difícil é indicar todos aqueles que, durante estes anos, contribuíram com seu apoio emocional ou intelectual para a consecução deste trabalho, de modo que registro, em nome das pessoas ora nominadas, a minha gratidão:

Ao corpo docente e aos funcionários do Curso de Pós-Graduação em Direito da Pontifícia Universidade Católica do Rio Grande do Sul.

Ao Prof. Dr. Lenio Luiz Streck, pelas valiosas contribuições.

À administração e aos servidores da Emagis – Escola da Magistratura do Tribunal Regional Federal da 4ª Região – e à administração do Tribunal Regional Federal da 4ª Região, pelo permanente incentivo ao aperfeiçoamento dos seus magistrados.

Às bibliotecárias, Ivete Hissako Tazim e Maribel dos Santos Tobias, e aos servidores da Vara Federal e Juizado Especial Criminal Adjunto e Direção do Foro da Subseção Judiciária de Lajeado/RS.

Aos amigos Nilo M. de Almeida Camargo, Márcia N. Barboza e Ana Cristina Brenner, pela contribuição intelectual e pelo apoio.

À minha família: José, Marlene, Luciana, Christine e José Antônio, e, de forma especial, a Carlos Panitz, pelo incentivo.

Em homenagem à Camila Garcia de Garcia (*in memoriam*).

"É no domínio da relação com o outro na linguagem que sucede o viver humano, e é, portanto, no âmbito ou domínio da relação com o outro que tem lugar a responsabilidade e a liberdade como formas de conviver. [...] Temos desejado substituir o amor pelo conhecimento como guia em nosso 'que fazer' e em nossas relações com outros seres humanos e com a natureza toda, e temos nos equivocado. Amor e conhecimento não são alternativas; amor é um fundamento, enquanto o conhecimento é um instrumento. Além disso, o amor é o fundamento do viver humano, não como uma virtude, mas como a emoção que no geral funda o social, e em particular fez e faz possível o humano como tal na linhagem de primatas bípedes a que pertencemos [...], e ao negá-lo na tentativa de dar fundamento racional a todas as nossas relações e ações nos desumanizamos, tornando-nos cegos a nós mesmos e aos outros. Nessa cegueira perdemos na vida cotidiana o olhar que permite ver a harmonia do mundo natural ao qual pertencemos, e já quase não somos capazes da concepção poética que trata desse mundo natural, da biosfera em sua harmonia histórica fundamental, como é o reino de Deus, e vivemos em luta contra ele. Haver percebido isso tem sido o meu segundo motivo íntimo para buscar a compreensão do vivo e o viver no desejo de reencontrar, através da consciência de responsabilidade e de liberdade, a unidade de corpo e alma no viver humano que o entendimento de nosso ser biológico faz possível."

Maturana Romesín

Prefácio

O tema sobre o qual versa a obra ora lançada pela Livraria do Advogado Editora, designadamente o das relações entre os direitos fundamentais e as mutações constitucionais, da lavra de Susana Sbrogio'Galia, é sem dúvida alguma não apenas de grande atualidade e relevância, mas também particularmente cativante para quem aceita o desafio de aprofundar os estudos nesta seara. De outra parte, como bem observa a autora nos seus agradecimentos, chama a atenção o cunho de certo modo (mas apenas de certo modo!) paradoxal que se estabelece entre os vetores da estabilidade jurídica e institucional que constituem uma das tarefas da Constituição e a necessária e permanente mudança constitucional, nas suas mais diversas manifestações. Embora não seja nossa intenção colacionar aqui todos os possíveis argumentos que possam auxiliar na tarefa de convencer o leitor da oportunidade e importância do tema e dos benefícios com a leitura da obra (o tema certamente não necessita de uma tão enfática publicidade!), nos parece útil apontar para a recente discussão travada no nosso Supremo Tribunal Federal a respeito da possibilidade de superação, via mudança constitucional interpretativa, da necessidade de comunicação ao Senado Federal da decisão que, em sede de controle difuso e incidental, resultou na declaração de inconstitucionalidade de lei, de tal sorte que – pelo menos de acordo com a manifestação já declarada de alguns Ministros – a resolução do Senado nestes casos teria apenas a função de dar publicidade à decisão do Supremo Tribunal, visto que esta já tem efeito vinculante e eficácia *erga omnes*. Sem que se vá aqui adentrar o mérito deste posicionamento, o fato é que os limites e possibilidades da mudança constitucional formal e informal, notadamente quando afetados direitos e garantias fundamentais, enseja questões de difícil equacionamento e que reclamam cuidadosa reflexão, bem como um qualificado diálogo com temas centrais da teoria constitucional e da própria teoria da interpretação.

O trabalho de Susana Galia, Juíza Federal e Professora Universitária, corresponde, salvo alguns ajustes, ao texto da dissertação de mestrado apresentada no âmbito do Programa de Mestrado em Direito da Pontifícia Universidade Católica do Rio Grande do Sul e que tive o privilégio de orientar desde a sua fase inicial, portanto, desde a própria definição do tema e sua delimitação. Basta um breve olhar sobre o sumário, para que se possa constatar a preocupação da autora com uma abordagem não exclusivamente dogmática e com a inserção do problema no contexto mais amplo da própria mudança social e com a teoria dos sistemas, investindo, com propriedade, na árdua – embora imprescindível – tarefa de discorrer sobre os conceitos de Constituição em sentido formal e material e as relações entre ambas as dimensões, assim como enfrentar o problema da distinção entre as espécies de mutações constitucionais e o papel da interpretação neste contexto. O texto, bem redigido e de agradável leitura, encontra-se bem estruturado e cresce quando, na sua parte final, investe na relevância das mutações constitucionais para os direitos fundamentais, vinculando o problema à questão dos limites dos direitos fundamentais e dos assim designados limites dos limites. Além disso, importa destacar a honestidade intelectual da autora no que diz com a utilização das fontes de pesquisa e a diversidade e relevância da literatura efetivamente explorada Como toda e qualquer obra, também o presente texto não poderia pretender dizer nem a única e nem a última palavra sobre o tema e todas as suas facetas, mas, como todo trabalho de inequívoco valor científico, certamente tem muito a dizer e a oferecer aos que aceitarem o desafio de ler o trabalho.

Por derradeiro, alegra-nos o fato de o presente texto passar a ocupar o seu espaço na esfera pública e, seja para receber elogios, seja para ser criticado, poder contribuir de modo efetivo para a difusão do tema e a inadiável discussão sobre os seus diversos desdobramentos, tanto no que diz com a Teoria da Constituição, quanto no que diz com a vivência constitucional. Assim, resta-nos parabenizar tanto a autora, desejando que a obra tenha a merecida receptividade, quanto a Livraria do Advogado Editora, pela sensibilidade em acolher no seu seleto catálogo trabalhos acadêmicos nem sempre voltados a temas de fácil assimilação, mas cuja divulgação se revela absolutamente indispensável para o desenvolvimento do Direito Constitucional no Brasil.

Porto Alegre, junho de 2007.

Prof. Dr. Ingo Wolfgang Sarlet
Titular de Direito Constitucional da
Faculdade de Direito da PUCRS

Sumário

Introdução 13

Parte I - Mudança constitucional e realidade social 17
1. Direito e mudança social 17
   1.1. Mudança jurídica e estabilidade 20
      1.1.1. A evolução dos sistemas autopoiéticos 20
      1.1.2. O Direito como sistema 25
2. Mudança constitucional: a implicação entre o direito e a realidade
   constitucional 29
   2.1. Pressupostos para compreensão das mutações constitucionais 31
      2.1.1. O constitucionalismo e as mutações constitucionais 31
      2.1.2. Sobre Constituição material e Constituição formal 46
      2.1.3. Rigidez, flexibilidade e imutabilidade constitucional 53
   2.2. Para compreensão da mudança jurídico-constitucional operada pelos
        métodos hermenêuticos concretizadores 59
      2.2.1. A distinção entre texto normativo e norma 59
      2.2.2. Aspectos relevantes sobre interpretação 64
      2.2.3. A interpretação constitucional 74
      2.2.4. O papel dos princípios como condicionantes do processo interpretativo 75

Parte II - As mutações constitucionais 85
1. Uma introdução ao tema: a relevância da rigidez e flexibilidade constitucional
   para o fenômeno das mutações constitucionais 85
2. As mutações constitucionais 90
3. Espécies de mutações constitucionais 98
   3.1. Mutações constitucionais por interpretação 101
   3.2. Mutações constitucionais por atos do Poder Judiciário 103
      3.2.1. O procedimento: aspectos do controle da constitucionalidade no
             direito brasileiro 112
      3.2.2. A conexão entre os limites da jurisdição constitucional e os limites
             das mutações constitucionais interpretativas 116

Parte III - Os direitos fundamentais 123
1. O histórico dos direitos fundamentais e a institucionalização do poder 123
2. Definição e estrutura da norma de direitos fundamentais 129
3. Interpretação e restrição dos direitos fundamentais 134
4. O limite à restrição dos direitos fundamentais: o princípio da proporcionalidade 143
   4.1. O limite dos limites 143

4.2. O princípio da razoabilidade 144
4.3. O princípio da proporcionalidade, a proibição de excesso e a vedação de tutela insuficiente 147
4.4. A ponderação 155
5. O limite das mutações constitucionais interpretativas e o limite à restrição dos direitos fundamentais: a questão da garantia do conteúdo essencial 161
Conclusões 171
Referências 179

Introdução

Se a humanidade experimenta sua evolução em virtude da superação dos obstáculos que impedem a satisfação das suas necessidades essenciais, a ordem social importa em um permanente devir, que repercutirá nas suas estruturas institucionais. Logo, as Constituições, apesar de refletirem, no plano jurídico, as tendências de uma dada sociedade no momento da respectiva promulgação, são organismos vivos, com pretensão de permanência, não se lhes permitindo posição alheia à realidade social.

Diante dessa constatação, verificamos que, ou o Estado, através dos seus órgãos, propicia uma leitura do texto constitucional flexível aos impactos das mudanças sociais e permeável à incorporação dos efeitos destas mudanças, ou não persistirá a respectiva ordem fundamental, positivada na Constituição.

A doutrina identifica, então, o fenômeno das mutações constitucionais que consiste na alteração do alcance, sentido e significado das expressões insertas na Lei Maior, sem que o texto reste modificado.

No entanto, faz-se necessário encontrar um limite para as mutações que se pretendem constitucionais, visto que devem ser respeitados os limites materiais do sistema (horizonte das possibilidades), em razão de que o Estado de Direito possui um escopo essencial que vincula os poderes constituídos. Dentre esses limites materiais, encontram-se os direitos fundamentais.

Assim, a centelha de dúvida cresce em torno dos limites da interpretação judicial para promover as mutações constitucionais quando estão envolvidos direitos fundamentais, o que nos remete à problemática de encontrar um denominador comum para os limites às restrições destes direitos e os limites das mutações tidas como constitucionais.

Nesse cenário, desenvolve-se o presente estudo, objeto de dissertação apresentada ao Mestrado em Direito da Faculdade de Direito da Pontifícia Universidade Católica do Rio Grande do Sul como requisito parcial para a obtenção do grau de Mestre.

A fim de se lograr êxito em coordenar os tópicos antes referidos, buscando um cerne esclarecedor quanto aos limites das mutações interpretativas relativamente aos direitos fundamentais, demonstrou-se necessário dispor a presente dissertação em quatro partes, quais sejam, sobre mudança constitucional e realidade social; mutações constitucionais, especialmente as decorrentes de interpretação judicial; direitos fundamentais, com ênfase na sua particular forma de exegese e nos limites à sua restrição; e, derradeiramente, as conclusões.

Procura-se, no decorrer dos três primeiros segmentos deste trabalho, abordar as principais teses que guardavam coerência metodológica e doutrinária, ainda que se reconheça não ter sido possível, em face da necessidade de concisão e objetividade, abrangê-las à saciedade.

Em um primeiro momento, discorre-se sobre as mudanças sociais e a incorporação dos seus efeitos ao Direito, sob o modelo da evolução dos sistemas autopoiéticos. Vê-se, na interpretação constitucional, segundo os parâmetros exegéticos oriundos da hermenêutica ontológica atrelada à intersubjetividade e à argumentação jurídica, a forma de obter a resposta mais adequada para as antinomias do plano jurídico. A distinção entre texto e norma (Müller) e a metódica hermenêutico-concretizadora (Hesse) são, igualmente, imprescindíveis ao nosso intento.

Na segunda parte deste estudo, o foco é dirigido à elucidação do fenômeno das mutações constitucionais, mais precisamente aquelas decorrentes da interpretação judicial em meio à jurisdição constitucional, atentando-se aos seus relativos limites.

Os direitos fundamentais são abordados em um terceiro segmento, sob a ótica, principalmente, da sua estrutura, dos métodos de interpretação adequados à sua peculiar estrutura e dos limites às restrições destes direitos. Nesse contexto, adota-se a teoria estrutural dos direitos fundamentais, em Alexy, assentada em uma teoria dos princípios e em aspectos da teoria axiológica. Isso implica admitir a necessidade do emprego da ponderação e, em caráter mais amplo, do princípio da proporcionalidade para identificação do âmbito de proteção definitivo dos direitos fundamentais, diante da constatação da inevitável colisão entre direitos e bens jurídicos protegidos. E, como delimitação do âmbito jusfundamental e restrição são questões vinculadas, o princípio da proporcionalidade e a atividade ponderativa cuidarão de restabelecer, igualmente, o limite às restrições dos direitos fundamentais.

Contudo, o fato de o princípio da proporcionalidade encontrar equivalência no conteúdo essencial não importa em se confundirem método e resultado, no peculiar caso dos limites às mutações constitucionais que envolvam direitos fundamentais. Nisso residirá a conclusão deste estudo, que corresponderá à sua quarta parte.

As teses aqui esposadas, como antes dito, e sem desprestígio às demais, seguem uma determinada linha doutrinária, pautada, notadamente, por parâmetros exegéticos alternativos àqueles do positivismo formal, conquanto não metafísicos, por isso, sem a pretensão de esgotar a discussão em torno do tema, alicerçada em outras correntes doutrinárias. Da mesma forma, ainda que dentro dos mesmos parâmetros doutrinários, jamais poderíamos aspirar ao exaurimento do debate em torno das limitações às mutações constitucionais interpretativas frente aos direitos fundamentais. Não aceitar isso significaria negar as bases do pluralismo democrático em que assentamos este estudo.

Diante do exposto, da riqueza e do dinamismo do mundo da vida cotidiana, parece que a contribuição identificada nesse trabalho residirá em fornecer mais um ponto de vista sobre o tema e, conseqüentemente, persistir suscitando o debate. Isso faz lembrar as palavras de Maturana Romesín, quando diz que "a vida não tem sentido fora de si mesma, [...] que o sentido da vida de um ser humano é viver humanamente ao 'ser humano no humanizar'",[1] e, assim, leva-nos a constatar que a virtude não se encontrará propriamente no ponto de chegada, ou seja, em uma conclusão com pretensão de esgotamento, mas no caminho percorrido até aqui e que continuará seu curso nos subseqüentes estudos.

---

[1] ROMESÍN, Humberto Maturana. *De máquinas e seres vivos: autopoiese – a organização do vivo*. Tradução Juan Acuña Llorens. Porto Alegre: Artes Médicas, 1997, p. 12.

Parte I
Mudança constitucional e realidade social

1. Direito e mudança social

A compreensão acerca das mudanças informais da Constituição, a nosso ver, não pode dispensar o enfoque de base sociológica, que põe em íntima conexão o Direito e a sociedade em constante transformação.

O Direito, na condição de fenômeno social, pode ser visualizado como "norma" e "conduta" jurídica em processo de implicação. A conduta jurídica, por sua vez, pode ser normada (decorrente da observância de uma norma jurídica), e normante (elaboradora de uma norma de conduta social), neste caso, sobressaindo-se o aspecto dinâmico. Contudo, como bem coloca Cláudio Souto, estes são componentes básicos de uma mesma realidade jurídica.[2]

Chinoy entende que, apesar da continuidade das instituições e das normas que governam o comportamento dos indivíduos, "outros aspectos da sociedade estão mudando sem cessar".[3] Como a própria sociedade somente pode ser concebida na dinamicidade das relações sociais, da mesma forma, seus padrões se nos apresentam mutáveis, num influxo de valores que emana do conjunto das interações entre os indivíduos, para, após, incidir condicionando-lhes o comportamento. No dizer de Bottomore, o Direito:

> [...] embora se baseie nos sentimentos morais e seja influenciado pelas disposições institucionais de uma sociedade, provoca, pela precisão de suas regras e sanções, um grau de certeza no comportamento humano que não pode ser alcançado através de outros tipos de controle social. Além disso, a lei pode ter influência independente sobre o comportamento social, pelo menos no sentido de que estabelece, realmente, numa sociedade, atitudes e condutas que eram inicialmente, as de uma pequena minoria de reformadores.[4]

Apesar de essa concepção ter tido origem, inicialmente, quando do surgimento da sociologia jurídica como disciplina autônoma, e,

---
[2] Sobre o Direito como fenômeno social, temos SOUTO, Cláudio. *Introdução ao direito como ciência social*. Rio de Janeiro: Tempo Brasileiro, 1971, p. 5.

[3] CHINOY, Ely. *Sociedade*: uma introdução à sociologia. Tradução Octavio Mendes Cajado. São Paulo: Cultrix, 1999, p. 158.

[4] BOTTOMORE, T.B. *Introdução à sociologia*. Tradução Waltensir Dutra e Patrick Burglin. 9. ed. Rio de Janeiro: LTC, 1987, p. 242.

portanto, segundo bem acentua Boaventura de Sousa Santos, estivesse imbuída da visão normativista e substantivista da época,[5] o processo de transição, que a seguir se impôs, culminou na orientação do interesse sociológico para as dimensões processuais, institucionais e organizacionais do Direito, rumo à sua democratização, e, conseqüentemente, à democratização da sociedade.[6]

Quanto à dinamicidade da conduta normante, podemos atribuí-la à celeridade crescente dos processos de comunicação – que incrementam o contato entre os membros de diversas sociedades, e, assim, aumentam a difusão das formas culturais (fontes exógenas de mudança

---

[5] Conforme Boaventura de Sousa Santos, a sociologia do direito somente pôde ser concebida como ciência social, assim entendida sob a forma de ramo da sociologia geral, depois da Segunda Grande Guerra Mundial, suportando, inicialmente, o peso de uma visão normativista do Direito, em detrimento de uma visão institucional e organizacional, caracterizada pela hegemonia do direito substantivo em relação ao direito processual. Instaura-se o debate, então, entre aqueles que "defendem uma concepção de direito enquanto variável dependente, nos termos da qual o direito se deve limitar a acompanhar e incorporar valores sociais e os padrões de conduta espontânea e paulatinamente constituídos na sociedade, e os que defendem uma concepção do direito enquanto variável independente, nos termos da qual o direito deve ser activo promotor de mudança social tanto no domínio material como no da cultura e das mentalidades". O autor simboliza este debate nos nomes de Savigny e de Bentham. Ressalta também a existência da polarização oitocentista em torno dos que concebem o direito como "indicador privilegiado dos padrões de solidariedade social, garante da decomposição harmoniosa dos conflitos por via da qual se maximiza a integração social e realiza o bem comum, e os que concebem o direito como expressão última de interesses de classe, um instrumento de dominação económica e política que por via da sua forma enunciativa (geral e abstracta) opera a transformação ideológica dos interesses particularísticos da classe dominante em interesse coletivo universal, um debate que se pode simbolizar nos nomes de Durkheim (1977) e de Marx". Inicia-se um processo de transição. O enfraquecimento da visão tradicional normativista-substantivista ocorreria com a orientação teórica da escola do direito livre ou jurisprudência sociológica, que deslocaria a questão em torno da normatividade das leis para as decisões particulares dos juízes, criando terreno fértil para uma concepção sociológica focada nas dimensões processuais, organizacionais e institucionais do Direito. Participa desta transição Weber. No entanto, o quadro hegemônico da influência normativista somente se alteraria no final da década de 50, início de 60, devido a condições teóricas e sociais. Na qualidade de condições teóricas, teríamos: (1) o desenvolvimento da sociologia das organizações, inspirada em Weber, ramo da sociologia "dedicado em geral ao estudo dos grupamentos sociais criados de modo mais ou menos deliberado para obtenção de um fim específico, com enfoques diversos sobre a estrutura e a forma das organizações, sobre o conjunto das interacções sociais no seu seio ou no impacto delas no comportamento dos indivíduos"; (2) o desenvolvimento da ciência política e interesse despertado, por esta, nos Tribunais; (3) desenvolvimento da antropologia do direito ou etnologia jurídica: "Ao centrar-se nos litígios e nos mecanismos da sua prevenção e da sua resolução, a antropologia do direito desviou a atenção analítica das normas e orientou-se para os processos e para as instituições, seus graus diferentes de formalizações e de especialização e sua eficácia estruturadora dos comportamentos". As condições sociais, por sua vez, seriam: (1) as lutas sociais protagonizadas por grupos sociais, segmentários da sociedade, trazendo à baila o confronto da igualdade perante a lei com a desigualdade da lei perante os cidadãos; (2) aumento dos conflitos judiciais em face do aumento dos direitos sociais, causando a crise da administração da justiça (SANTOS, Boaventura de Souza. *A sociologia dos tribunais e a democratização da justiça*. In: ——. Pela mão de Alice: o social e o político na pós-modernidade. 7. ed. São Paulo: Cortez, 2000, p. 161-165).

[6] Sobre democratização do direito e uma nova política judiciária. (Ibidem, p. 177).

social) –, bem como às mudanças havidas no funcionamento das instituições sociais (fontes endógenas de mudança social).[7]

Ao considerarmos as fontes internas de mudança, devemos ter em mente a sociedade como sistema cujo equilíbrio é constantemente perturbado, e, até certo ponto, restabelecido. O restabelecimento desse equilíbrio decorre de ajustamentos operados pelo próprio sistema. Nesse processo, os conflitos e inovações permitem, nas sociedades mais modernas, a quebra do equilíbrio sistêmico, gerador das mudanças sociais.[8]

Com efeito, a concepção do Direito, sob a forma de controle social,[9] condicionador de comportamentos e gerador de estabilidade, a princípio, denota-se paradoxal quando confrontada com as modernas concepções que o objetivam como instrumento de mudança e desenvolvimento social. Seguindo essa linha, temos as conclusões do sociólogo Talcott Parsons:

> Outro grande problema funcional de um sistema normativo diz respeito aos ajustamentos que ocorrem porque um sistema social está também sempre envolvido em processos de intercâmbio com um meio ambiente mutável – na verdade está sempre sujeito a forças endógenas de mudança. Estas naturalmente têm repercussões nas inter-relações das unidades, cuja significância para a integração do sistema está centrada na incidência destas relações no conteúdo do sistema de normas e nos graus e motivação de aceitação de normas. [...] Os processos de controle social, no sentido sociológico estrito, operam sobre o sistema 'interno' da unidade, no caso do indivíduo-em-papel, em suas motivações ou sentimentos. Eles não somente facilitam ou impedem o seu obter do que ele quer, mas definem o que ele quer.[10]

Do que foi exposto, deflui-se que as mudanças sociais, sejam elas ocasionadas por fatores internos ou externos, resultam dos necessários ajustes do sistema, com escopo à superação das tensões e pressões que impulsionaram a transformação da sociedade, podendo ser promovidas por meio de um processo político e democrático, ou pela atuação daqueles que reconhecem a sua imprescindibilidade,[11] verificando-se, pois, nas atuais teorias sociais críticas, não apenas uma preocupação

---

[7] Isso com base no pensamento de CHINOY, 1999, p. 162.

[8] CHINOY, 1999, p. 164.

[9] SOUTO, Claudio; SOUTO, Solange. *A explicação sociológica:* uma introdução à sociologia. São Paulo: EPU,1985, p. 109. Ver também T.B. Bottomore: "uma definição de lei geralmente aceita é a proposta por Roscoe Pound: 'controle social através da aplicação sistemática da sociedade politicamente organizada'" (BOTTOMORE, 1987, p. 234).

[10] PARSONS, Talcott. Estruturas com primazia integrativa e estágios na evolução de sociedades. In: SOUTO, Cláudio; FALCÃO, Joaquim. *SOCIOLOGIA e direito: textos básicos para a disciplina de sociologia jurídica.* 2. ed. atual. São Paulo: Pioneira, 1999, p. 176-177. Sobre o tema, ver, igualmente, na mesma obra, o texto de Lawrence Friedman e Jack Ladinski, "O Direito como Instrumento de Mudança Social Incremental", p. 206: "O Direito é um mecanismo para ajustar as relações humanas à finalidade de assegurar algumas metas sociais concretas. Uma função do Direito é a preservação da paz e a ordem na sociedade. Porém, lei e ordem ("law and order") são desejadas, não como um fim em si mesmas, senão como uma condição para a consecução de outros objetivos vitais".

[11] CHINOY, op. cit., p. 167.

em recompor uma narrativa histórica, mas também em contemplar o aspecto de uma geografia humana interpretativa, uma hermenêutica espacial.[12]

No âmbito do Direito, a díade espaço-tempo reflete-se significativamente no plano constitucional. Mais do que um retrato estático do plexo das relações sociais em uma determinada época, as Constituições abarcam a massa viva dos diversos segmentos sociais organizados e institucionalizados, mas em constante transformação. Por isso, estabilidade e segurança, nas relações entre os indivíduos, somente podem ser alcançadas deixando-se uma margem flexível que comporte as progressivas mudanças sociais.

1.1. Mudança jurídica e estabilidade

1.1.1. A evolução dos sistemas autopoiéticos

A mudança jurídica pode ser depreendida do caráter normante da conduta, conforme retromencionado, quando emergente do processo de interação social. Contudo, não se pode conceber o exercício simplista de confundir-se o plano dos fatos com o plano do Direito, admitindo-se, equivocadamente, a direta interferência dos aspectos sociais na esfera jurídica, porquanto se cuidam de âmbitos diversos de implicação.

---

[12] Cf. SOJA, Edward W. *Geografias pós-modernas:* a reafirmação do espaço na teoria social. Tradução Vera Ribeiro. Rio de Janeiro: Jorge Zahar, 1993, p. 94-95: "O desenvolvimento de uma cultura política radical do pós-modernismo exigirá, por conseguinte, que se vá além das descrições empíricas rigorosas, que implicam uma compreensão científica mas, com excessiva freqüência, escondem o significado político; além de um antimarxismo simplista que rejeita todos as descobertas do materialismo histórico, na esteira da exibição de suas fraquezas e falhas contemporâneas; além dos chauvinismos disciplinares de uma obsoleta divisão acadêmica do trabalho, que se agarra diretamente a suas velhas prioridades; e além de uma geografia marxista que presume que já se criou um materialismo histórico e geográfico pela simples inserção de um segundo adjetivo. É preciso desenvolver um novo 'mapeamento cognitivo', uma nova maneira de olhar através dos véus gratuitos do pós-modernismo reacionário e do historicismo moderno avançado, para incentivar a criação de uma consciência espacial politizada e de uma práxis espacial radical". Ressalta-se a precedente conclusão de JAMESON, Fredric. *Pós-modernismo, ou a lógica cultural do capitalismo tardio.* Tradução Maria Elisa Cevasco. São Paulo: Ática, 1996, p. 75-76: "O argumento em favor de uma certa autenticidade nessas produções patentemente ideológicas depende da proposição anterior de que o que vimos chamando de espaço pós-moderno (ou multinacional) não é meramente uma ideologia cultural ou uma fantasia, mas é uma realidade genuinamente histórica (e socioeconômica), a terceira grande expansão original do capitalismo pelo mundo (após as expansões anteriores dos mercados nacionais e do antigo sistema imperialista, que tinham suas próprias especifidades culturais e geraram novos tipos de espaço apropriados a suas dinâmicas). [...] Não podemos, no entanto, voltar a práticas estéticas elaboradas com base em situações históricas e dilemas que não são mais os nossos [...] a concepção de espaço aqui desenvolvida sugere que um modelo de cultura política apropriado a nossa própria situação terá necessariamente que levantar os problemas do espaço como sua questão organizativa fundamental".

Todavia, se por um lado não podemos desconsiderar a inegável influência das mudanças sociais no Direito, deve-se buscar, na Teoria dos Sistemas de Luhmann, a compreensão acerca dessa relação de implicação. Isso sem desconsiderar as críticas de Habermas, em "O Discurso Filosófico da Modernidade", relativamente à anulação da subjetividade com a passagem do sujeito ao sistema, e, conseqüentemente, a dissociação do conceito de reflexividade do conceito de consciência, o que importaria em substituir a razão centrada no sujeito pela razão centrada no sistema, dando seguimento a uma tradição que se assenta na unilateralidade cognitivo-instrumental e nas tentativas filosóficas de estabelecer uma autocompreensão objetivista do homem e do seu mundo.[13]

Contudo, certo é que não se pode negar o aporte das idéias de Luhmann ao pensamento jurídico, aceitando-se a evolução do conceito de sistema, como bem explica Freitas, em harmonia com a racionalidade intersubjetiva.[14]

Igualmente, é necessário afastar qualquer contradição que o caráter autopoiético dos sistemas possa representar em relação à concepção de sistema aberto. É de Teubner a conclusão de que a autonomia e a autopoiese sistêmica não implicam independência de um sistema em relação ao seu meio, mas de outra forma, operam uma lógica de implicação/co-evolução entre subsistemas distintos.[15] Essa idéia é igualmente defendida por Maturana Romesín, em sua obra "De máquinas e seres vivos: autopoiese – a organização do vivo". Em que pese, nessa obra, a referência à autopoiese se dê em relação à organização dos seres vivos, traz-nos relevantes contribuições para compreensão da estrutura e funcionamento dos sistemas sob o aspecto da auto-referência.[16]

---

[13] HABERMAS, Jürgen. *O discurso filosófico da modernidade:* doze lições. Tradução Luiz Sérgio Repa e Rodnei Nascimento. São Paulo: Martins Fontes, 2000, p. 511-534.

[14] FREITAS, Juarez. *A interpretação sistemática do direito.* 4. ed. rev. e ampl. São Paulo: Malheiros, 2004, p. 34. Para o autor não há como se conceber, na atualidade, a idéia de sistema fechado: "Pelo visto, resulta que não se deve pressupor um mundo jurídico acabado fora do pensamento, tampouco pretender constituir ou formular um conceito de sistema fechado à base de definições alheias ao mundo dos valores materiais e históricos. O direito positivo é aberto, vale dizer, a idéia de um suposto conjunto auto-suficiente de normas não apresenta a menor plausibilidade, seja no plano teórico, seja no plano empírico". E mais adiante: "Como objeto de cognição e de compreensão, o sistema jurídico mostra-se dialeticamente unitário, aperfeiçoando-se no intérprete, sendo ele – o intérprete-positivador – quem, na multiplicidade cambiante e enigmática da vida, outorga, por assim dizer, unidade ao ordenamento, epistemológica e ontologicamente considerado" (Ibidem, p.31-32).

[15] TEUBNER, Gunther. *Le droit:* un système autopoïétique. Traduit de l'allemand par Gaby Maier et Nathalie Boucquey. Paris: Presses Universitaires de France, 1993, p. 97.

[16] ROMESÍN, 1997, p. 104-106. Segundo o autor, a autopoiese ocorre em diferentes ordens. Nessa distinção, as células seriam sistemas autopoiéticos de primeira ordem; e os organismos, de segunda ordem; enquanto os sistemas, de terceira ordem, diriam respeito ao agregado de organismos (sistema social) (Ibidem, p. 19).

De outra sorte, a teoria da autopoiese, aplicada ao Direito, conforme Teubner, enfrenta o tabu da circularidade, ao considerá-la, não como uma carência de argumentação, mas como uma conseqüência inerente à prática jurídica, uma vez que a realidade social do Direito se compõe de uma multiplicidade de relações circulares.[17]

Nesse ínterim, a noção de evolução jurídica é apresentada por Teubner, no seio da tese dos sistemas autopoiéticos, com base na Teoria dos Sistemas de Luhmann, que veio a promover a complementação da tese de Campbell, acerca das três funções universais da evolução sociocultural, a saber: (a) variação; (b) seleção; e (c) retenção, ou, como melhor nos parece, manutenção. Adaptada para a realidade das relações jurídicas, a variação ficaria a cargo das normas de Direito; as estruturas institucionais – notadamente o procedimento – operariam a seleção; e as estruturas dogmático-conceituais se ocupariam da manutenção do *status* do sistema.[18]

A despeito do reconhecimento da autonomia dos sistemas sociais e jurídicos, Teubner considera-os dotados de comunicabilidade, articulando-se sobre uma base orgânico-psicológica.[19]

Esta implicação entre os diferentes sistemas não se cuida de uma interferência direta de fatores evolutivos biológicos nos sistemas sociais e jurídicos. Não se negam os efeitos de uma evolução no plano autenticamente biológico ou social, mas toda interação deve ser concebida sob a reserva de autonomia dos sistemas que evoluem à maneira de esferas fechadas. Sustenta-se, pois, um modelo de co-evolução que importa na cristalização de mecanismos autônomos de evolução, internos ao sistema, admitindo-se a sua conexão estrutural. Sem esquecer a proposta habermasiana para a questão da autonomia problemática dos fenômenos normativos no cerne da evolução sociocultural,[20] a solução apresentada por Luhmann parece oferecer melhor fundamentação, ao enriquecer o modelo das três funções evolutivas, multiplicando as referências sistêmicas de interação. As três funções de evolução apareceriam de maneira endógena, por meio das normas, instituições – procedimento –, e doutrina. Mas, figurariam, igualmente, de forma exógena, pelos mesmos mecanismos análogos dos demais subsistemas

---

[17] TEUBNER, 1993, p. 18.

[18] Ibidem, p. 82.

[19] Ibidem, p. 83-84.

[20] Habermas propôs a combinação de dois modelos de evolução distintos, uma vez que a tese das três funções de evolução, segundo ele, não seria suficiente para analisar a identidade da esfera moral normativa da sociedade, nem sua capacidade autônoma de evolução. Para superar essa insuficiência, Habermas buscou completar o modelo sistema/meio do funcionalismo evolucionário por um modelo de "reconstrução racional", cercando-se de várias teorias da evolução moral do ego, e da transposição do contexto individual para o social. Entrementes, no arrazoado de Teubner, o postulado habermasiano deixa sem resposta o problema sobre quais mecanismos efetuariam essa transposição (TEUBNER, 1993, p. 86-87).

sociais que influenciam o sistema jurídico. A evolução jurídico-social se distinguiria pela interação da evolução endógena do direito, com a evolução exógena do meio social, esta influenciando sistematicamente aquela. Por essa forma, certos princípios organizacionais das sociedades em geral podem enfraquecer ou reforçar, conforme o caso, o peso relativo dos mecanismos endógenos de evolução (normas, processo e doutrina). Ao meio, então, é atribuída certa influência sobre o dinamismo interno do Direito, que se adapta à medida que a diferenciação social percorre os diferentes estágios de evolução. O princípio organizacional dominante na sociedade (segmentação, estratificação e diferenciação funcional) cria configurações típicas no sistema jurídico.[21]

Nesse sentido, a autopoiese sistêmica configura o limite para a evolução. A ação do meio se restringirá a uma modulação, ao passo que o processo evolutivo se encaminha por meio da determinação interna das estruturas.[22]

Não obstante, se considerarmos essa evolução autopoiética do Direito uma internalização das funções de variação, seleção e manutenção, os efeitos dos fatores exógenos somente podem ser concebidos em uma fase pré-autopoiética. A partir de então, a determinação da evolução pelo influxo da transformação social será realizada por mecanismos propriamente jurídicos. Logo, a evolução não pode ser mais causada, diretamente, pelo exterior (fatores exógenos): "Tout au plus parlera-t-on d'une incitation environnementale; mais tute modification potentielle sera déterminée exclusivement à *l'intérieur* du système".[23]

Os elementos exógenos serão avaliados em função dos critérios de validade dos elementos internos, como, por exemplo, a doutrina. A Seleção atuará, por sua vez, não mais adaptando a norma ao meio, mas integrando-a ao seio da autopoiese jurídica. As normas sociais não aparecem integradas imediatamente ao Direito, porém dependem de um ato seletivo autônomo, sob a forma, exemplificadamente, de uma norma de referência ou decisão judicial, que se encarregará deste processo de recepção, apreciando a validade ou não da norma em questão. Não há, com efeito, uma ingerência extrajurídica qualquer. Temos, sim, um processo de mediação que culminará pela recepção ou não da norma social ao sistema jurídico. Esse processo seletivo, incumbido da internalização das influências exteriores ao sistema jurídico, pode ser sentido por meio do processo hermenêutico realizado pelos operadores do direito, que resta externado nas decisões judiciais. Também, são mecanismos desta internalização as normas de referên-

---

[21] TEUBNER, 1993, p. 87.
[22] Ibidem, p. 88.
[23] Ibidem, p. 92.

cia, que possuem, em sua estrutura, a marca da permeabilidade a influxos externos, verificável, v. g., quando abordarmos a matéria sobre o papel dos conceitos jurídicos indeterminados, e, em contrapartida, tomarmos os princípios, como diretrizes de estabilidade e unidade, nos processos informais de mudança.

Por conseguinte, os critérios decisivos de seleção residem na possibilidade de integração da inovação às estruturas normativas existentes e sua compatibilidade com a autopoiese jurídica.[24]

Finalmente, a cristalização dos mecanismos internos do sistema deve garantir a manutenção das normas jurídicas como forma de assegurar o equilíbrio entre o binômio mudança/estabilidade nos sistemas autopoiéticos. Essa referência, segundo Teubner, pode ser ilustrada pela análise doutrinária das decisões jurídicas anteriores, que poderá versar sobre os regramentos concretos de conflitos, sobre os conjuntos de normas, sobre os princípios de Direito ou outros elementos sistêmicos.[25]

A função de estabilidade, por seu turno, ocorre a partir da interação da cultura e do procedimento jurídico como uma imbricação de dois circuitos comunicacionais distintos. O procedimento constitui o campo de experimentação do Direito, onde interagem as exigências normativas (instâncias de variação), com as decisões jurídicas (instâncias de seleção). O conceito de validade jurídica se refere à relação circular entre os dois contextos comunicacionais aqui presentes. No cerne do processo, as decisões jurídicas se reportam à norma transmitida pela cultura jurídica. Essa norma estabelece uma referência recursiva a outras decisões concretas, formando-se a base da cristalização no seio da cultura jurídica.[26]

Sob esse enfoque, parece-nos fundamentada a mudança jurídica como uma evolução do Direito na condição de subsistema autopoiético, em relação de implicação/co-evolução com outro subsistema, também autopoiético, referente à ordem social. Satisfaz-nos a lição trazida por Teubner, com base na teoria dos sistemas de Luhmann e a teoria da evolução em Campbell, por superar a simbiose simplista dos planos do "ser" e "dever-ser". Todavia, não se furta à explicação da internalização das mudanças no seio do subsistema jurídico, que, pelos motivos expostos, somente pode-se dar por um processo de mediação. Igualmente, demonstra a tendência homeostática, e, por que não dizer, a necessidade de buscar-se o equilíbrio sistêmico, diante do binômio mudança/estabilidade.

---

[24] TEUBNER, 1993, p. 94.
[25] Ibidem.
[26] Ibidem, p. 96-97.

Evidencia-se que, ou o sistema possui em sua estrutura mecanismos internos suficientes para operar essa homeostase e compatibilizar contradições, antinomias e interferências externas, ou se opera a ruptura (entendida essa, no contexto, como a desintegração do sistema ou surgimento de um sistema novo).

Por seu turno, a noção de compatibilização das mudanças, pelas estruturas internas do sistema jurídico, não corresponde a uma negação da intersubjetividade, em retorno às teorias objetivistas. A mudança jurídica, explicada pela teoria da evolução dos sistemas, deve ser concebida sob o conceito de sistema aberto, em que a consciência subjetiva tenha garantido o seu papel, e o sujeito não seja considerado dissociado do objeto no processo de conhecimento.

1.1.2. O Direito como sistema

A definição de sistema jurídico que deve ser alcançada, a fim de se obter a plena apreensão da relação entre mutabilidade-estabilidade e evolução, não pode, de acordo com Larenz, residir na idéia de um sistema conceitual-abstrato, servindo-se exclusivamente do procedimento lógico-formal, a este associado em termos de abstração e subsunção.[27] É com base nesse pressuposto que Canaris, partindo da idéia de adequação valorativa e unidade interior da ordem jurídica, conceitua o sistema jurídico como: (a) ordem axiológica ou teleológica – no lato sentido da realização de escopos e valores, equiparando a "jurisprudência das valorações" à jurisprudência "teleológica"; (b) ordem de "princípios gerais de Direito" – elemento mantenedor da unidade interna; (c) ordem aberta – entendendo-se por abertura a sua incompletude, a capacidade de evolução e modificação do sistema; e (d) ordem móvel – em face de não exigir proposições hierarquizadas, mas as admitir intermutáveis e com densidades diversas.[28]

No aspecto da sua abertura, o sistema jurídico encontra espaço para a evolução decorrente da interação com outros sistemas. É de Canaris a conclusão de que o Direito positivo, mesmo quando repre-

---

[27] LARENZ, Karl. *Metodologia da ciência do direito*. Tradução José Lamego. Lisboa: Calouste Gulbenkian, 1983, p. 533-534. Assim define o autor: "A parte da subsunção lógica na aplicação da lei é muito menor do que a metodologia tradicional supôs e a maioria dos juristas crê. É impossível repartir a multiplicidade dos processos da vida significativos sob pontos de vista de valoração jurídicos num sistema tão minuciosamente pensado de compartimentos estanques e imutáveis, por forma a que bastasse destacá-los para os encontrar um a um em cada um desses compartimentos" (Ibidem, p. 552). Era o que se verificava em relação à aludida "jurisprudência dos conceitos", que limitava o julgador à subsunção lógica da matéria de fato nos conceitos jurídicos, assim concebendo o ordenamento jurídico como um sistema fechado de conceitos jurídicos, e promovendo o primado da lógica no trabalho científico do Direito (Ibidem, p. 57).

[28] CANARIS, Claus-Wilhelm. *Pensamento sistemático e conceito de sistema na ciência do direito*. Tradução A. Menezes Cordeiro. Lisboa: Calouste Gulbenkian, 1996, p. 66-148.

sente ordem jurídica sob a forma de codificação, é suscetível a aperfeiçoamento:

> Os valores fundamentais constituintes não podem fazer, a isso, qualquer excepção devendo, assim, mudar também o sistema cujas unidades e adequação eles corporifiquem. Hoje, princípios novos e diferentes dos existentes ainda a poucas décadas, podem ter validade e ser constitutivos para o sistema. Segue-se, daí, finalmente, que o sistema, como unidade de sentido, compartilha de uma ordem jurídica concreta no seu modo de ser, isto é, que tal como esta, não é estático, mas dinâmico, assumindo pois a estrutura da historicidade.[29]

Na esteira da doutrina pátria, Freitas visualiza o Direito na condição de um todo dotado de coerência, mas suscetível a mudanças, sendo, por isso, um sistema aberto:

> Nesta evolução, o sistema jurídico resta percebido, felizmente, como inacabado e inacabável, donde se infere que *todo o intérprete precisa assumir a condição de permanente vivificador do sistema e de superador das suas antinomias axiológicas*. Com efeito, verifica-se, no plano concreto, a continuidade de contradições valorativas, ao menos de modo transitório, até dirimente ato legislativo e, sobremodo, solução judicial integrativa, que solva determinada situação antinômica, pacificando o sistema, sem dele afastar a hipótese de reinstauração, noutras circunstâncias, da aporia topicamente superada.[30]

Apanhando-se o Direito como um sistema genericamente aberto e potencialmente antinômico,[31] tem-se que, se, por um lado, as possíveis contradições tendem a gerar a instabilidade sistêmica; por outro, são saudáveis no intuito de evitar a estagnação. Como não se cuida de sistema fechado, exige-se não somente a manutenção de uma unidade e coerência internas, contudo, também que, na inter-relação com outros sistemas e elementos exteriores a ele, preserve sua estabilidade.

Isso não quer dizer que a solução às antinomias dependa apenas de elementos exteriores. A dialeticidade é apontada como inerente à dinâmica do sistema. Neste processo, a hierarquização ou eleição de premissas ocupa lugar de destaque. Porém, esta suposta hierarquização não importa a primazia de uma eleição prévia e abstrata, porquanto, se concebida a existência de uma ordem hierárquica interna, igualmente, desponta o "jogo concertado", não "pré-programado", dos diversos princípios de igual peso nos diferentes graus de concretização.[32]

Podemos chegar, com base no magistério de Freitas, ao conceito de sistema jurídico, como sendo:

> [...] uma rede axiológica e hierarquizada topicamente de princípios fundamentais, de normas estritas (ou regras) e de valores jurídicos cuja função é a de, evitando ou superando antinomias em sentido amplo, dar cumprimento aos objetivos justificadores do Estado Democrático, assim como se encontram consubstanciados, expressa ou explicitamente, na Constituição.[33]

---

[29] CANARIS, 1996, p. 107-108.
[30] FREITAS, 2004, p. 47.
[31] Ibidem, p. 49.
[32] LARENZ, 1983, p. 579.
[33] FREITAS, op. cit., p. 54.

Do conceito, extrai-se a inafastável hierarquização axiológica, que não se dá previamente e em abstrato, mas no próprio processo dialético e dialógico da interpretação, como explicita Pasqualini:

> Antes é necessário pôr em destaque o elemento hierarquia sem o qual tudo submerge na irracionalidade. A hierarquia, mais material do que formal, prefigura e determina a construção do sistema, haja vista que as normas são sempre expressão de uma preliminar escolha axiológica, fundada na qual se erige a preeminência de um valor em relação a outro. Na esfera da conduta humana, em cuja seara se insere o fazer jurídico, nada tem lugar sem a mediação hierárquico-axiológica. Tal princípio consubstancia autêntico metacritério ordenador de todos os sistemas hermenêutico-jurídicos, em qualquer tempo e espaço: quem fala sistema ou hermenêutica, fala, necessariamente, hierarquização valorativa. Afinal, toda lei ou exegese pressupõe uma escolha, e qualquer escolha, implícita ou explicitamente, uma hierarquização hermenêutico-axiológica.[34]

Contudo, a hierarquização não se opera somente no momento constitutivo do sistema, acompanhando-o, sobremaneira, na fase do *decisum* ou da aplicação do Direito. É por isso que a decisão jurídica não se deixa chumbar aos reduzidos limites da lógica formal, marcada pelo silogismo subsuntivo e pela separação entre sujeito e objeto, melhor ajustando-se ao silogismo dialético, onde a hierarquização ou escolha das premissas, raiz epistemológica da exegese, assume maior ênfase.

Por meio do princípio da hierarquização axiológica, confere-se sentido unitário à Constituição, permanentemente construída pela atuação do intérprete, na "gadameriana" fusão de horizontes, que ocorre tópica e sistematicamente.[35] Superam-se, assim, as antinomias das normas ou disposições principiológicas, oferecendo a hierarquização axiológica o melhor caminho, de cunho mais valorativo do que formal. No entendimento de Pasqualini, existe, no interior do sistema, solução jurídica para as antinomias, apontando a melhor exegese para a hipótese.[36]

É na busca desta unidade sistêmica, com a superação das contradições e antinomias aparentes, que se mantém a saudável estabilidade do sistema (que não importa estagnação), pois verte pelo intérprete o elemento renovador.

Em conclusão, tomando-se os elementos formadores do conceito de sistema jurídico, alicerçados na idéia da adequação valorativa e da unidade interior da ordem jurídica, identificaremos fatores de equilíbrio entre a estabilidade (função de retenção/manutenção sistêmica) e de evolução (variação). Se, por um lado, vemos, nos princípios e regras que incorporam os valores socialmente relevantes, elementos mantenedores da unidade e, então, da estabilidade do sistema jurídico, podemos encontrar, na abertura e necessidade de completude sistêmica –

---

[34] PASQUALINI, Alexandre. *Hermenêutica e sistema jurídico:* uma introdução à interpretação sistemática do direito. Porto Alegre: Livraria do Advogado, 1999, p. 85.
[35] FREITAS, 2004, p. 58.
[36] Ibidem, p. 106.

oriundas da própria necessidade de densificação e concretização normativa –, os elementos catalisadores do seu processo evolutivo, orientado pelo escopo maior do Estado, em se considerando cuidar-se de ordem axiológica ou teleológica.

Todavia, tal não prescindirá de uma justificativa racional que somente o procedimento e o recurso metodológico poderão fornecer (elementos de seleção), como forma de afastar o subjetivismo e a arbitrariedade a exemplo do que ocorria no pensamento tópico e na jurisprudência dos interesses (Heck, Stoll e Rudolf Müller-Erzbach).[37]

---

[37] Tem-se, em Heck, o fundador da doutrina que considera o Direito como "tutela de interesses", em que os preceitos legislativos não visam apenas a delimitar interesses, mas são, em si, produtos de interesses. Resulta daí a exigência metodológica de conhecer com rigor, historicamente, os interesses reais que causaram a lei e levar-se em conta tal circunstância quando da decisão voltada ao caso concreto. Contudo, apesar de consistir em passo crucial para a superação da metódica subsuntiva do positivismo formal, demonstrava-se ainda insuficiente para explicar a necessária e inevitável dinâmica jurídica que vem a ocorrer no processo de concretização e que pressupõe o influxo de valores hierarquizáveis no caso concreto, concebida a partir da jurisprudência da valoração. (LARENZ, 1983, p. 57 et seq.)

2. Mudança constitucional: a implicação entre o direito e a realidade constitucional

A mudança constitucional demonstra-se fenômeno indissociável da vivência jurídica, porquanto decorre da permanente tensão entre o texto normativo, a realidade constitucional e a necessidade de efetividade das disposições constitucionais. A Constituição, embora represente o retrato apanhado da realidade social no momento da sua criação, neste não se esgota, mas, no mister da sua aplicação, resolve-se em um processo que promove a sua permanente reconstrução, no qual intervêm os distintos participantes da vida constitucional.[38] Verifica-se uma interação entre as transformações institucionais e as transformações culturais, equivalendo a dizer que a filosofia jurídica e política são reflexas, e, desta feita, um fator constitutivo e performativo das concretas experiências jurídicas dos seus respectivos momentos.[39]

Sob esse aspecto, as mutações constitucionais se nos apresentariam enquadradas no modo como se operam as vicissitudes constitucionais.[40] E, assim consideradas, encontram-se na condição de modificações tácitas da Constituição: "o evento é um resultado indireto, uma conseqüência que se extrai *a posteriori* de um facto normativo historicamente localizado. [...], permanecendo o texto, modifica-se o conteúdo da norma".[41] Nesta categoria, insere-se o costume constitucional,[42] a interpretação evolutiva e a revisão indireta da Constituição.[43]

---

[38] MIRANDA, Jorge. *Manual de direito constitucional*. 5. ed. Coimbra: Coimbra, 2003, v. 2, p. 150-151.

[39] FERRAJOLI, Luigi. *Pasado y futuro del estado de derecho*. In NEOCONSTITUCIONALISMO(S). Traducción Pilar Allegue. Madrid: Trotta, 2003, p. 19.

[40] Segundo MIRANDA, op. cit., p. 151 são: "quaisquer eventos que se projectem sobre a subsistência da Constituição ou sobre algumas das suas normas".

[41] MIRANDA, 2003, p. 152.

[42] Conforme o autor, cuida-se de costume *praeter* e *contra legem*. Apesar das ressalvas em relação à aceitação da força modificadora do costume *contra legem* no que concerne às disposições constitucionais, Miranda refere, com propriedade, que, embora este culmine por equivaler à preterição da constitucionalidade, não se pode ignorar a sua existência e os seus efeitos: "Em primeiro lugar, o costume constitucional *contra legem* pode irromper quando os preceitos se prestem a dois ou mais sentidos e algum ou alguns dos seus destinatários lhes dêem um entendimento discrepante do de outros ou do entendimento mais generalizado, apesar de tudo,

Importante ressaltar que as vicissitudes constitucionais aqui apontadas, em consonância com a matéria das mutações constitucionais, restaram restritas àquelas que não envolvam ruptura com a ordem constitucional estabelecida ou alteração da Constituição formal. Por isso, impõe-se que as espécies interpretativas de modificação da Constituição devem servir para preservação do seu "espírito" ou "essência" (Hesse), mantendo-as vivas, sem, ao contrário, provocar o seu perecimento.[44]

Na esteira da lição de Rosenfeld, a reconstrução da identidade constitucional origina-se da necessidade de suplementação da auto-identidade construída a partir de fragmentos díspares que precisam ser projetados em um passado e em um futuro. Isso importa que o sujeito constitucional, emergente do encontro do "eu" (*self*) com o "outro", experimente a ausência e alienação para esquecer sua identidade, reinventando-a a partir da utilização do discurso constitucional e do meio compartilhado da linguagem, onde ocorre a união do eu constitucional com os múltiplos outros: "Em outros termos, o sujeito constitucional, motivado pela necessidade de superar a sua carência (*lack*) e inerente incompletude, precisa se dotar do instrumental do

---

na comunidade política. Algo paradoxalmente *prima facie*, estas hipóteses de costume *contra legem* poderão dar-se a partir de hipóteses de costume *secundum legem*". "Em segundo lugar, pode irromper naqueles sistemas em que não funciona uma fiscalização jurídica ou jurisdicional da constitucionalidade das leis e dos demais actos do poder ou em que, funcionando, não consegue cortar cerce práticas inconstitucionais, de tal sorte que, com o decurso do tempo, estas práticas se consolidam e adquirem grau suficiente de obrigatoriedade para prevalecerem. Ou então pode acontecer que seja o próprio órgão do controlo que, ao emitir o seu juízo em face de um comportamento desconforme com a Constituição escrita ou não usando o seu poder de fiscalização, participa na formação de nova norma Constitucional"."Em terceiro lugar pode brotar ainda costume constitucional quando, existindo sistema de fiscalização da constitucionalidade, este não cubra todos os actos jurídico-públicos". De qualquer forma, o autor deixa claro que, para que caia em desuso uma norma constitucional ou para que seja substituída por outra, tem de haver a consciência de que não se trata de simples derrogação momentânea, mas, sim, de que um novo sentido está sendo adotado com escopo a validar situações futuras e de que este novo sentido não possui mais a pecha da inconstitucionalidade (MIRANDA, 2003, p. 141-142).

[43] MIRANDA, 2003, p. 159: "A *interpretação* jurídica deve ser não só objectivista como evolutiva, por razões evidentes: pela necessidade de congregar as normas interpretadas com as restantes normas jurídicas (as que estão em vigor, e não as que estavam em vigor ao tempo da publicação), pela necessidade de atender aos destinatários (aos destinatários actuais, e não aos do tempo da entrada em vigor das normas), pela necessidade de reconhecer um papel activo ao intérprete, ele próprio situado no ordenamento em transformação. E também a interpretação constitucional deve ser, e é efectivamente, evolutiva – pois qualquer Constituição é um organismo vivo, sempre em movimento como a própria vida, e está sujeita à dinâmica da realidade que jamais pode ser captada através de fórmulas fixas". "Por seu turno, a *revisão indirecta* não é senão uma forma particular de interpretação sistemática. Consiste no reflexo sobre certa norma da modificação operada por revisão (revisão *directa*, revisão propriamente dita): o sentido de uma norma não objecto de revisão constitucional vem a ser alterado por virtude da sua interpretação sistemática evolutiva em face da nova norma constitucional ou da alteração ou da eliminação de norma preexistente".

[44] Ibidem, p. 160.

discurso constitucional para construir uma narrativa coerente na qual possa localizar uma auto-identidade plausível".[45]

A reconstrução da identidade do sujeito constitucional dar-se-á por meio de negação, metáfora e metonímia,[46] em um plano que abarca as diferentes tradições, através da condensação, em um processo de fusão conjunta dos fragmentos das tradições pré-constitucionais. Envolve a contratradição constitucional e a incorporação dos novos elementos, formando uma nova tradição possível, segundo determinados limites estruturais, funcionais e culturais.[47] Também, ocorre em outro plano, quando procura alcançar o equilíbrio com o "outro", mediante uma postura inclusiva onde o máximo possível das diferenças entre os indivíduos seja compatibilizado.[48]

Todavia, não se obterá uma única solução possível:

> [...] todas as identidades constitucionais são falhas, insuficientes e sempre em constante carência de maior aperfeiçoamento e finalização. [...] Quando a identidade constitucional falha diante de tal alternativa, é essa alternativa que deve fornecer o ponto de partida contrafactual para a avaliação crítica. A avaliabilidade de tais alternativas depende da possibilidade de, no interior dos limites impostos pelo constitucionalismo, o *self* promover a acomodação das diferenças com do "outro" interno sem comprometer os elementos centrais ou a integridade de sua concepção de bem, tal como medida pelos requisitos fundamentais do constitucionalismo.[49]

A legitimidade desta reconstrução da identidade do sujeito constitucional dependerá da observância das normas incorporadas ao constitucionalismo e do respeito aos limites impostos pelo horizonte das possibilidades que Rosenfeld encerrara no princípio do governo limitado, do Estado de Direito e na proteção aos direitos fundamentais.[50] Por essa forma, o sujeito constitucional poderá promover o desejável desenvolvimento da ordem jurídica sem restar imóvel diante das diretrizes traçadas pelos constituintes originários.

2.1. Pressupostos para compreensão das mutações constitucionais

2.1.1. O constitucionalismo e as mutações constitucionais

Com o intuito de se compreender o fenômeno das mutações constitucionais e a necessidade de proteção dos direitos fundamentais, na esteira de Miranda, a Constituição deve ser conhecida como fenômeno jurídico, por meio do desenvolvimento histórico e comparativo da formação e evolução do Estado e dos sistemas político-constitucionais.[51]

---

[45] ROSENFELD, Michel. *A identidade do sujeito constitucional*. Belo Horizonte: Mandamentos, 2003, p. 40-41.

[46] Sobre negação, metáfora e metonímia ver Ibidem, p. 51-81.

[47] Ibidem, p. 107-110.

[48] Ibidem, p. 114.

[49] Ibidem, p. 114-115.

[50] Ibidem, p. 47-48.

[51] MIRANDA, 2003, p. 7 *et seq.*

A institucionalização jurídica do poder adotou, no Século XVIII, a forma de um conglomerado de normas jurídicas definidoras das relações do poder político, assim também entre governantes e governados, instituindo as bases do Constitucionalismo moderno. Nesse período, a Constituição não se afirmará pelo seu objeto e função, mas pela sua forma e força jurídica. E segue regulando, com caráter liberal, exaustivamente, a vida política do Século XIX.[52]

Quanto à ciência do Direito, no século XIX, verificava-se o predomínio do direito privado, o êxito das grandes codificações, a revolução metodológica savignyana, o surgimento, desenvolvimento e decadência da jurisprudência dos conceitos, a divulgação da jurisprudência dos interesses, o aparecimento do formalismo neokantiano e o psicologismo.[53]

Imperava, à época, a rígida separação entre "ser" e "dever-ser", assim como entre Direito e Moral. Por isso, as diferentes feições do positivismo jurídico dominante convergiam quanto à exortação contra qualquer referência metafísica,[54] figurando como alternativa, em sentido oposto ao jusnaturalismo[55] preeminente no período pré-moderno, quando não havia, ainda, o monopólio estatal da produção jurídica.[56]

Os reflexos desse aporte sobre a institucionalização e o exercício do poder estatal faziam preponderar, até então, o Estado sob a forma de Estado legislativo de Direito, correspondente ao positivismo jurídico de fórmula hobbesiana. O princípio da legalidade e, concomitantemente, o monopólio da produção jurídica (que equivale a dizer produção legislativa), passam a conferir os critérios de validade do Direito, independentemente da sua valoração como justo. Disso segue que, em se afirmando o princípio da legalidade como norma de reconhecimento do Direito, a ciência jurídica deixa de ser imediatamente normativa e passa a converter-se em uma disciplina tendencialmente cognoscitiva, destinada a explicar o direito positivo, tomado como objeto, e dela dissociado. Também aqui a jurisdição experimenta uma mudança de paradigma: deixa de ser produção jurisprudencial do Direito e passa a submeter-se à lei e ao princípio da legalidade como exclusivas fontes de legitimação.[57]

---

[52] MIRANDA, 2003, p. 7-8.

[53] CORDEIRO, Antônio Menezes. Introdução à obra de Claus-Wilhelm Canaris. In: CANARIS, Claus-Wilhelm *Pensamento sistemático e conceito de sistema na ciência do Direito*. Lisboa: Calouste Gulbenkian, 1996, p. IX-XI.

[54] Ibidem, p. XIII-XIV.

[55] FERRAJOLI, 2003, p. 17.

[56] Ibidem, p. 19.

[57] Ibidem, p. 16.

Nesse período, em contrapartida, surgiria, com inegável influência sobre o constitucionalismo, a conferência de Lassale,[58] denominada "A essência da Constituição" (1863). É que o jurista, a despeito de imputarem-lhe o fato de não ter elaborado um conceito jurídico de Constituição, foi precursor em ressaltar-lhe o seu caráter sociológico e político, deixando transparecer, na sua doutrina, a forte influência das teses marxistas sobre a luta de classes, organização do operariado, estruturas de dominação social e formação dos Estados democráticos.[59]

Sua tese, embora desprovida de fundamentos formais, foi relevante para que outros juristas reconhecessem, no conceito de Constituição, concomitantemente, um caráter sociológico. Este aspecto "não-formal" do conceito de Constituição, em Lassale, promove a identificação da "essência da constituição" por meio da distinção da Lei Fundamental em relação a uma lei qualquer de um Estado.[60] Em que pese a contradição de Lassale ao desconsiderar a relevância do Direito para a organização social, sua obra transformou-se em marco do moderno constitucionalismo, na medida em que, antagonizando-se com o pensamento jusnaturalista e positivista, pregava a idéia de uma quase subordinação da Constituição escrita à Constituição real (integralizada pelos fatores reais do poder), de modo que esta pode promover alteração naquela. Conclui-se, pois, existir um movimento dialético de interdependência entre o que se denomina Constituição real (com fundamento extrajurídico, de cunho sociológico) e a Constituição escrita (positivada). A Constituição real corresponderá à escrita, que se destinará a manter o estado das coisas, segundo as estruturas sociais de poder, e até que se verifique alteração naquelas, o que implicará

---

[58] O advogado Ferdinand Lassale foi precursor da social-democracia alemã, dedicado, desde a juventude, a atividades intelectuais e políticas, consagrando-se como sindicalista ativo e combativo. Foi contemporâneo de Karl Marx, ao lado de quem participou da Revolução Prussiana de 1948. A obra "A essência da Constituição" aponta para o fundamento sociológico – social e político – das Constituições, inserido nos fundamentos não-formais, mas tido por Lassale, no entanto, como essencial (Segundo o prefácio de Aurélio Wander Bastos à obra de LASSALE, Ferdinand. *A essência da constituição*. Adaptada a partir da Tradução de Walter Stönner. Rio de Janeiro: Liber Juris, 1998, p. 7-16).

[59] Não obstante se pregue o declínio do marxismo, não se pode desmerecer o intento das teses de Marx em proporcionar o exame crítico da sociedade capitalista "com a construção de uma vontade política radical de a transformar e superar numa sociedade mais livre, mais igual, mais justa e afinal mais humana", por isso, adquirindo relevância como ponto de partida para compreender a sociedade contemporânea (SANTOS, Boaventura Sousa. Tudo o que é sólido se desfaz no ar: o marxismo também?. In: ――. Pela mão de Alice: o social e o político na pós-modernidade. 7. ed. São Paulo: Cortez, 2000, p. 42 e p. 44).

[60] Nesse intento, Lassale ressalta a idéia de que fundamento "traz, implicitamente, a noção de uma *necessidade ativa* de uma força eficaz e determinante que atua sobre tudo que nela se baseia, *fazendo-a assim e não de outro modo*" (LASSALE, 1998, p. 25). A essa força ativa, Lassale designa "fatores reais do poder", concebidos como o conjunto das forças que atuam politicamente, com base na Constituição, para preservação das estruturas jurídicas vigentes. Constituem fatores reais do poder: a monarquia, a aristocracia, a grande burguesia, os banqueiros e, de forma peculiar, a pequena burguesia e a classe operária (Ibidem, p. 26-32).

alteração na Constituição real e exigirá a reforma da Constituição escrita.[61]

O início do Século XX ainda vem lastreado, metodologicamente, pelo positivismo e formalismo jurídico.[62] Quanto às Constituições, verifica-se a perda da referência a um conteúdo liberal, o que, aliado ao formalismo metodológico, origina uma combinação perigosa no que concerne à defesa dos direitos fundamentais, valorizados pelos ideais liberais iluministas, porquanto, dissociada a norma constitucional de um conteúdo específico, pode incorporar qualquer conteúdo.[63]

No período da Constituição de Weimar, não podemos deixar de citar as teorias de Smend, Heller e Schmitt, instigados pela crise do constitucionalismo liberal e do positivismo jurídico da sua época.[64]

Smend, por meio da sua Teoria da Integração, promove a compreensão do Direito e da realidade constitucional: a natureza da Constituição é a de uma instância integradora, contínua e permanente da dinâmica da vida do Estado.[65] Smend viu a necessidade de entender a Constituição como princípio dinâmico do devir do Estado, e não como uma simples norma ligada à situação do momento que lhe dá origem. No entanto, pouco esclarece acerca do problema da manutenção da estabilidade jurídica, em se considerando que visualiza, na Constituição, um permanente recriar-se. Além disso, a intenção de Constituição, em Smend, destinada a exprimir a totalidade do Estado, conduz à conclusão da existência de duas ordens incomunicáveis, quais sejam, "ser" e "dever-ser", demonstrando-se, portanto, incapaz de expressar a riqueza da realidade social.[66] Posteriormente, Hesse, discípulo de Smend, passou a identificar a tarefa constitucional no mister da constituição e preservação de um Estado eficaz e operativo, que deve não somente justificar a dominação dos integrantes do poder, porém necessita configurar uma ordem para *todos*. Possui, então, a função de estabilização, racionalização e limitação do poder estatal.[67]

Heller, por sua vez, enfatiza a organização estatal da realidade social pela atividade humana consciente, que ganha forma, culminando na existência e modo de ser do Estado. A Constituição de um Estado

---

[61] VIEIRA, Iacyr de Aguilar. A essência da constituição no pensamento de Lassale e de Konrad Hesse. Revista de Informação Legislativa, Brasília, v. 35, n. 139, 1998, p. 72.

[62] CORDEIRO, 1996, p. XVI.

[63] MIRANDA, 2003, p. 8. Cita Miranda, como expoentes da doutrina positivista, quanto à concepção de Constituição, Laband, Jellinek, Carré de Malberg e Kelsen (Ibidem, p. 63).

[64] CANOTILHO, J. J. Gomes. *Direito constitucional e teoria da constituição*. Coimbra: Almedina, 2000, p. 1189.

[65] MIRANDA, 2003, p. 69.

[66] MORTATI, Costantino. *La costituzione in senso materiale*. Milano: Giuffré, 1940, p. 52-53.

[67] HESSE, Konrad. *Escritos de derecho constitucional*. Traducción e introduccíon Pedro Cruz Villalon. 2. ed. Madrid: Centro de Estudios Constitucionales, 1992, p. 95-96.

não se cuida de um processo, mas de um produto: uma forma aberta pela qual "passa a vida", permanecendo apesar da mudança da realidade social. Nesse sentido, distingue entre Constituição *não normada* e Constituição *normada*, esta última correspondendo ao Estado organizado.[68] No conceito de Constituição de Heller, não se cinde o dinâmico e o estático, a normalidade e a normatividade, "ser" e "dever ser".[69] Verifica-se aqui, todavia, a mesma objeção levantada no seguimento precedente, quanto ao equívoco de confundirem-se planos distintos de implicação.

Schmitt, igualmente, contempla a peculiaridade da dinamicidade no sentido absoluto do seu conceito de Constituição (Constituição como um todo unitário),[70] a despeito de não compactuarmos com a sua posição decisionista. Aponta, dentre as distintas definições, aquela correspondente ao princípio do devir[71] dinâmico da unidade política, do fenômeno da continuidade renovada, formação e crescimento desta unidade, a partir de uma força e energia subjacente ou operante na base. Por meio dessa concepção, o Estado deve ser entendido não como algo em repouso estático, mas como um constante devir, surgindo sempre novo.[72]

Deve-se destacar, neste estudo, a teoria constitucional de Mortati. Sua obra *La Costituzione in senso materiale*, datada de 1940, situa-se posteriormente às teses de Smend, Heller e Schmitt (décadas de 20-30), nela se constatando a preocupação com o conteúdo, as dimensões do Estado (forma do Estado) e a consecução dos seus fins políticos, com o escopo de entender a realidade constitucional. É que o autor vê sobressair-se, na organização estatal, uma relação jurídica que une a ordem social concreta e o sistema constitucional positivo. A organização social subjacente serve, pois, de origem e sustentáculo à Constituição, ordenada politicamente segundo as forças sociais operantes. O Estado aparece como a consciente vontade de uma ordem, e a normatividade desponta como intrínseca à sociedade na qual a Constituição se origina. Essa normatividade representa a ordenação dessas forças sociais e a orientação a fins políticos (valores políticos tidos como

---

[68] HELLER, Hermann. *Teoria do estado*. Tradução Lycurgo Gomer da Motta. São Paulo: Mestre Jou, 1968, p. 296.

[69] Ibidem.

[70] Esse se distingue do conceito relativo: Constituição como pluralidade de leis particulares; do conceito positivo: Constituição como decisão sobre o modo e a forma da unidade política; e, do conceito ideal: Constituição considerada para diferenciação em face do seu conteúdo específico (MIRANDA, op. cit., p. 67).

[71] Ou vir-a-ser, conceito com origem na filosofia aristotélica e hegeliana, com definição similar em ambas: "Uma forma particular de mudança, a mudança absoluta ou substancial que vai do nada ao ser ou do ser ao nada"(Cf. ABBAGNANO, Nicola. *Dicionário de filosofia*. 4. ed. São Paulo: Martins Fontes, 2000).

[72] SCHMITT, Carl. *Teoría de la constitución*. Madrid: Revista de Derecho Privado, [s.d.], p. 6.

fundamentais), culminando na formação de uma entidade jurídica que dá vida à Constituição material, bem como fundamenta e sustenta a Constituição formal. Portanto, a Constituição formal adquirirá maior capacidade vinculativa na medida em que seu conteúdo corresponda à realidade social e se estabilize no sistema harmônico das relações sociais. Identifica-se, na obra de Mortati, a cisão entre Constituição material e Constituição formal. A primeira, emergente do seio das relações sociais (realidade social) em um Estado conscientemente organizado segundo as forças sociais e os fins a que se dirigem, podendo ser conceituada como o núcleo essencial desses fins e dessas forças sociais que regem determinado ordenamento positivo (Constituição formal). As mutações constitucionais, nesse contexto, são operadas pelas mudanças havidas na Constituição material, decorrentes das alterações verificadas nas forças e fins que emanam da realidade social. Os limites para estas mudanças encontram-se, por essa maneira, insculpidos na mesma Constituição material que impulsiona a mudança.[73]

Conforme Canotilho, após o período da Segunda Grande Guerra, segue o estudo das condicionantes políticas e socioeconômicas da Constituição, mas agora com a preocupação de captação das dimensões básicas do Estado constitucional e a necessidade de compreensão da realidade constitucional pelo prisma dos ensinamentos da ciência política.[74]

Nestes moldes, Loewenstein considera que, em um Estado liberal, democrático e pluralista, a melhor Constituição – tida como aquela que goza de maior consenso e é elaborada de forma mais cuidadosa – consiste no compromisso e equilíbrio temporal entre as forças sociais que participaram do seu nascimento, por meio dos partidos políticos e representantes dos grupos de interesses diversos, promovendo o acertamento entre Constituição real e legal.[75] Deduz-se, a partir da exposição de Loewenstein, que cada Constituição reflete a situação existente no momento do seu nascimento. No entanto, não se pode esquecer cuidar-se de organismo vivo, sempre em movimento, submetido à dinâmica de uma realidade que não pode ser aprisionada em fórmulas estanques.[76]

As idéias de Lassale foram, posteriormente, subsidiadas pela reflexão inserta na obra de Hesse. Contraponto para alguns, complementação para outros,[77] "A força normativa da Constituição" preten-

---

[73] MORTATI, 1940, p. 87 et seq. e 131 et seq.

[74] CANOTILHO, 2000, p. 1190.

[75] LOEWENSTEIN, Karl. *Teoría de la constitución*. Traducción y estudio sobre la obra por Alfredo Gallego Anabitarte. Barcelona: Ariel, Esplugues de Llobregat, 1976, p. 163.

[76] Ibidem, p. 164.

[77] Ver: VIEIRA, 1998. e COELHO, Inocêncio Mártires. Konrad Hesse/Peter Häberle: um retorno aos fatores reais de poder. *Revista de Informação Legislativa*, Brasília, v. 35, n. 138, abr./jun. 1998.

dia, originalmente, rebater a tese de Lassale acerca da preeminência dos fundamentos sociológicos e políticos sobre a Constituição escrita ("folha de papel"). Porém, culminou por utilizá-la como ponto de partida para o exame da tensão existente entre Constituição e realidade constitucional. Nesse intento, Hesse busca encontrar um caminho alternativo entre a radical separação do plano do "ser" (*sein*) e "dever-ser" (*sollen*), e a desconsideração completa da relevância do Direito na organização social, porquanto o professor da Universidade de Freiburg entendia que a norma constitucional não possui existência autônoma em relação à realidade onde pretende ser concretizada.[78]

Hesse não aceitava o abismo intransponível entre a "Constituição jurídica" e a "Constituição real", patenteado por Lassale, mas, deparando-se com este dualismo, atribuía-lhe uma relação de coordenação.[79]

Ocorre que, se a força normativa da Constituição depende do êxito na consecução da sua pretensão de eficácia, faz-se necessário traçar os limites e as possibilidades da sua realização, cuja compreensão advém da correlação entre Constituição jurídica e realidade,[80] exigindo-se mais do que uma adaptação racional à realidade.

A Constituição também possui caráter prospectivo, impondo tarefas a serem realizadas. Se estas tarefas forem cumpridas, a Constituição transformar-se-á em força ativa, o que depende da vontade de realizar a Constituição, ou, como quer Hesse, da "vontade da Consti-

---

[78] HESSE, Konrad. *A força normativa da constituição*. Tradução Gilmar Ferreira Mendes. Porto Alegre: Fabris, 1991, p. 14. Deve-se, ainda, asseverar que a asserção de Hesse diverge frontalmente da tese de Hans Kelsen, um dos mais significativos expoentes do positivismo jurídico do século XX, em que a noção de unidade do sistema responde, assim, ao ideal de busca de segurança – garantindo, mais especificamente, a aquisição e manutenção da propriedade – inclusive, frente ao Estado, por meio da vinculação direta do seu funcionamento a normas pré-fixadas e pelo condicionamento coativo da conduta individual. Por outro lado, a extirpação de qualquer elemento metajurídico da concepção de direito, reduzindo-o a mera ordem normativa coativa, persistiria atendendo aos ideais de livrar a sociedade das incertezas do politeísmo axiológico. Contudo, Kelsen esbarra justamente na questão da eficácia (como pressuposto de validade das normas do seu sistema), quanto à separação metafísica que pretende impor. A eficácia, referindo-se a atributo da conduta do homem, traz consigo os elementos humanos, axiológicos, ideológicos, psicológicos, sociológicos, etc., que se pretendeu excluir do plano da normatividade, e que já não podem ser dissociados do "ser" (*sein*), vindo, por ironia, a afetar a validade do "dever-ser" (*sollen*). Por conseguinte, apesar da logicidade da pretensão Kelseniana de dissociação do "ser" e "dever-ser", não se pode mais conceber a manutenção de um sistema jurídico dissociado dos aspectos extrajurídicos que orientam as sociedades globais, sob pena de se ter uma ordem jurídica vigente apenas pelo emprego da força, e, por isso, sujeita a permanentes e iminentes ameaças. Sobre o tema: BARZOTTO, Luis Fernando. *O positivismo jurídico contemporâneo*: uma introdução a Kelsen, Ross e Hart. São Leopoldo: UNISINOS, 1999; GOYARD-FABRE, Simone. *Os princípios filosóficos do direito político moderno*. Tradução Irene A. Paternot. São Paulo: Martins Fontes, 1999; e KELSEN, Hans. *Teoria pura do direito*. Tradução João Baptista Machado. 5. ed. São Paulo: Martins Fontes, 1996.

[79] HESSE, 1991, p. 15.

[80] Ibidem, p. 16.

tuição",[81] que corresponde à sua *praxis*, ou seja, vontade de realizar os preceitos insculpidos na Lei Maior. Por esse prisma, Hesse condena os freqüentes processos formais de reforma da Constituição, por importarem no seu enfraquecimento e abalarem a confiança nela depositada, uma vez que a eficácia lhe é proporcional à estabilidade. Em contrapartida, elege a interpretação constitucional como o meio fundamental de alcançar-se a adequação da norma à realidade, implicando a aplicação do princípio da ótima concretização da norma.[82]

Essa interpretação, entrementes, deve buscar a correlação com os fatos concretos da vida, o que não se satisfaz com a mera subsunção lógica e os meios fornecidos pela construção conceitual: "A interpretação adequada é aquela que consegue concretizar, de forma excelente, o sentido (*Sinn*) da proposição normativa dentro das condições reais dominantes numa determinada situação".[83]

Para Hesse, enquanto a alteração na situação fática concreta opera necessária mudança na interpretação das normas constitucionais, o limite desta mudança interpretativa reside no sentido e na finalidade da proposição constitucional.[84]

De tudo que foi dito, tem-se que, apesar de os fatos concretos da realidade condicionarem as normas constitucionais, à época da sua criação, faz-se imperativo que o sentido destas normas persista acompanhando a realidade social cambiante, como condição da própria eficácia da Constituição. De outra banda, a Constituição deve preservar sua força normativa, conteúdo conformador e prospectivo, que exige realização.

Na condição de ordem jurídica fundamental da comunidade, a Constituição, mais do que estabelecer a organização do Estado: a) fixa os princípios orientadores, com base nos quais se forma a unidade

---

[81] HESSE, 1991, p. 19: Essa "vontade da Constituição" decorre de três vertentes: "Baseia-se na compreensão da necessidade e do valor de uma ordem normativa inquebrantável, que projeta o Estado contra o arbítrio desmedido e disforme. Reside, igualmente, na compreensão de que essa ordem constituída é mais do que uma ordem legitimada pelos fatos (e que, por isso, necessita de estar em constante processo de legitimação). Assenta-se também na consciência de que, ao contrário do que se dá com uma lei do pensamento, essa ordem não logra ser eficaz sem o concurso da vontade humana. Essa ordem adquire e mantém sua vigência através dos atos de vontade" (Ibidem, p. 19-20). A fim de assegurar a força normativa da Constituição, faz-se necessário que a Lei Maior: (a) corresponda ao "espírito" e à realidade do seu tempo; (b) seja capaz de contemplar eventuais mudanças; e, não esteja alicerçada em uma estrutura unilateral (Ibidem, p. 21).

[82] Ibidem, p. 22.

[83] Ibidem, p. 22-23.

[84] Segundo Hesse: "Do contrário, ter-se-ia a supressão da tensão entre norma e realidade com a supressão do próprio direito. Uma interpretação construtiva é sempre possível e necessária dentro desses limites. A dinâmica existente na interpretação construtiva constitui condição fundamental da força normativa da Constituição e, por conseguinte, de sua estabilidade. Caso ela venha a faltar, tornar-se-á inevitável, cedo ou tarde, a ruptura da situação jurídica vigente" (Ibidem, p. 23).

política e o modo como devem ser assumidas as funções do Estado; b) contém os procedimentos para solução dos conflitos havidos no seio da sociedade, regulando, por esse modo, a organização e o procedimento de formação da unidade estatal; e c) cria os alicerces e determina os princípios que guiarão a ordem jurídica como um todo unitário e sistemático. Logo, a Constituição é um plano estrutural básico, orientado de acordo com certos princípios de sentido, destinado à conformação jurídica da comunidade.[85]

Acresce-se ao desenvolvimento da teoria constitucional de cunho sociológico de Lassale, a contribuição de Häberle,[86] que parte do pressuposto de que, em uma sociedade democrática e pluralista, a interpretação constitucional configura forma de mediação entre o Estado e a Sociedade, traçando, então, um liame entre Constituição e realidade constitucional.[87]

Veja-se que, em Häberle, temos, agora, não somente a perspectiva cronológica da correlação que perfaz o eixo realidade constitucional e Constituição, mas se abrange, também, um aspecto espacial que se

---

[85] HESSE, 1992, p. 16.

[86] HÄBERLE, Peter. *Hermenêutica constitucional:* a sociedade aberta dos intérpretes da Constituição: contribuição para a interpretação pluralista e procedimental da Constituição. Tradução Gilmar Ferreira Mendes. Porto Alegre: Fabris, 1997.

[87] Häberle acrescenta uma terceira questão à teoria da interpretação constitucional, antes dividida em dois enfoques – (a) as tarefas e objetivos da interpretação constitucional; e (b) os métodos de interpretação constitucional –, a saber: o problema relativo aos participantes da interpretação. Enfatiza que, até então, a teoria da interpretação constitucional esteve vinculada a um paradigma de "sociedade fechada", onde o monopólio da interpretação estava atrelado aos órgãos estatais, notadamente, aqueles jurisdicionais. Propõe um modelo interpretativo de uma "sociedade aberta", em que "A interpretação constitucional é, em realidade, mais um elemento da sociedade aberta. Todas as potências públicas, participantes materiais do processo social, estão nela envolvidas, sendo ela, a um só tempo, elemento resultante da sociedade aberta e um elemento formador ou constituinte dessa sociedade [...] Os critérios de interpretação constitucional hão de ser tanto mais abertos quanto mais pluralista for a sociedade". Nosso autor considera que "quem vive a norma acaba por interpretá-la". Logo, ao lado dos intérpretes diretos (ou em sentido estrito), temos intérpretes indiretos (ou em sentido lato), que atuam na condição de co-intérpretes da Constituição, importando em que "não apenas o processo de formação, mas também o desenvolvimento posterior, revela-se pluralista: a teoria da ciência, da democracia, uma teoria da Constituição e da hermenêutica propiciam aqui uma mediação específica entre Estado e sociedade". Häberle entende que a inserção dos diversos segmentos sociais integrantes do processo de interpretação decorre do conceito republicano de interpretação aberta: "Uma teoria constitucional que se concebe como ciência da experiência deve estar em condições de, decisivamente, explicitar os grupos concretos de pessoas e os fatores que formam o espaço público (Öffentlichkeit), o tipo de realidade de que se cuida, a forma como ela atua no tempo, as possibilidades e necessidades existentes". O autor, ao discriminar o catálogo dos participantes no processo interpretativo da constituição, distingue-os, provisoriamente, entre aqueles que integram as funções estatais e os que não as integram (não constituem órgãos do Estado). Ainda, acrescenta, nesse catálogo, a opinião pública democrática e pluralista, a mídia (imprensa), as expectativas e a manifestação dos leitores, as iniciativas dos cidadãos, associações e partidos políticos, igrejas, teatros e editoras, as escolas da comunidade, os pedagogos e as associações de pais, e, finalmente, a doutrina constitucional que tematiza a participação de outras forças, bem como, concomitantemente, participa nos diversos níveis (HÄBERLE, 1997, p. 11-23).

torna terreno fértil para fundamentação das mutações interpretativas da Lei Maior.

Na proposta de Häberle, identifica-se, primeiro, a incompatibilidade do monopólio da interpretação constitucional apenas por órgãos estatais, no seio de uma sociedade pluralista e democrática. E mais, a abertura do processo hermenêutico impõe-se não como ideal democrático, mas como decorrência inevitável da estabilização e harmonização das diferentes forças e interesses que compõem a sociedade plural. Os participantes indiretos do processo de interpretação, ao produzirem a necessária mediação entre Estado e sociedade, operam a conformação entre Constituição e realidade constitucional, atualizando o sentido da norma. Nesse mister, a legitimação destes participantes indiretos advém do fato de incorporarem as forças sociais e privadas, que compõem parte da realidade constitucional e da publicidade.[88]

Häberle, tomado pelas circunstâncias favoráveis da sua época – em que se verificava uma sociedade aberta e plural –, pôde visualizar processos de inserção das forças político-sociais, evitando a ruptura potencializada por Lassale, no confronto entre Constituição real e Constituição escrita. Partindo do pressuposto de que quem vive a norma acaba por interpretá-la ou, ao menos, por co-interpretá-la – evidenciando-se, em sua obra, uma legitimação pela *práxis* –, os intérpretes "oficiais" e os intérpretes "indiretos" da Constituição, desempenham, verdadeiramente, o papel de conformadores da realidade constitucional, e, por isso, convertem-se em autores da Constituição.[89]

As doutrinas que seguiram após o advento da Segunda Grande Guerra vieram, como visto, para resgatar o conteúdo axiológico, ético e moral, suprimido pela dicotomia gerada no positivismo-formal de bases neokantianas, assim, buscando promover novamente a reconciliação entre Estado e sociedade, Constituição e realidade constitucional. Isso porque o formalismo se assenta em uma gnoseologia que pouco se coaduna com dados da própria teoria do conhecimento, em virtude de que o conhecimento apresenta, de forma subjacente, "quadros mentais comunicados do exterior".[90] Logo, o formalismo se demonstra insuficiente quando aplicado ao domínio jurídico, já que não tem mecanismos para lidar com conceitos indeterminados, com normas em branco e proposições que carecem ser preenchidas com elementos valorativos.[91] Podemos referir, então, uma seguinte mudança de paradigma, que se operou a partir da segunda metade do século XX, e corresponde à subordinação da legalidade, antes imperante, a

---

[88] HÄBERLE, 1997, p. 34.
[89] COELHO, 1998, p. 190.
[90] CORDEIRO, 1996, p. XVI-XVIII.
[91] Ibidem, p. XXII.

uma legitimidade.[92] Quanto à ciência do Direito, tem-se que a Constituição passa a figurar não somente sob a forma de disciplina da produção legislativa, mas assume, perante esta, uma posição crítica e prospectiva, impondo-lhe proibições e obrigações de conteúdo, correlativas aos direitos de liberdade e aos direitos sociais, cuja violação acarreta lacunas e antinomias, a serem sanadas pela ciência jurídica. Simultaneamente, a jurisdição assume o poder-dever de aplicar somente a lei constitucionalmente válida.[93]

A subordinação da lei aos princípios constitucionais culmina em introduzir uma dimensão substancial à dimensão de validez das normas e à natureza da democracia, com imposições e proibições ao Estado e aos chamados poderes das maiorias. O que está no estatuto constitucional deve ser observado acima dos interesses preponderantes, e serve de garantia ao direito de todos.[94]

Atualmente, tem-se identificado um processo de "constitucionalização" do Direito, com expoente inicial nas teses de Dworkin e Alexy, de modo a proporcionar uma cobertura teórica conceitual e/ou não normativa em termos, normalmente, de um positivismo não-formal. Este processo de desenvolvimento institucional foi reconhecido por Guastini, sob sete condições: 1ª) rigidez constitucional; 2ª) controle da constitucionalidade das leis; 3ª) caráter politicamente vinculante da Constituição; 4ª) sobreinterpretação das disposições constitucionais; 5ª) aplicação direta das disposições constitucionais pelos juízes; 6ª) interpretação conforme da lei ordinária; 7ª) influência direta da Constituição nas relações políticas.[95]

Nos países de língua portuguesa, podemos citar a contribuição de Canotilho. O constitucionalista incorpora, na sua teoria de Constituição dirigente, os fins socioeconômicos vinculantes das instâncias de regulação jurídica. Visualiza uma vinculação material jurico-constitu-

---

[92] FERRAJOLI, 2003, p. 18.

[93] Ibidem.

[94] Ibidem, p. 19.

[95] BARBERIS, Mauro. Neoconstitucionalismo, democracia e imperialismo de la moral. In: *Neoconstitucionalismo(s)*. Traducción Santiago Sastre Ariza. Edición de Miguel Carbonell. Madrid: Trotta, 2003, p. 259-278. Sobre constitucionalização no direito italiano, ver também, GUASTINI, Ricardo. La constitucionalización del ordenamiento jurídico: el caso italiano In: *Neoconstitucionalismo(s)*. Traducción Santiago Sastre Ariza. Edición de Miguel Carbonell. Madrid: Trotta, 2003, p.49-73. Apesar das críticas quanto aos possíveis efeitos do neoconstitucionalismo no que concerne à submissão do Direito à moral e a critérios subjetivos de fundamentação das decisões judiciais (relativização dos pontos de vista), o aporte é relevante na proporção que promove a reconciliação da cisão havida por obra do positivismo, entre direito e moral. A moral já não paira, como no iusnaturalismo, sobre o Direito, mas migra, segundo esta teoria, para o seu interior, e os direitos "naturais" fundamentais adotam forma positivada como direitos constitucionais. (ARIZA, Santiago Sastre. La ciência jurídica ante el noconstitucionalismo. In: *Neoconstitucionalismo(s)*. Traducción Santiago Sastre Ariza. Edición de Miguel Carbonell. Madrid: Trotta, 2003, p. 244 e p. 256).

cional aos atos de direção política. Assim, a Constituição passa a ser um projeto material vinculativo que deve ser concretizado pelos órgãos cuja competência foi constitucionalmente atribuída para tanto. Como bem acentua Miranda, uma concepção tal de Constituição incorre no risco de atribuir-lhe a feição de um sistema fechado, imune às tensões e conflitos naturais e desejáveis para o desenvolvimento frente à dinâmica social.[96]

Posteriormente, essa face obtusa da Constituição, em Canotilho, é mitigada, pelo próprio autor, ao concebê-la como um sistema normativo aberto de regras e princípios, em que se revitaliza a função material de "tarefa", quanto à Constituição, e a "desconstitucionalização" de elementos substantivadores da ordem constitucional (Constituição econômica, do trabalho, social, cultural). Conclui não serem idéias antagônicas a historicidade do direito constitucional, a indesejabilidade de uma Constituição detalhada e sem abertura e o caráter de tarefa e projeto da lei constitucional: "Esta terá de ordenar o processo da vida política fixando limites às tarefas do Estado e recortando dimensões prospectivas traduzidas na formulação dos fins sociais mais significativos e na identificação de alguns programas de conformação constitucional".[97]

Miranda adota a idéia de Constituição como elemento conformado e conformador das relações sociais. Nesse papel, a Constituição reflete as características econômicas, sociais e culturais de uma comunidade e, ao mesmo tempo, funciona como princípio organizador, regendo as condutas dos indivíduos a ela submetidos, racionalizando suas posições recíprocas, assim, sendo agente de conservação e de transformação. Vê na Constituição, outrossim, a função estabilizadora, limitativa e prospectiva, atuante sobre as demais normas e atos do poder. Contudo, deve ser constantemente confrontada com seus princípios diretivos, sem desconsiderar a realidade que lhe é subjacente, conseqüentemente, operando a circulação entre valor, Constituição e realidade constitucional.

Miranda não contempla a Constituição, nem como ente meramente estático, aglutinador dos valores ou representativo de um valor supremo, nem como receptáculo neutro dos vários conteúdos políticos. A Constituição deve ser concebida para cada povo, no tempo e no espaço, no seu aspecto concreto, portanto, material, na qualidade de representação jurídica de uma comunidade e dos fins a que se propõe, segundo seus princípios jurídicos: "uma Constituição só se torna viva, só permanece viva, quando o empenhamento em conferir-lhe realiza-

---

[96] MIRANDA, 2003, p. 75-76, nota de rodapé.
[97] CANOTILHO, 2000, p. 1033 et seq., e p. 1193.

ção está em consonância (não só intelectual mas sobretudo efectiva e existencial) com o sentido essencial dos seus princípios e preceitos".[98]

Na doutrina pátria, Bonavides também concebe um sistema constitucional em que a Constituição não aparece somente sob o enfoque formal, mas a sua positivação aparece imersa em um sistema complexo que abrange, igualmente, uma Constituição real ou realidade constitucional, envolvendo as forças sociais, políticas, econômicas e culturais de uma dada comunidade. A análise sistêmica das normas constitucionais permite transpor o abismo entre sociedade e Estado (gerado na evolução do constitucionalismo), por meio do emprego de métodos hermenêuticos que acompanhem as variações dinâmicas da Constituição.[99]

Da mesma forma, Streck, a partir da releitura do conteúdo da Constituição dirigente de Canotilho, vê, na Constituição, o mecanismo de efetivação dos direitos fundamentais sociais. A Constituição impõe ser entendida como um existencial (plano ontológico-existencial), exigindo uma teoria que resguarde as especificações histórico-factuais de cada Estado nacional. Isso se daria pela identificação de um núcleo básico, específico de cada Constituição, que considere as conquistas civilizatórias dos vários Estados Democráticos e Sociais. Essa correspondência ao núcleo dos direitos sociais fundamentais, plasmados em cada texto, atende ao cumprimento das promessas de modernidade. Portanto, a noção mantida de Constituição dirigente é a de vinculação do legislador aos ditames da materialidade e do Direito, quanto ao dever de atendimento às políticas públicas. Preserva-se uma idéia de Constituição que contenha força normativa capaz de assegurar o núcleo da modernidade tardia não cumprida. Esse núcleo se consubstancia nos fins do Estado, estabelecidos no art. 3º da Constituição brasileira de 1988. A consecução destes fins não prescinde de trabalharmos com a noção de meios aptos para tal, o que pressupõe a compreensão do texto constitucional, segundo o autor, pelo prisma da intersubjetividade. Assim agindo, promove-se a racional reunificação entre Estado e sociedade.[100]

A partir das diversas teorias da Constituição aqui abordadas, verificamos despontar, da condição de ordem fundamental do Estado, o paradoxo da pretensão constitucional de estabilidade e dinamicidade.[101]

---

[98] MIRANDA, 2003, p. 82 *et seq.*

[99] BONAVIDES, Paulo. *Curso de direito constitucional.* 15. ed. São Paulo: Malheiros, 2004, p. 93 et seq.

[100] STRECK, Lenio Luiz. *Jurisdição constitucional e hermenêutica:* uma nova crítica do direito. Porto Alegre: Livraria do Advogado, 2002, p. 112 *et seq.*

[101] CANOTILHO, 2000, p. 1271.

Com efeito, as pretensões de estabilidade e rigidez[102] podem ser depreendidas da estrutura constitucional e do "núcleo duro" da Constituição.[103] Por outro lado, em sendo tarefa constitucional, igualmente, a sua perpetuação no tempo e no espaço, a ordem constitucional deve possuir abertura suficiente para captar e se adaptar à dinamicidade da vida política e social. Em conseqüência, identifica-se uma relação de polaridade entre flexibilidade e rigidez, que importa estarem estes fatores, para consecução do objetivo evolutivo, em justa coordenação, no que concerne aos mecanismos que, ao passo de atuarem na função de manutenção (ou retenção), devem permitir a internação dos efeitos das mudanças sociais (exógenas ao sistema jurídico-constitucional).[104]

Estes mecanismos constituem os princípios e procedimentos socialmente institucionalizados e os procedimentos de mudança, tais como revisão,[105] emendas, e, por que não dizer, as mutações constitucionais compatíveis com o sistema.

Em face da função de ordem fundamental do Estado, que coloca a Constituição no ápice do sistema jurídico normativo, impondo a sua supremacia e o princípio correlato, vemos difratar um espectro de outras funções cuja menção se demonstra indispensável à compreensão dos processos informais de mudança constitucional.

Contribui para a abertura da ordem fundamental, tornando-a permeável às mudanças, o fato de a Constituição desempenhar o papel de "ordem-quadro", ou seja, não incorporar a figura de um código regulador exaustivo. O texto constitucional, logo, deve adotar a feição de estatuto parcial e fragmentário, impondo sua atualização concretizante pela obra do legislador[106] e do intérprete. Essa postura, consistente em definir uma ordem constitucional como essencial, compatibiliza-se com o fenômeno da pluralização de mundos e de pontos de vista.[107]

Disso segue a identificação de outra função constitucional: a de configurar a revelação normativa do consenso fundamental de uma sociedade quanto a seus princípios, valores e ideais-diretrizes. Tal função pode ser verificada por meio dos princípios constitucionais nucleares que guiam os padrões de conduta política e jurídica dos integrantes do consenso fundamental.[108] Em torno desta, desenvolver-se-á a função de unidade da Constituição e o correspondente princípio hermenêutico.

---

[102] Sobre flexibilidade e rigidez consta, a seguir, no subitem 2.1.3.
[103] CANOTILHO, op. cit., p. 1271. O autor faz corresponder ao chamado "núcleo duro" o princípio do estado de direito, o princípio democrático, direitos, liberdades e garantias, separação dos órgãos de soberania, descentralização territorial, etc.
[104] CANOTILHO, 2000.
[105] Ibidem.
[106] Ibidem, p. 1272.
[107] Ibidem.
[108] Ibidem, p. 1274-1275.

Ao passo que a Constituição confere legitimação a uma determinada ordem política, atribui legitimidade aos respectivos titulares do poder político. Apesar de isso lhe conferir o caráter de verdadeiro estatuto jurídico do político, a Constituição não representa mera positivação do poder. É também a positivação do consenso dos valores jurídicos que figuram na consciência comunitária, e, portanto, depende da sua aceitação pela comunidade, para reconhecimento da sua legitimação e validade como ordem justa.[109]

É nesse consenso positivado que os poderes constituídos encontrarão a base da sua legitimidade, uma vez que, no dizer de Canotilho, "É a constituição que funda o poder, é a constituição que regula o exercício do poder, é a constituição que limita o poder".[110]

Certo é que contemporaneamente vivemos a crise dos modelos de Estado existentes, instaurada, primeiramente, no Estado legislativo, cujas bases metodológicas não conseguem mais dar suporte a situações que transcendem o âmbito nacional (v. g. o emblemático caso da unificação européia e o processo de integração econômica mundial: globalização). Estas hipóteses, dentre outras tantas, transpassam as noções de soberania nacional e monopólio nacional da produção legislativa. De outra parte, quanto ao Estado de Direito, evidencia-se uma tendência regressiva a um direito jurisprudencial de feição pré-moderna, com o retorno do papel criativo da jurisdição, em confronto com a perda de unidade e coerência das fontes jurídicas e superposição de ordenamentos concorrentes.[111] Diante disso, enfrenta-se o problema da discricionariedade judicial, do particularismo e subjetivismo.

A par do exposto, sentimos, nas palavras de Ferrajoli, a dificuldade de antever uma saída para a crise jurídico-institucional instaurada nos tempos atuais, que dependerá do papel desempenhado pela razão política e jurídica. E aqui o autor em tela identifica uma outra conotação para a solução da crise constitucional – que é crise do Estado – na busca de um consenso positivado. Entende que uma Constituição não serve para representar a vontade comum de um povo – no sentido de uma homogeneidade cultural, identidade coletiva ou coerência social –, mas para garantir o direito de todos, gerando a convivência pacífica entre sujeitos com diversos interesses, potencialmente em conflito. Isso faz com que o fundamento da legitimidade não resida no "consenso da maioria", senão em um valor prévio e superior: a igualdade de todos relativamente às liberdades fundamentais e aos direitos sociais, ou seja, direitos vitais conferidos a todos, impostos frente às leis, aos atos do

---

[109] CANOTILHO, p. 1275.
[110] Ibidem, p. 1276.
[111] FERRAJOLI, 2003, p. 20-21.

governo e interesses das maiorias (que podem ser entendidas como forças sociais dominantes).[112]

Destarte, a busca de um parâmetro sistematizador para a compreensão e limites das mutações constitucionais implica reabrir o debate em torno de um método que opere a substancilaização do Direito, resumido, no estado moderno, à forma normativa, na tentativa de promover a reconciliação entre Estado e sociedade, Direito e Moral.

2.1.2. Sobre Constituição material e Constituição formal

A Constituição, tomada sob a forma de uma institucionalização jurídica do poder, conjunto das normas fundamentais sob o qual se assenta o ordenamento jurídico, estatuindo as relações do poder político entre governantes e governados, denota uma realidade dicotômica, mas não cindível, entre Direito e Estado. Disso se extrai uma perspectiva constitucional material e outra formal.[113]

Quanto à primeira perspectiva (material), a Constituição consiste no estatuto jurídico (ou político) do Estado: estrutura o Estado e o Direito do Estado. No que concerne à segunda perspectiva (formal), temos a disposição das normas constitucionais, estas se sobrepondo às demais normas do ordenamento jurídico em geral. A noção de Constituição formal, desta feita, pressupõe considerar-se a Lei Maior como um sistema de normas hierarquicamente estruturadas, dotado de relativa autonomia.[114]

Bonavides destaca o advento da concepção material da Constituição em resposta ao "niilismo científico-cultural" a que o formalismo lógico-positivista conduziu a teoria do Estado.[115] Esta concepção teve início na tese de Lassale, antes analisada, e foi desenvolvida por juspublicistas alemães, como Smend, Heller e Schmitt. Não obstante, é no sistema constitucional norte-americano e, em especial, na prática do controle de constitucionalidade pela Suprema Corte dos Estados Unidos, mediante a interpretação das normas constitucionais, desde Marshall, que a noção de um conteúdo material da Constituição adota maior relevância.[116]

---

[112] FERRAJOLI, 2003, p. 22-29.

[113] MIRANDA, 2003, p. 9-10.

[114] Ibidem, p. 11.

[115] BONAVIDES, 2004, p. 100.

[116] Na lição de Bonavides: "A Constituição material americana é, com efeito, muito mais rica, extensa e fecunda que a Constituição formal, inconcebível e ininteligível sem aquela, a que serve de moldura ou quadro". E prossegue: "No espaço da Constituição formal, que logo se elastece, cabe toda uma Constituição material, feita de instituições vivas e dinâmicas, num processo de constante acomodação e reforço das realidades que sentimente pesam sobre a Sociedade americana, compondo a sua consciência nacional e exprimindo seus imperativos históricos de processo, ordem, segurança e liberdade. [...] Graças ao método desses, o Direito Constitucional americano progrediu, de modo que a Constituição americana, embora formalmente rígida, pôde

Em Schmitt, encontramos, na distinção entre Constituição e Lei Constitucional, o cerne da sua teoria material da Constituição. Identificamos a preeminência da essência da Constituição de cunho existencial – decisão fundamental acerca da forma da unidade política – sobre a esfera normativa (Leis Constitucionais). Por essa maneira, o fundamento de validade do aspecto normativo encontrar-se-ia nos valores existenciais da Constituição, adquirindo caráter de relatividade. Schmitt não abandona absolutamente o elemento formal-normativo, contudo, restringe as leis constitucionais a uma necessidade formal.[117]

Corresponde à Constituição material, um conteúdo específico ou uma pluralidade de conteúdos relativamente a cada Estado, assentados em princípios jurídicos específicos, de forma implícita ou explícita, que abarcam a forma de Estado, a forma e o sistema de governo e a forma institucional. A par desses princípios, a Constituição apresenta-se como um conjunto de preceitos. No entanto, são esses princípios jurídicos que virão a conferir unidade, durabilidade e identidade à Lei Maior, atendendo-se à necessidade de coerência.[118] A Constituição material forma-se, pois, do montante dos princípios fundamentais estruturantes e identificadores de cada Constituição no seu sentido material positivo. É expressão direta da idéia de Direito imposta a uma coletividade, e por ela aderida ou assentida, resultante do exercício do poder constituinte material originário.[119]

Nesse diapasão, Canotilho entende por Constituição material, com base na doutrina de Zabreblesky, "o conjunto de fins e valores constitutivos do princípio efectivo da unidade e permanência de um ordenamento jurídico (dimensão objectiva), e o conjunto de forças políticas e sociais (dimensão subjectiva) que exprimem esses fins ou valores, assegurando a estes a respectiva prossecução e concretização, algumas vezes para além da própria constituição escrita". O autor assinala, ainda, a existência de um forte condicionamento entre a Constituição material e a Constituição formal, na mesma proporção estabelecida, na teoria de Hesse, entre a "força normativa" e a "vontade da constituição", ou seja, "a explicitação na constituição escrita ou formal do complexo de fins e valores agitados pelas constelações políticas e sociais a nível da constituição material". Essa condicionalidade recíproca, entre Constituição escrita e Constituição material,

---

tornar-se pelo aspecto material a mais flexível das Constituições escritas, escorada no espírito orgânico e vital da Sociedade. Afastou-se, assim, da rigidez formal, dos fantasmas do *stare decises*, do imobilismo lógico-jurídico, cuja vitória jurisprudencial teria gravemente tolhido o curso da evolução constitucional americana" (Ibidem, p. 102-103).

[117] SCHMITT, [s.d.], p. 23-25.

[118] MIRANDA, 2003, p. 28.

[119] Ibidem, p. 29.

explicará um conjunto de fenômenos, dentre os quais encontramos as mutações constitucionais.[120]

Conquanto a necessidade de consubstanciar o conteúdo constitucional em um texto formal tenha surgido, inicialmente, como decorrência da revolução puritana, desenvolvendo-se, nos séculos XVII e XVIII, sob a idéia da exigência do contrato social,[121] a doutrina tem sido cautelosa em reconhecer a ausência de um critério seguro para definição do conteúdo material da Constituição, não obstante restar assente a dicotomia entre normas constitucionais materiais e formais.

Parece-nos, então, acertada a conclusão de Canotilho de que, tendo-se em conta a inexistência de critérios seguros para distinguir o que realmente é matéria constitucional e o que não o é, deve-se ser prudente em não reconhecer ao intérprete o direito de "desconstitucionalizar" (a não ser em termos teóricos ou dogmáticos) aquilo que o legislador constituinte "constitucionalizou" por meio do processo democrático.[122]

Todavia, a relevância da questão, para o nosso estudo, encontra-se menos em elaborar um elenco exauriente e específico das normas materialmente constitucionais, do que em entender a natureza e função do caráter material pertinente às Constituições em geral. A uma, porque buscar um elenco descritivo, como dito, desprezaria a riqueza sociocultural e as peculiaridades das diversas ordens estatais, resultando num esquema esvaziado de conteúdo, ou de conteúdo controvertido; a duas, porque tal cristalização não ajudaria a compreender a relação dialética de implicação entre Direito e realidade constitucional, diante da dinâmica da vida estatal no tempo e no espaço.

Retornando-se à obra de Mortati, se não chegamos a um elenco descritivo de matérias substancialmente constitucionais, até por não ser esse o objetivo último do autor, atingimos o intento de compreender a natureza e as funções do conteúdo material da Constituição, de suma importância para se entender o processo normativo de integração e a busca pela estabilidade social e jurídica.

Conforme **Mortati**, o Estado não advém do nada, mas pressupõe um complexo de relações variadas, correspondentes às diversas direções em que se possa desenvolver a atividade humana.[123]

Quando o ente estatal surge, não encontra um direito pré-constituído, determinável sobre a base de um estado de natureza; porém, cria essa ordem jurídica enquanto fixa um centro de unificação da vida na

---

[120] CANOTILHO, 2000, p. 1013-1014.
[121] LOEWENSTEIN, 1976, p. 152.
[122] CANOTILHO, 2000, p. 1013.
[123] MORTATI, 1940, p. 70.

comunidade.[124] Ressalta-se, pois, a idéia de uma homogeneidade que pode assumir valor perante o ordenamento jurídico.[125]

Essa força resultante da organização de um grupo social, distinto dos demais, que fez triunfar seus interesses sobre os grupos antagonistas, oferece o ponto de partida para o conteúdo da Constituição material originária e fundamental.[126] A instituição originária formada já é o Estado, que, assim, não é a mera soma das relações espontaneamente determinadas pela atribuição a um determinado grupo social, mas a consciente vontade de uma ordem que, se ainda pressupõe ou remete ao existencial, não se exaure neste, e, então, se apresenta como resultado de uma ponderação que deve ser tarefa do ordenamento jurídico.[127]

O Estado é o centro que promove e unifica, no sistema, a avaliação de cada comportamento, dirigido a certificar a relevância e os efeitos que lhe serão atribuídos. Essa avaliação, para que atinja a sua consecução na uniformização da conduta humana, destinada a atender aos fins estatais, pressupõe, em razão de uma necessidade intrínseca do Estado, a existência de normas.[128]

Em contrapartida, é admitida, pelo autor, a mutação dos valores e interesses determinantes da finalidade política, que conformam o conteúdo material da Constituição. A atividade interpretativa, em Mortati, deve ser dirigida e ter como limite o conteúdo material da Constituição. Logo, o endereçamento à realidade deve ser procedido tomando-se como base a avaliação dos valores que apontam as necessidades erigidas pela sociedade.[129]

As mutações verificáveis, na situação de fato, podem operar em dois sentidos: (a) determinando um deslocamento na consistência objetiva das várias necessidades, e, então, na respectiva ordem de relevância; (b) produzindo uma alteração na relação das forças políticas, uma diversa orientação no modo de apreciação subjetivo do interesse público e, conseqüentemente, uma diversa avaliação na eleição dos meios escolhidos para satisfazê-lo.[130]

A possibilidade de evocação de um endereçamento político precedente, e da substituição deste por um diverso, deve ser entendida circunscrita sempre nos limites do fim essencial do Estado, fazendo-se possível pelo caráter genérico que essa diretriz estatal adota, em face

---
[124] MORTATI, 1940, p. 76.
[125] Ibidem, p. 46.
[126] Ibidem, p. 76.
[127] Ibidem, p. 100.
[128] Ibidem, p. 101.
[129] Ibidem, p. 113 *et seq*.
[130] Ibidem.

da exigência de adaptação a situações concretas.[131] O fim político enquanto incorporado a uma instituição estatal, não só pertence a um estágio pré-jurídico, mas, formando a essência mesma da Constituição, formalmente, torna-se fonte primeira do Direito do Estado.[132]

A Constituição formal, por seu turno, representa o sistema de normas instrumentais e materiais, destinado a regular a vida social em seus relevantes aspectos. Possui a função de estabilidade e segurança, uma vez que é expressão de uma situação de equilíbrio. Contudo, essa situação de equilíbrio pode não mais permanecer. Ainda que se aceite uma correspondência originária entre a ordem formal e a real (entre Direito e realidade constitucional), é de se verificar, na Constituição formal, mecanismos de integração e elasticidade, porquanto se tem por admitido o caráter incompleto da Lei Maior, regulando a vida do Estado, por meio de princípios genéricos e de diretivas axiomáticas, que necessitam de adequação e desenvolvimento conforme os ditames da dinâmica estatal, situações essas consideradas imprevisíveis no momento do surgimento da Constituição.[133]

Os elementos de permeabilidade da Constituição formal, capazes de assegurar a atividade de rompimento com um esquema meramente abstrato, devem operar em conformidade com o propósito (fim) do Estado. Para isso, devem ser tomados os elementos da ordem jurídica, e, assim, a força política que sustenta e dirige estes mesmos órgãos. Cumpre ser mantido o sentido advindo da força que agiu como órgão de instauração de uma particular forma de Estado, na qualidade de uma autônoma e insubstituível função, no mesmo sistema de Direito criado com a Constituição formal. Esta função não pode ser concebida como um ente meramente sociológico ou como condição puramente de fato (somente indiretamente relevante), mas deve ser contemplada como entidade jurídica em sentido próprio, parte integrante do Estado, atribuindo-se a essa um papel de permeabilidade/interação que não se afasta do campo do Direito. A Constituição material originária permanece sob a forma de uma Constituição em segunda potência (nas palavras do autor), ao lado daquela formal derivada da primeira, de mesma natureza, podendo ser mais ou menos intimamente conexa ou harmonizada com aquela, e, então, tendente a interagir com essa segunda num processo condicionado a particulares fatores contingentes, denominado "racionalização do poder".[134]

A Constituição material, portanto, aparece, para Mortati, não só como a fonte suprema do ordenamento, mas como fonte de validade

---

[131] MORTATI, 1940, p. 117.
[132] Ibidem, p. 127.
[133] Ibidem, p. 133.
[134] Ibidem, p. 134 *et seq.*

da positivação veiculada na Constituição formal. Por isso, não deve ser considerada simples pressuposto, mas parte constitutiva da ordem jurídica, na qualidade de ordenadora das forças políticas que, por meio da organização social, garantem a execução de tais previsões.[135]

A contemporização da Constituição formal com a Constituição material, conectadas permanentemente e em constante harmonia com a dinâmica social e estatal, deve advir da posição do intérprete, que, antes de adotar uma atitude impessoal, cumpre estar comprometido com os fins estatais originariamente elencados. Daí se verifica a preeminência, em termos de observância e respeito às diretrizes traçadas pelo poder constituinte originário, que culminam por estabelecer os limites exegéticos do sistema, uma vez que ali, inicialmente, foram desenhados os princípios diretivos com intuito de desenvolvimento da Constituição positiva. Não se nega, de outra parte, o valor do complexo normativo, mas se afirma a sua dependência em relação a uma entidade também jurídica que o transpassa.[136]

A Constituição material incumbe-se, outrossim, do mister de conferir unidade ao ordenamento jurídico. Os fins políticos, porque precedem e transcendem a norma, atuam no processo interpretativo, pois deles deriva o vínculo de unificação, e, assim sendo, igualmente, promovem a determinação e superação das contradições. Além disso, pode ser destacado, na Constituição material, o dever de garantia e manutenção do fim essencial do Estado, frente à mutação dos institutos. Sustenta Mortati a imutabilidade do Estado, assentado na base de um princípio organizativo preexistente à ordem jurídica, e que transcende a Constituição material, considerando-se que a atividade estatal possui um núcleo essencial que encerra os valores ou complexo de valores de que é portadora uma determinada classe social, devidamente representada por um partido político. Em torno destes valores, encontram-se coordenadas as várias instituições estatais. Estas desempenham a função de meio, sendo essenciais para a consecução daquele propósito (fim), justificando a distinção entre a parte variável e a parte constante da Constituição.[137]

Oportuniza-se, mediante o caráter de elasticidade e permeabilidade da Constituição formal, a adaptação do direito constitucional à dinâmica da vida estatal. De outra sorte, as diretrizes e os princípios presentes no texto da Constituição permitem a manutenção da estabilidade, apesar das necessárias transformações de sentido e alcance da norma, porque aqueles axiomas garantem a orientação ao fim essencial

---

[135] MORTATI, 1940.p. 141 *et seq.*

[136] Ibidem, p. 230.

[137] Ibidem, p. 223 *et seq.*

do Estado. Nisso reside a estabilidade do sistema jurídico, pois, acaso as alterações se demonstrassem por demais significativas, ou a estrutura formal não fosse elástica o suficiente para facultar as mudanças necessárias, possivelmente, teríamos a ruptura com a ordem jurídica estabelecida, e, conseqüentemente, uma nova ordem e um novo sistema seriam instaurados.

Por conseguinte, temos que as regras e preceitos mudam, enquanto os princípios, não obstante apresentem uma variação de sentido decorrente do processo evolutivo, não são afetados no seu cerne.[138]

Efetivamente, desde que teve início a evolução das teses constitucionalistas dirigidas a obter uma resposta alternativa e mais consistente à abstração do positivismo de bases lógico-formais, vem se estreitando o abismo inserto entre Constituição e realidade constitucional, através da compreensão da conexão havida entre Constituição material e formal. É traço marcante da nova feição que o constitucionalismo tem assumido, na atualidade, o aspecto material da constitucionalização do ordenamento jurídico. Tal consiste em conferir ao Direito uma forte carga axiológica, sob a forma de direitos fundamentais.[139] Nesse sentido, identifica-se uma aproximação entre a fundamentação moral e a fundamentação jurídica, estreitamente vinculada à teoria da argumentação. E o Direito passa a ser visualizado como sistema dinâmico de argumentos e não mais como sistema estático de regras e princípios.[140]

Assim agindo, o reconhecimento teórico da distinção entre Constituição material e formal não configura uma simples separação entre elementos desarticulados. Todavia, esses elementos encontram-se em relação de implicação no processo de interpretação, pois a concretização da norma constitucional impõe fazer migrar o conteúdo axiológico (de natureza dinâmica) ao cerne do direito constitucional, reconstruindo-o de acordo os valores socialmente relevantes e necessários ao convívio e desenvolvimento da comunidade. Promove-se, então, a re-associação entre Direito e sociedade, assim como a estreita conexão entre Constituição e realidade constitucional, antes cindida pelo positivismo jurídico.[141]

---

[138] MORTATI, 1940.

[139] FIGUEROA, Afonso García. La teoria de derecho em tiempos de constitucionalismo. In *Neoconstitucionalismo(s)*. Traducción Pilar Allegue. Madrid: Trotta, 2003, p. 165.

[140] Ibidem, p. 166-167.

[141] Assim entende Pérez Luño, para quem o conceito de Constituição material assume relevância quanto à interpretação jurídica, sob a forma de um auxílio hermenêutico ou racionalização da atividade hermenêutica (PÉREZ LUÑO, Antônio Enrique. *Derechos humanos, estado de derecho y constitución*. 6. ed. Madrid: Tecnos, 1999, p. 272)

2.1.3. Rigidez, flexibilidade e imutabilidade constitucional

A classificação das Constituições em rígidas e flexíveis é atribuída a Bryce,[142] por meio de estudo comparativo entre as diversas Constituições existentes à época – final do século XIX, início do século XX –, detendo-se, notadamente, nos paradigmas de organização dos Estados romano e inglês. Ao longo de toda a sua obra, Bryce torna patente a relevância histórico-cultural das Constituições, atuando não só como expressão do caráter nacional, porém, de outra sorte, "moldean el carácter de quienes se habitúan a ellas".[143] As Constituições se moldam

---

[142] Tomamos aqui a obra de Bryce, traduzida e analisada por VERDU, Pablo Lucas, *Constituciones flexibles y constituciones rigidas*. Madrid: Centro de Estudios Constitucionales, 1988. Publicada originalmente em 1901, fazia parte do todo maior de uma obra: "Studies in History and Jurisprudence", 2 vols. Oxford University Press, NY (Cf. VERDU, Pablo Lucas. Introdução. In: BRYCE, James. *Constituciones flexibles y constituciones rigidas*. Madrid: Centro de Estudios Constitucionales, 1988, p. XVI-XVII). Bryce (1838-1922) empreendeu estudos no campo da história, posteriormente decidindo-se pela advocacia, que abandonou para participar do parlamento britânico, inicialmente, na Câmara dos Comuns. Realizou várias viagens ao exterior, que incluíram diversas passagens pelos Estados Unidos da América. Assumiu cargos de Estado junto à facção liberal, até que, em 1913 passou à nobreza britânica com o título de visconde de Bryce, ingressando na Câmara dos Lordes. Posteriormente, foi nomeado embaixador do Reino Unido nos Estados Unidos da América. Este breve resumo da vida do autor serve para que entendamos as posições por ele defendidas, que deixam transparecer uma doutrina marcada por um aristocratismo intelectual de caráter liberal, com o influxo das correntes filosófico-culturais e tendências próprias do período vitoriano, tais como o darwinismo social, utilitarismo, a psicologia social e o mecanicismo. Embora o positivismo estivesse em voga, à época, possuía, Bryce, posturas adversas ao formalismo. Logo, toda a Constituição deveria ser estudada considerando também as peculiaridades políticas e econômicas da sociedade a que é referida: "Toda Constitución es resultado de la historia previa de una nación, producto de las luchas que determinaron el carácter de su gobierno y una vez que aquél se determinó de forma definida, sea mediante el uso o formalmente a través de uno o más instrumentos, la Constitución se convierte en un factor que influye sobre toda la historia subsiguiente"(VERDU, op. cit., p. XXIII). Bryce, em sua análise das Constituições rígidas e flexíveis, funde conteúdos historicistas com outros mecanicistas, com matizes de índole psicossocial. Estas marcas, registradas na doutrina de BRYCE, possibilitam entender o papel e as conclusões advindas da dicotomia que instituiu no cerne do direito constitucional, cujo intento não logra ser meramente metodológico (VERDU, op. cit., p. XXXII-XXXIII). Nelson Sampaio classifica as Constituições, quanto à questão da possibilidade de reforma, em: (a) imutáveis; (b) fixas; (c) rígidas; e (d) flexíveis. As Constituições imutáveis corresponderiam àquelas que não admitem legitimação a qualquer poder para a respectiva reforma ou revogação. Constituições fixas são denominadas aquelas que somente admitem reforma por poder com igual competência daquele que as criou, dependendo de nova manifestação do poder constituinte. As Constituições flexíveis, por sua vez, admitem reforma por processo legislativo equivalente ao aplicado para elaboração e alteração das leis ordinárias. Rígidas, em contraposição, configuram as Constituições que apenas podem ser modificadas por processo legislativo diverso daquele empregado para a elaboração das leis ordinárias (SAMPAIO, Nelson de Souza. *O poder constitucional de reforma*. Bahia: Livraria Progresso, 1954, p. 37). A abordagem ora intentada restará adstrita às Constituições classificadas como rígidas e flexíveis, uma vez que as duas outras categorias, assinaladas retro, culminam por pressupor a atuação do poder constituinte originário, o que implicaria instauração de uma nova ordem constitucional, superando a hipótese de reforma tácita da ordem jurídica existente. Atualmente, a distinção entre Constituições rígidas e flexíveis vem sendo adotada, com o escopo teórico de classificação, pela grande maioria da doutrina (BONAVIDES, 2004, p. 83-84; MIRANDA, 2003, p. 165 *et seq.*; CANOTILHO, 2000, p. 937, e outros)

[143] BRYCE, James. *Constituciones flexibles y constituciones rigidas*. Traducción Pablo Lucas Verdu. Madrid: Centro de Estudios Constitucionales, 1988, p. 4.

pelas forças socioeconômicas (segundo o aporte Lassaliano: fatores reais do poder) que lhes são subjacentes, mas, de igual forma, orientam e padronizam o comportamento daqueles que a elas se submetem.[144]

Portanto, em dependendo destes elementos metajurídicos e de mutabilidade auto-evidente, as Constituições não podem ser tidas como eternas. No dizer de Bryce, "Nada humano es inmortal, y los creadores de Constituciones harían bien en considerar que cuanto menos se jacten de que su obra disfrutará de larga vida más tiempo vivirá ésta probablemente".[145]

Bryce propõe a classificação das Constituições em rígidas e flexíveis segundo a relação de cada qual com as leis ordinárias e com a autoridade ordinária que as dita.[146] Por essa lógica, as Constituições flexíveis estariam em igual nível que as demais leis do país, seja na forma de estatutos, seja na forma de decisões que confirmam um costume. Conclui, então, Bryce, que, nestes casos, a denominação "Constituição" será atribuída àqueles estatutos e àquelas decisões que determinam a forma e a organização do sistema político de um país, sendo esse, e não outro, o traço distintivo entre ela e os demais.[147]

As Constituições tomadas por estatutárias e, em Bryce, consideradas mais modernas, encontrar-se-iam, em contrapartida, acima das demais leis do país. O instrumento que veicula essas Constituições não provém da mesma fonte que as outras leis, é promulgada por procedimento distinto e possui maior força:

> Su proclamación no corresponde a la autoridad legislativa ordinaria, sino a alguna persona o corporación superior o con poder especial. Si es susceptible de cambio, éste se llevará a efecto únicamente por dicha autoridad, persona o corporación especial. Cuando alguna de sus medidas entre en colisión con alguna otra de la ley ordinaria, prevalece la primera y la ley ordinária debe ceder.[148]

Bryce exemplifica a modalidade das Constituições flexíveis na espécie das Constituições consuetudinárias (*Common Law constitutions*).[149] No entanto, do fato de uma Constituição ser costumeira, não se deduz corresponder à Constituição flexível, conforme asseverou Burdeau, apesar de a rigidez ser incompatível com o caráter absolutamente costumeiro de uma Constituição.[150]

Bryce demonstra, ao longo de sua exposição comparativa, referentemente aos diversos tipos de Constituição, a compreensão do fenôme-

---

[144] É o que se depreende da exposição de Bryce (Ibidem, p. 96-97).
[145] Ibidem, p. 77.
[146] Ibidem, p. 9.
[147] Ibidem.
[148] Ibidem, p. 10.
[149] Ibidem, p. 28.
[150] BURDEAU, Georges. *Manuel de droit constitutionnel*. 6. ed. Paris: R. Pichon-Durand Auzias, 1952, p. 51.

no das mutações constitucionais quando cuida não somente das Constituições que denomina "cambiantes" (flexíveis), mas também das "estáticas" (rígidas), deixando claro, quanto a estas últimas, aplicar a metáfora mecanicista que atribui o efeito de "cristalização" do substrato das relações sociais.[151]

A despeito de Bryce enfatizar que a virtude das Constituições flexíveis encontrar-se-ia na possibilidade de adaptarem-se facilmente aos processos de mudança socioculturais, no tempo e espaço,[152] temos que a vantagem da natureza elástica desta espécie constitucional pode ser verificada igualmente nas Constituições de tipo rígido, como na Constituição norte-americana,[153] sendo vetor de manutenção da estabilidade, uma vez que, conforme conclui Carl Friedrich, o excesso de rigidez de uma Constituição pode gerar conflitos quando a aplicação dos dispositivos constitucionais não consegue se adaptar às necessidades sociais.[154] Em sentido oposto, a elasticidade pode provocar crises e converter-se em perigo ao impulsionar o povo para uma reforma ou mudança fácil.[155]

Logo, Bryce reforça que as vantagens de cada tipo de Constituição, seja ela rígida ou flexível, podem importar, ao mesmo tempo, em desvantagens. Assim como a estabilidade pode impedir, concomitantemente, pode constituir fator de conflito.[156]

Infere-se, a partir da doutrina do nosso autor, que as Constituições flexíveis não constituíam, àquela época e hoje, a tendência das Constituições modernas. Já as Constituições rígidas, se bem que pudessem denotar a busca da população em reforçar as garantias dos seus direitos mediante a imposição de restrições ao Estado, nem sempre estavam a serviço desse mister.

A nosso ver, isso se depreende do caráter consuetudinário, cunhado pela força da sucessão de muitos anos de tradição histórica, com o assentimento dos relevantes seguimentos sociais. O que se verifica na motivação das Constituições rígidas é, justamente, a ausência destes dois fatores: (a) arraigada tradição histórica, e (b) aceitação das forças sociais atuantes. Enquanto as Constituições flexíveis foram moldadas e moldaram a vontade da população na forja secular da tradição, as Constituições rígidas surgem com o estigma da ruptura, ou do que é

---

[151] BRYCE, op. cit., p. 13.
[152] Ibidem, p. 36-37.
[153] Conforme Bryce, nos Estados Unidos, o poder judicial para interpretação da vontade do povo, em relação ao promulgado na Constituição, alcançou seu ponto máximo (Ibidem, p. 103).
[154] FRIEDRICH, Carl. *Teoria y realidad de la organización constitucional democrática*. Traducción Vicente Herrero. México: Fondo de Cultura Econômica, 1946, p. 138.
[155] BRYCE, op. cit., p. 39.
[156] Ibidem, p. 99.

novo porque não recebeu uma estrutura anterior, quer pela inexistência dessa estrutura, quer pela sua rejeição.

Mas, nem por isso, as Constituições rígidas podem se arvorar, incondicionalmente, democráticas, nem as flexíveis restam condenadas a carregar a pecha de sua origem aristocrática. Para tanto, basta que se tome o desvirtuamento havido na Constituição de Weimar, que culminou em justificar a ascensão do nacional-socialismo germânico ao poder e as mazelas da Segunda Grande Guerra. De igual sorte, uma Constituição de feição consuetudinária não se manteria por tantos anos, na Inglaterra, se somente atendesse aos interesses de nobres ricos e de altos funcionários do governo.

Deixando de lado o cientifismo com que disseca e cataloga as Constituições examinadas, a forte tendência historicista de Bryce o obriga a reconhecer um elemento subjacente, verdadeiro "espírito da Constituição", que faz nascer, para aqueles que a manejam, um sentido de discernimento entre o que é ou não permitido: "[...] así, lo que no puede expresarse en las frases rígidas de un código se conserva en los testimonios de los precedentes y resplandece a través de las tradiciones que forman las mentes de los gobernantes. Esta clase de Constitución vive por lo que es llamado su espíritu. 'La letra mata, pero el espíritu da vida'".[157] Esse espírito ou respeito pela Constituição pode bem se coadunar com a crença (vontade da Constituição), assinalada por Hesse.[158]

Wheare teceu críticas às ponderações de Bryce, quanto àquelas que conduziriam à equivocada conclusão acerca da extrema dificuldade de modificação de uma Constituição em relação à qual se colocam obstáculos procedimentais de emenda (enquanto aquelas que não os exigem se veriam alteradas mais freqüentemente).[159] E não se pode desconsiderar a objeção de Wheare, visto que a freqüência com que as Constituições podem ser alteradas não depende somente de determina-

---

[157] BRYCE, 1988, p. 52.

[158] Quanto a Hesse, ver a obra já citada "A força normativa da Constituição". Cabem aqui, de igual forma, as conclusões de Oswaldo Aranha Bandeira de Mello: "De fato, nada adianta haver boas leis se não houver homens que as cumpram realmente. Em matéria social, eles são os elementos principais. Se os governantes não se dispõem a realizar a justiça, pela aplicação das boas leis, e os governados lhes não exigirem, que assim procedam, pela força corrente da opinião organizada, tudo será inútil. Mostra conhecimento perfeito da realidade das coisas aquele que considera como uma das funções mais importantes do Estado a educação do povo, a educação cívica principalmente". (MELLO, Oswaldo Aranha Bandeira de. *A teoria das constituições rígidas*. 2. ed. São Paulo: Bushatsky, 1980, p. 79).

[159] WHEARE, Karl C. *Las constituciones modernas*. Barcelona: Labor, 1971, p. 22: "El hecho es que la facilidad o la frecuencia con que una Constitución se modifica depende no sólo de las previsiones legales acerca de la forma de enmienda, sino también de los grupos políticos y sociales que predominan em la comunidad y de la medida en que éstos apoyan o aprueban la organización y la distribución del poder político que la Constitución prescribe.Si la Constitución les satisface, poco van modificarla, aun cuando ello requiera únicamente una ley ordinaria del Parlamento".

ções procedimentais para tanto, mas, como temos defendido ao longo deste estudo, também do substrato advindo dos grupos políticos, econômicos e sociais predominantes em uma sociedade, na medida em que estes apóiem a organização e a distribuição do poder político, dispostas na Constituição. Destarte, em Bryce, a virtude está justamente nesta aptidão das Constituições em se adaptarem à realidade social cambiante, sem que isso signifique impor ao texto Constitucional mudanças inconseqüentes e desnecessárias, que, igualmente, abalariam a estabilidade tão almejada.

Se a elasticidade e maior adaptabilidade podem ser verificadas – em graus diferentes – nas duas modalidades de Constituição abordadas por Bryce; e, se rigidez e elasticidade são, a um só tempo, características proveitosas ou não para a permanência de uma Constituição; a distinção, tematizada por ele, importa mais teoricamente, menos quanto ao desiderato de superação do paradoxo, apontado anteriormente, acerca das pretensões de estabilidade e rigidez (item 2.1.1),[160] cuja superação impõe considerarem-se as funções da Constituição: 1) primeiramente, como ordem fundamental do Estado, de caráter incompleto e inacabado (no sentido de que necessita de concretização pelos poderes constituídos – mediante atividade legislativa, administrativa e judicial –, com participação dos demais operadores jurídicos e intérpretes indiretos da Constituição); e, assim, na função de consenso fundamental da comunidade (responsável pela unidade jurídico-constitucional, alcançada por meio dos seus princípios fundamentais).

Em verdade, como asseverou Canotilho, não consiste fundamento da rigidez constitucional a existência de um processo que estabeleça exigências específicas para a modificação da Constituição. O processo agravado de revisão da Constituição (de forma obstativa à livre atuação do legislador ordinário, nos moldes do que ocorre com as Constituições flexíveis) é instrumento de garantia da relativa estabilidade da Lei Maior. Tal consiste escolha do poder constituinte (legislador constituinte),[161] o que, no caso das mutações constitucionais, havidas independentemente destes procedimentos formais, pode im-

---

[160] A posição se coaduna com o entendimento de Miranda, para quem a dicotomia rigidez-flexibilidade constitucional vale mais para o plano histórico e comparativo do que no plano dogmático: "O realce que se empreste à revisão e ao seu formalismo tem de olhar-se a partir de um fundo semelhante. Não pode inferir-se da diferença de forma diferença de conteúdo e de função da Constituição; tem de se procurar aquela unidade de conteúdo e fundamento". Em razão disso, a despeito de, na Constituição flexível, a revogabilidade das suas disposições ocorrer pela mesma forma das demais leis, a distinção entre matéria constitucional e infraconstitucional reside nas funções de uma e outra, que torna a Constituição a norma suprema na ordem jurídica estatal (MIRANDA, 2003, p. 169).

[161] Mesmo que o autor em questão tenha utilizado a asserção no que tange ao processo de revisão constitucional. (CANOTILHO, 2000, p. 937).

portar na eleição dos elementos internos de variação do sistema, quais sejam, as expressões do texto normativo,[162] de feição polissêmica, ou carentes de maior densificação semântica (com necessidade de concretização) para fins de aplicação da norma constitucional, notadamente, no que concerne à concretização dos princípios jurídicos e direitos fundamentais (núcleo essencial do Estado); e conceitos de natureza elástica. Nisso residirão as limitações substanciais do processo de mutação Constitucional,[163] de forma a preservar o "espírito" ou a "vontade da Constituição." (Hesse).

Se, por um lado, demonstra-se, no mínimo, questionável vincular gerações futuras a idéias de legitimação e a projetos políticos que pautaram a época do legislador constituinte – mas que podem já não mais acompanhar as necessidades de desenvolvimento para o futuro -; por outro lado, deve-se assegurar que a Constituição cumpra a sua tarefa, preservando a sua identidade substancial, sob pena de se estar diante de nova manifestação do poder constituinte.[164]

Não obstante se pressuponha a existência de um núcleo constitutivo de identidade, esta "identidade" não significa, no dizer de Canotilho, "a continuidade ou permanência do 'sempre igual', pois num mundo sempre dinâmico a abertura à evolução é um elemento estabilizador da própria identidade". Com base nessas considerações, a identidade substancial da Constituição deve ser concebida como identidade reflexiva, ou seja, capacidade constitucional de prestação frente à sociedade e aos cidadãos.[165]

---

[162] De acordo com Canotilho: os limites são identificados a partir da unidade ou cerne substancial da ordem constitucional (limites que poderão ser textuais implícitos ou tácitos: no caso de não virem positivados expressamente no texto constitucional, mas deduzidos daquele texto – limites implícitos –, ou restarem imanentes a uma ordem de valores pré-positiva, vinculada a uma ordem constitucional concreta – limites tácitos –; em contraposição aos limites positivados). Por essa maneira, a idéia de limitação ao poder de revisão (traçado um paralelo em relação às mutações constitucionais) "não pode divorciar-se das *conexões de sentido* captadas no texto constitucional. Desta forma, os limites materiais devem encontrar um mínimo de recepção no texto constitucional, ou seja, devem ser *limites textuais implícitos*". (CANOTILHO, 2000, p. 943).

[163] Deverá haver uma comunhão de intenções ou confluência de propósitos entre os ideais que inspiram o poder de revisão e os princípios fundamentais da ordem jurídica. Isso pode significar, transportado para a doutrina das mudanças informais da Constituição, que os poderes constituídos e demais participantes do processo de concretização deverão observar os limites do texto normativo (semântico e sistemático) e o contexto material da Lei Maior, num processo de fusão do horizonte do presente com o horizonte do passado, obtendo-se um resultado que, sem importar rompimento, garanta, igualmente, a contemplação das diversidades setoriais dos diferentes grupos sociais envolvidos (hermenêutica pluralista e espacial). Isso porque, segundo ressalta Canotilho, com base no magistério de Pedro de Vega, o poder de reforma, ainda que escorado em competência constitucionalmente a ele deferida, encontra também o pressuposto de validade da sua atuação na própria Constituição, diversamente do poder constituinte, soberano e prévio ao ordenamento (CANOTILHO, 2000, p. 938).

[164] Ibidem, p. 943.

[165] Ibidem, p. 949.

2.2. Para compreensão da mudança jurídico-constitucional operada pelos métodos hermenêuticos concretizadores

2.2.1. A distinção entre texto normativo e norma

Em se considerando a Constituição na condição de sistema normativo aberto de princípios e regras, a realização das normas constitucionais não fica adstrita ao seu texto normativo, como se este fosse um dado prévio e acabado. Pressupõe um processo de interpretação, que, se tem origem no texto formal da Carta Política, legitimado em razão de advir do poder constituinte originário, deve ser densificado para aplicação da norma ao caso concreto.[166]

É certo que o texto constitucional é fonte de Direito, situado em determinado sistema jurídico, cuidando-se de enunciado discursivo prescritivo. Contudo, configura apenas elemento inicial de referência no caminho da interpretação/concretização. A norma constitucional não se confunde com o respectivo texto, equivalendo a estágio posterior, para o qual a interpretação representa não apenas a atribuição de significado aos símbolos lingüísticos escritos nas disposições constitucionais, mas um processo de densificação e concretização da norma mesma. Por essa forma, a norma constitucional resultante desta operação consistirá em um modelo de ordenação orientado para uma concretização material, formado por uma medida de ordenação, expressa em enunciados lingüísticos, e por um campo de dados reais (fatos jurídicos e materiais).[167]

Conjugando-se as doutrinas de Müller e Hesse, veremos que este processo inicia na interpretação do texto, rumo a densificação e concretização da norma, e culmina em um momento final de aplicação da norma à hipótese concreta.[168]

---

[166] CANOTILHO, 2000, p. 1075.

[167] Ibidem, p. 1074 e p. 1089-1090.

[168] Sobre o assunto, discorre Canotilho (Ibidem, p. 1075 *et seq.*). Ao referirmo-nos à expressão interpretação/concretização, fazemo-lo com base em Canotilho, que remete às obras de Hesse (*Escritos de derecho constitucional*) e Müller (*Métodos de trabalho no direito constitucional*), respectivamente, quanto à teorização do método hermenêutico concretizador e à metódica normativo-estruturante. É neste último (Müller), notadamente, que nos é trazida a distinção entre texto da norma e norma jurídica: "Mas um novo enfoque da hermenêutica jurídica desentranhou o fundamental conjunto de fatos de uma não-identidade de texto da norma e norma. Entre dois aspectos principais o teor literal de uma prescrição juspositiva é apenas a 'ponta do *iceberg*'. Por um lado, o teor literal serve via de regra à formulação do programa da norma, ao passo que o *âmbito da norma* normalmente é apenas sugerido como um elemento co-constitutivo da prescrição. Por outro lado a *normatividade*, pertencente à norma segundo o entendimento veiculado pela tradição, não é produzida por esse mesmo texto. Muito pelo contrário, ela resulta dos dados extralingüísticos de tipo estatal-social: de um funcionamento efetivo, de um reconhecimento efetivo e de uma atualidade efetiva desse ordenamento constitucional para motivações empíricas na sua área; portanto, de dados que mesmo se quiséssemos nem poderiam ser fixados no texto da norma no sentido da garantia de sua pertinência" (MÜLLER, Friedrich. *Métodos de trabalho no direito constitucional*. 3. ed. rev. e ampl. Tradução de Peter Naumann. Rio de Janeiro: Renovar,

É necessário que se diga, à guisa de introdução, que a busca de uma fundamentação para o direito constitucional, assentada sobre valores pertinentes a uma ordem jurídica legítima e justa, decorre dos efeitos nocivos advindos da Segunda Grande Guerra e da consciência acerca da insuficiência do positivismo formalista, embora esse último se encontre estruturado dentro de um esquema lógico. Não persistindo por muito tempo a restauração de uma fundamentação jusnaturalista do direito constitucional, foi significativa, para a ciência jurídica, a "tópica" de Viehweg.[169] Contudo, como bem ressalta Canotilho, apesar da contribuição de Viehweg, ao introduzir ao conhecimento do Direito e à sua fundamentação, a via argumentativa, vinculando as soluções normativas à *praxis* e à realidade (elemento substancial), a concretização do texto constitucional mediante o recurso de *topoi* (ou pontos de vista) deixa a fundamentação do direito constitucional à mercê de um casuísmo exacerbado. Em sendo a interpretação atividade vinculada que encontra seus limites na Constituição, não pode o problema adquirir relevância de modo a se tornar o pressuposto e o ponto de partida para obtenção da norma.[170]

Na lição de Canotilho, portanto, interpretar as normas constitucionais significa compreender, investigar e mediatizar o conteúdo semântico dos enunciados lingüísticos que compõe o texto literal da Constituição, atribuindo-lhe significado. Essa tarefa se dará por determinados critérios e será operacionalizada pelos aplicadores das normas constitucionais, dentro das competências constitucionalmente atribuídas, que buscarão encontrar um resultado constitucional "justo" (aspecto substancial), mediante a adoção de um procedimento racional e controlável (aspecto procedimental), do que decorrerá, a nosso ver, uma fundamentação, igualmente, racional e controlável.[171]

Nesse contexto, a hermenêutica constitucional compõe-se de diferentes dimensões que não podem ser desconsideradas, a saber: (a) a influência dos valores políticos, em face da origem política da compilação constitucional; (b) o equilíbrio entre a necessidade de densificação das normas constitucionais e o espaço conferido aos órgãos concretizadores para esse fim; (c) a adstrição aos enunciados lingüísticos do texto constitucional, que não poderão ter significado arbitrariamente deter-

---

2005, p. 38). Assim, com alicerce na doutrina dos aludidos autores, interpretar, na verdade, importa concretizar o texto constitucional, dirigindo-se à sua aplicação e à conseqüente realização da Constituição. Aquilo que não possui seu âmbito estritamente delimitado pela maior densificação semântica do texto normativo, ou seja, aquilo que não resta claro, deve ser determinado mediante a incorporação da realidade (elementos substanciais, pertinentes à realidade social), conferindo um caráter criativo à interpretação constitucional, que torna completo o conteúdo da norma (HESSE, 1992, p. 40).

[169] Conforme expõe Bonavides em sua apresentação à obra de MÜLLER, 2005.
[170] Cf. CANOTILHO, 2000, p. 1085-1086.
[171] Cf. Ibidem, p. 1080.

minado; e (d) a evolução do programa constitucional, sem risco de rupturas.[172]

Embora o Estado seja dotado de uma Constituição escrita, que forma sua ordem jurídica fundamental, estas disposições positivadas não são fins em si mesmas, porém carecem de densificação para sua concretização, e, a seguir, aplicação e realização. Dessa sorte, tal não dispensa a contemplação do elemento substancial da Lei Fundamental.[173]

Müller, em sua metódica jurídica normativo-estruturante, parte justamente da dissociação entre o texto normativo e a norma, correspondendo o primeiro apenas ao "programa normativo". A norma, por sua vez, não compreende somente o texto, mas abrange um "âmbito normativo", aqui considerado elemento substancial ou material.[174] Por essa forma, a metódica de Müller analisa as funções de realização do direito constitucional, que ocorrem por meio do exercício das atribuições dos poderes estatais constituídos: Administração, legislação e jurisdição, dirigindo-se a compor problemas práticos ("decisão prática"), como forma de apreender o processo de concretização das normas constitucionais.[175] Preocupado com a estrutura do texto normativo e da norma, o autor opera a concretização normativa por meio de duas espécies de elementos, a saber: (a) referentes ao texto da norma (elementos de interpretação baseados na doutrina clássica); e elemento de concretização pertinente à investigação do domínio normativo.[176]

Hesse, por sua vez, com fulcro na doutrina de Müller e no do pensamento tópico, entende a atividade concretizadora da norma constitucional sob o aspecto da incorporação das circunstâncias da realidade social (elementos substanciais), circunstâncias essas que integram o âmbito normativo.[177] Essa atividade, todavia, pressupõe a "compreensão" do conteúdo da norma a concretizar, que não pode ser desvinculado nem da pré-compreensão do intérprete, nem do problema a resolver. O intérprete, por essa maneira, não pode captar o conteúdo da norma situado fora da sua existência histórica, mas somente nela inserido, onde se conformaram seus hábitos mentais e onde fora condicionado seu conhecimento e seus pré-juízos. Logo, o

---

[172] CANOTILHO, 2000, p. 1081-1084.

[173] Ibidem, p. 1088-1089.

[174] MÜLLER, 2005, p. 44. A distinção entre norma e texto normativo torna-se contemporânea na doutrina de Guastini, para quem é denominada *disposição* o texto legislativo, e *norma* o significado deste texto, resultado da atividade interpretativa (GUASTINI, Ricardo *Distinguiendo:* estudios de teoría y metateoría del derecho. Traducción Jordi Ferrer i Beltrán. Barcelona: Gedisa, 1999, p. 32-35 e p. 50-54).

[175] Ibidem, p. 3-4.

[176] Ibidem, p. 59-90.

[177] HESSE, 1992, p. 28.

intérprete compreende a norma a partir de uma pré-compreensão, que lhe permite contemplá-la por certas expectativas, fazer uma idéia de conjunto e alinhavar um projeto, que deverá, entretanto, ser posto à prova, na medida em que se promove a aproximação com a "coisa" mesma.[178]

Com efeito, uma vez colocada a questão sobre a distinção existente entre norma e texto normativo, bem como se tendo discorrido sobre as contribuições de Hesse e Müller no que concerne à obtenção de uma metódica jurídica para determinação do conteúdo normativo das normas constitucionais, resta evidente que o programa normativo não se esgota na investigação do conteúdo semântico da norma, mas a este se encontra vinculado. O resultado da densificação que identifica o conteúdo da norma impõe o recurso à: (a) sistemática do texto normativo (elemento sistemático); (b) genética do texto; (c) história do texto; (d) teleologia do texto.[179]

Entretanto, é justamente esse último recurso que deixa sobressair a insuficiência da vinculação estrita ao conteúdo semântico do texto normativo (elemento formal). Isso porque o texto sempre apontará para um referente (quer transmitir algo a alguém), e, portanto, recorre à pragmática, sendo, por isso, inseparável da realidade e do contexto em que inserido (elemento substancial). O processo hermenêutico de concretização remete a um universo material que é exterior ao âmbito do texto da norma, aspirando não apenas a uma racionalidade formal, mas também a uma racionalidade material. Por essa forma, quanto maior a indeterminação do texto, maior o domínio do âmbito material (como no caso dos conceitos jurídicos vagos, indeterminados, ou que remetem a elementos não-jurídicos).[180]

Segundo Canotilho, a análise dos dados linguísticos (programa normativo) e o exame dos dados reais (elementos substanciais), articulam-se concomitantemente dentro do processo de concretização. O primeiro (programa normativo) servirá de filtro ao traçar os limites da norma. Assim, o intérprete-concretizador tem fixado o âmbito de liberdade da interpretação no texto normativo.[181]

A questão sobre a complexa relação de disjunção-implicação entre texto e norma vem aprofundada por Streck. O autor assevera que a distinção entre texto e norma não pode levar a uma negação havida entre esses elementos. No caso, a distinção referida é de cunho ontológico, e não autoriza a que nem o texto nem a norma possam subsistir cada qual independentemente do outro. Considerar-se de

---

[178] HESSE, 1992, p. 41.
[179] CANOTILHO, 2000, p. 1092.
[180] Ibidem, p. 1092-1093.
[181] Ibidem.

outra forma, consistiria em desvincular o intérprete da unidade de sentido do texto, autorizando-o a atribuir sentidos elegidos arbitrariamente e dando margem a que se invoque o fantasma do relativismo.[182] A inferência que advém dessa asserção reside em ser, a compreensão, pressuposto para a interpretação, e não o contrário. Isso deve significar que os possíveis sentidos são atribuíveis em razão da faticidade em que está inserido o intérprete: "O texto será sempre o 'já normado' pelo intérprete" e "A norma será sempre, assim, resultado do processo de atribuição de sentido (*Sinngebung*) a um texto".[183] Contudo, adverte o autor, o texto não subsiste como um ente disperso no mundo. Tal qual o *ser* será sempre o *ser de um ente*, o texto somente o será para a sua norma.[184]

Em conclusão, evidencia-se, na metódica normativo-estruturante de Müller e no método hermenêutico-concretizador de Hesse, os esquemas que melhor refletem a atividade de densificação do texto normativo à norma (estágio intermediário de concretização) e de aplicação da norma ao caso concreto (estágio final de concretização), superando-se a insuficiência da exclusiva adoção dos métodos hermenêuticos clássicos – pois, se estes recursos servem de filtro ou limites ao intérprete, o processo de concretização não pode ser abstraído dos elementos materiais (substanciais) da realidade (contexto). Estes elementos substanciais são incorporados ao âmbito normativo num processo que vai da pré-compreensão à fusão de horizontes (na acepção gadameriana), até a submissão à prova, em operação desempenhada pelos sujeitos concretizadores do texto.

Guastini ressalta a importância da distinção entre texto e norma no que concerne à interpretação jurídica, na medida em que o significado não será algo pré-constituído à atividade interpretativa, uma vez que dependerá das valorações e decisões do intérprete. E, por isso, em dependendo da vontade do intérprete, os enunciados jurídicos não são aptos à qualificação de verdadeiros ou falsos.[185]

Em face disso, o âmbito normativo e a realidade social encontram-se sujeitos a mudanças históricas. Os resultados do processo de concretização da norma constitucional podem se modificar, apesar de restar intacto o texto ("programa normativo"), evidenciando o fenômeno das mutações constitucionais em maior ou menor escala, quanto maior ou menor for campo de atuação legitimamente conferido ao

---

[182] Cf. STRECK, Lenio Luiz. *Hermenêutica jurídica e(m) crise:* uma exploração hermenêutica da construção do direito. 6. ed. Porto Alegre: Livraria do Advogado, 2005, p. 315-317.
[183] Ibidem, p. 316.
[184] Ibidem.
[185] GUASTINI, 1999, p. 34.

intérprete-concretizador, proporcionalmente à maior ou menor densidade dos elementos lingüísticos do texto da norma.[186]

Sob esse enfoque, deve ser entendida a objeção de Canotilho no que tange ao fenômeno das mutações constitucionais, que denomina "transição constitucional" ou "revisão informal".[187] Alicerça-se em Stern,[188] quanto ao entendimento de que a mutação constitucional não deve se transformar em princípio "normal" de interpretação. Assim, restam admitidas as mutações constitucionais que decorram do processo de concretização, em atualização ao sentido do texto constitucional, em virtude da incorporação dos elementos substanciais (realidade social) dentro dos limites traçados pela densidade dos elementos lingüísticos do texto normativo:

> Todavia, uma coisa é admitirem-se alterações do âmbito ou esfera da norma que ainda se podem considerar susceptíveis de serem abrangidas pelo programa normativo (*Normprogramm*), e outra coisa é legitimarem-se alterações constitucionais que se traduzem na existência de uma *realidade constitucional inconstitucional*, ou seja, alterações manifestamente incomportáveis pelo programa da norma constitucional.[189]

2.2.2. Aspectos relevantes sobre interpretação

Interpretar, no dizer de Perez Luño, significa atribuir um significado a manifestações de uma determinada linguagem, em que a interpretação corresponderá ao conjunto dos processos lógicos e práticos, mediante os quais se realiza essa atribuição de significado. Contudo, verificamos, frente à riqueza e dinamismo da vida, não mais prosperar a concepção tradicional que via na norma um dado prévio e acabado. Volta-se, a doutrina jurídica, para parâmetros metodológicos atuais, que permitem a ampliação do conceito de norma, com escopo a entendê-la como o resultado da conjugação da "norma dado" com a "norma conjunto", sem que isso consista em chancelar uma atividade decisionista e arbitrária do intérprete,[190] porquanto os limites desta

---

[186] HESSE, 1992, p. 28.

[187] Conforme o autor designa a revisão informal do compromisso politicamente plasmado na Constituição, sem alteração do texto constitucional (CANOTILHO, 2000, p. 1101).

[188] Klaus Stern posiciona-se, quanto ao fenômeno das mutações constitucionais, no sentido de se cuidarem tanto de um problema de interpretação, de natureza imanente à norma, como também de um problema de tensão entre direito constitucional e realidade constitucional, em conseqüência de evoluções que têm origem exógena à norma. Logo, para que não seja afetada a força normativa da Constituição, não devem converter-se em princípio "normal" de interpretação. Isso quer dizer, nos estritos termos postos por Stern, que não se admite a imposição da realidade constitucional *contra* a Constituição (e nisso reside a sua força normativa). A mutação de significado de um dado preceito somente pode ser concebida no marco de sentido e finalidade de uma norma (âmbito normativo), sujeitos à concretização, mas não discricionária ou arbitrariamente interpretáveis (STERN, Klaus. *Derecho del estado de la Republica Federal Alemana*. Madrid: Centro de Estudios Constitucionales, 1987, p. 335-337).

[189] CANOTILHO, 2000, p. 1101-1102.

[190] Cf. PÉREZ LUÑO, 1999, p. 254-255.

atividade institucionalmente vinculada poderão ser encontrados no cerne da Constituição material.[191]

Nessas condições, destaca-se o caráter lingüístico das interpretações, atuando a linguagem como pressuposto da atividade interpretativa, marcada pela comunicação intersubjetiva. A interpretação não se satisfaz mais somente com a identificação da vontade da "lei" (*mens legis*), ou do legislador (*mens legislatoris*),[192] porque essa sistemática, segundo Hesse, deixa a descoberto a questão de atribuir às normas constitucionais um significado em situações em que nem o Constituinte nem a Constituição tomaram posição.[193]

Ao contrário de a atividade interpretativa ser admitida somente quando necessária, tendo por objeto a atribuição de significado às manifestações da linguagem normativa, encontra-se aberta às inúmeras variações de sentido possíveis. Diante dessas diversas possibilidades de atribuição de sentido, infere-se a impossibilidade de reconhecer-se apenas uma alternativa (resposta) ou entendimento absoluto para solução do caso concreto, pelas mesmas razões que nos afastam de aceitar a existência de uma fundamentação última, eliminando qualquer chance de contradição, pertinente a uma lógica idealista, solipsista e impregnada pelo imediatismo. Ocorre que uma lógica nesses moldes não resistiria aos argumentos do Trilema de Münchhausen, porquanto a infinita busca de fundamentação válida para as premissas de um dado silogismo somente poderia ser interrompida por uma decisão arbitrária do sujeito.[194]

Pressupondo-se que todo o saber é condicionado e mediatizado, notadamente quando envolve o consenso em torno de enunciados performativos, garantir a validade e legitimidade de determinada proposição não basta para livrá-la de dúvidas ou deixá-la imune a contradições, sob pena de gerar uma circularidade viciosa, eliminando a dimensão crítica do método.

Nesse sentido, Luft refere que:

A aceitação da inescapabilidade do Trilema não conduz necessariamente a um ceticismo radical – nenhuma forma de conhecimento verdadeiro é possível –, mas apenas a uma forma de ceticismo moderado ou, se quisermos, criticismo – todas as nossas pressuposições estão abertas a possíveis modificações, desde que tenhamos bons argumentos para tanto. Estes bons

---

[191] A teoria da interpretação constitucional busca encontrar os limites ou vínculos institucionais aptos para evitar a discricionariedade do intérprete, e para orientar sua função, situando, no entanto, esses limites e vínculos, para além do formalismo jurídico (Cf. Ibidem, p. 272).

[192] Ibidem, p. 255-256.

[193] HESSE, Konrad. *Elementos de direito constitucional da República Federal da Alemanha*. Tradução Luís Afonso Heck. Porto Alegre: Fabris, 1998, p. 57-58.

[194] Cf. LUFT, Eduardo. Fundamentação última é viável? In: CIRNE-LIMA, Carlos; ALMEIDA, Custódio, (Org.). *Nós e o absoluto*: festschrift em homenagem a Manfredo Araújo de Oliveira. São Paulo: Loyola, 2001, p. 79-97, p. 80-81.

argumentos não serão, novamente, definitivos, mas poderão ser considerados os melhores de que dispomos sob tais situações cognitivas.[195]

A fim de evitar a má circularidade, mantendo-se a estrutura regressiva da argumentação, faz-se necessário rejeitar o caráter dedutivo, demonstrando as condições de possibilidade, sem pretensão de inferir verdade destas condições. Com base nos ensinamentos de Wundt e Bubner, Luft salienta que este processo não importa na aceitação de determinada conclusão, em se admitindo a veracidade de certas premissas, mas, sim, em uma "mostração" de fundamentos de direito que legitimam dado ponto de vista, ou seja, na "indicação de uma legitimação".[196]

Assim sendo, sobressai a conclusão de que a inviabilidade de uma fundamentação última resulta de o conhecimento envolver processos de mediação,[197] demonstrando-se, por isso, relevante o método em que a busca desse conhecimento pode ser compartilhada. Por esse motivo, à argumentação jurídica, coaduna-se a Pragmática Universal e a Teoria da Ação Comunicativa (Habermas) em detrimento da Pragmática Transcendental de Apel.[198]

Na doutrina jurídica, a inexistência de uma única resposta correta é deduzida, segundo Freitas, dentre outros pressupostos, ao conceber o Direito como sistema aberto, consistindo em uma rede hierarquizável pelo intérprete, assim como da inexistência de direitos propriamente absolutos.[199]

A interpretação constitucional não se realiza em um vazio, mas deve estar conectada a um contexto, qual seja, aquele das condições historicamente determinadas, que geram os usos lingüísticos de onde devem partir as atribuições de significado.[200] Porquanto contextualizada, a atividade interpretativa do jurista se encontra "limitada" e "controlada" por restrições internas, ou seja, pelas ferramentas conceituais que obrigam o intérprete a respeitar o significado de certas definições legais e o emprego de distintas categorias; e, por limites

---

[195] Cf. LUFT, p. 79-97, p. 83-84.
[196] Cf. Ibidem, p. 79-97, p. 86.
[197] Cf. Ibidem, p. 79-97, p. 94-95.
[198] Porquanto, segundo Luft, tem-se, na Pragmática Transcendental de Apel, a pretensão de alcançar-se uma fundamentação última (Cf. Ibidem, p. 79-97, p. 83 *et seq.*).
[199] FREITAS, Juarez. A melhor interpretação vs. única resposta correta. In: SILVA, Virgílio Afonso da (Org.). *Interpretação constitucional*. São Paulo: Malheiros, 2005, p. 317-353. O autor considera, nesse estudo, a interpretação tópico-sistemática como atividade concretizadora da norma, em que, na hierarquização intentada pelo intérprete, o objeto não adquire autonomia plena diante da intersubjetividade, operando a lógica jurídica mediante silogismos dialéticos, o que conduz a uma hermenêutica mais ontológica que metodológica.
[200] PÉREZ LUÑO, 1999, p. 257. Aqui, faz-se importante a referência à segunda fase de Wittgenstein quanto à questão dos "jogos de linguagem", e à contribuição de Müller, no que concerne à distinção entre "programa normativo" e "âmbito normativo" (item 2.3.1).

externos, impostos pela experiência jurídica do contexto em que se realiza a interpretação, devendo observar os usos lingüísticos consolidados.[201]

Em consonância com a tese acerca das inúmeras possibilidades de sentido ensejadas pela hermenêutica da faticidade, supramencionada, Eros Grau insiste na inexistência de uma única resposta correta (verdadeira) para todos os casos jurídicos, ainda que vinculado o intérprete autêntico ao sistema jurídico. Não obstante, nega ao intérprete o ilimitado exercício da discricionariedade na produção de normas jurídicas, uma vez que está sempre atrelado aos textos de Direito, em especial, àqueles que veiculam princípios, cuja abertura será suficiente para permitir a conexão do Direito com a realidade, mediante os chamados conceitos indeterminados, fluidos, vagos, imprecisos ou elásticos. Entrementes, tal não constitui outorga de discricionariedade absoluta. Enfatiza que, quando se cogita de princípios, o intérprete, ao atribuir-lhes dimensão de peso, não está no exercício de indiscriminada discricionariedade, porque, para definição da solução que lhe pareça a mais correta, dentre as possíveis soluções, pondera o Direito em sua integralidade, descortinando as múltiplas variáveis jurídicas e fáticas, o que importa em observar princípios correlatos.[202]

Por esse prisma, Streck sentencia que, a despeito de a moderna hermenêutica não concordar com a existência de um fundamento absoluto ou último, a interpretação do Direito não estaria condenada a um "decisionismo irracionalista" ou a uma espécie de "direito alternativo tardio". Com apoio na hermenêutica filosófica, a compreensão, condição de possibilidade para a interpretação, não é uma maneira de conhecer, mas de ser, remetendo à ontologia da compreensão.[203] O texto normativo não se apresenta como entidade autônoma e dissociada do contexto em que inserido, mas é interpretado inserto na sua historicidade e faticidade, vindo a constituir a norma: "Norma é, assim, o texto aplicado/concretizado".[204]

Por derradeiro, a atividade interpretativa deve ser vista como um processo unitário, dotado de uma unidade de compreensão. Esses aspectos não passam despercebidos por Luzia M. S. C. Pinto,[205] que identifica, com base na contribuição de Gadamer,[206] a atribuição de um

---

[201] Cf. Ibidem, p. 257-258.

[202] GRAU, Eros Roberto. *O direito posto e o direito pressuposto.* 6. ed. rev. ampl. São Paulo: Malheiros, 2005, p. 208-210.

[203] STRECK, 2005, p. 313 a 316.

[204] Ibidem, p. 322.

[205] PINTO, Luzia Marques da Silva Cabral. *Os limites do poder constituinte e a legitimidade material da Constituição.* Coimbra: Coimbra, 1994, p. 81-82.

[206] Influenciado por seu mestre, Heidegger, Gadamer apresenta-nos a Hermenêutica Filosófica sob uma perspectiva inovadora ao racionalismo lógico e ao cientificismo de sua época, sem,

sentido novo àquele do direito natural (ou ordem suprajurídica). Este aparece contemplado, na hermenêutica filosófica, sob a figura da tradição que transmite o horizonte do passado. O processo da hermenêutica jurídica gadameriana vem marcado por uma pré-compreensão que culmina na relação de pertença do intérprete a uma tradição, tendo este sua consciência condicionada pela história efeitual.[207]

---

entretanto, renegar o emprego da racionalidade no processo hermenêutico, nem desmerecer aqueles métodos. Gadamer explica o círculo hermenêutico, em Heidegger, de forma distinta da estrutura circular da compreensão que minava a teoria hermenêutica do Século XIX, antes inserida em uma relação formal entre o individual e o todo, dotada de reflexo subjetivo: a antecipação intuitiva do todo e sua explicação subseqüente no individual. Nesse ato, o intérprete se funde com o autor, superando a "estranheza" do texto. Em Heidegger, a compreensão do texto se encontra determinada continuamente pelo movimento de concepção prévia da compreensão. O círculo do todo e das partes não se anula na compreensão, mas nela alcança sua autêntica realização. Assim, "o círculo, portanto, não é de natureza formal. Não é nem objetivo nem subjetivo, descreve, porém, a compreensão como a interpretação do movimento da tradição e do movimento do intérprete" (GADAMER, Hans-Georg. *Verdade e método*. Tradução Flávio Paulo Meurer. Rev. da Tradução Ênio Paulo Giachini. 4. ed. Petrópolis: Vozes, 2002, p. 439).
A subjetividade fica afastada pela comunhão que se dá na tradição, que, por sua vez, está submetida a um processo de contínua formação, na medida em que compreendemos e participamos do acontecer da tradição, continuando a determiná-lo. Dessa forma, o círculo da compreensão perpassa de uma esfera metodológica para um momento estrutural ontológico da compreensão. Partimos de uma pressuposição de que o texto, a princípio, contém uma unidade perfeita de sentido, determinada com relação a algum conteúdo, que importa não somente uma unidade imanente de sentido, mas guarda expectativas de sentido transcendentes, oriundas de uma relação com a verdade daquilo que o texto intenciona. Exsurge, então, o preconceito da perfeição que contém não só a formalidade de que o texto deve expressar corretamente a sua opinião, mas também de que o que diz é verdade perfeita. Tem-se, disso, a primeira das condições da hermenêutica, que é a pré-compreensão: ter de se haver com a coisa em questão. (GADAMER, 2002, p. 441).
A idéia de horizonte aparece como vinculação do pensamento à sua finitude e à possibilidade de ampliação do campo visual. A hermenêutica busca a obtenção do horizonte de questionamento correto para as questões que se colocam frente à tradição. Atingir um horizonte corresponde a ver mais além do que nos é próximo, para bem integrá-lo no todo maior e em padrões mais corretos. Compreender não importa no deslocamento ao horizonte do passado, mas na *"fusão desses horizontes* [presente e passado] *presumivelmente dados por si mesmos"*. Esta fusão se dá na vigência da tradição, onde se reúnem e prosperam o velho e novo (GADAMER, 2002, p. 457).
No encontro com a tradição que envolve a consciência histórica, verifica-se uma tensão entre o texto e o presente, que deve ser desenvolvida pela tarefa hermenêutica, sem que isso implique uma assimilação ingênua do horizonte do passado e do horizonte do presente. Como a consciência histórica tem presente a sua alteridade, destaca o horizonte da tradição em relação ao seu próprio, mas continua se superpondo a ele como tradição permanentemente operante. Por conseguinte, culmina por envolver o que havia destacado num processo de intermediação consigo na unidade do horizonte histórico que alcança. Gadamer caracteriza a fusão do horizonte do passado e do presente como tarefa da consciência histórica efeitual, divergente do positivismo estático-histórico herdado da hermenêutica romântica. Isso se verifica, principalmente, no problema da aplicação da norma como momento do processo hermenêutico. Deve-se ter presente que a aplicação integra o processo tal qual a compreensão e a interpretação, pois que a aplicação deve ser inserida na hermenêutica histórica como forma de conferir validade de sentido ao superar a distância temporal que separa o intérprete do texto, e, assim, a alienação de sentido que o texto experimentou.

[207] Na hermenêutica jurídica, verificamos o modelo de encontro do presente com o passado, consistindo a tarefa do Juiz compreender e interpretar a fim de reconhecer um sentido vigente. O Juiz passa a intermediar a "idéia jurídica" da lei com o presente, em um processo de autêntica mediação, objetivando a obtenção do significado jurídico da lei, que não consiste no significado

Todo o direito positivo, assim como também o constitucional, remete a uma polaridade extrapositiva, fundamentando e definindo os limites da sua validade material, preferindo-se, à transcendência ontológica do direito natural, "uma interpretação imanentista desse mesmo direito, concebendo-o 'como algo co-implicado na realidade histórico-social da vida humana'",[208] nos moldes do que concebeu Reale na sua teoria dialética da tridimensionalidade.

Por conseguinte, se a essência da humanidade não pode ser apreendida dissociada da sua existência no mundo, e essa existência consiste em um próprio devir, assim o são suas instituições, criadas com escopo a garantir a própria adaptação e subsistência humana. Isso constitui a "vida quotidiana" ou "Lebenswelt" (no sentir do Husserl tardio), sendo nesta que a Constituição deverá buscar seu fundamento de validade, e os poderes políticos, que ali possuem conteúdo jurídico estabelecido, a sua legitimidade: "O que, afinal, não é outra coisa senão dizer que todo o direito positivo válido estará pré-decidido no 'mundo institucional da tradição'".[209]

A dificuldade reside justamente nos critérios para identificação dos parâmetros de validade material, que, necessariamente, têm sua autoridade ratificada pela correlação com a idéia de justiça, sem que isso importe, como já mencionado, no retorno às teses derivadas do postulado metafísico e transcendental Kantiano, que perderam força após o advento da reviravolta lingüística e da hermenêutica ontológica.

Nesse contexto, a linguagem é o meio que viabiliza a aproximação com o "outro", na acepção gadameriana, a fusão de horizontes, ou o ponto arquimédico da realização do consenso legitimador em torno da pretensão de justiça. A linguagem figura, para a hermenêutica filosófica como o meio que possibilita a compreensão viabilizando que se proceda, pela atividade de interpretação, a uma permanente construção do Direito, e, assim, não corresponde a um método de interpretação, mas à própria compreensão do intérprete. Porém, não podemos desconhecer, com base no próprio Gadamer, que a aplicação da lei, transmitida no passado, consiste em uma tarefa prática, em que será necessário concretizá-la, operando uma mediação de forma a traduzi-la

---

histórico da sua promulgação, ou a casos específicos de sua aplicação. Tal qual a pertença à tradição é uma das condições da compreensão espiritual científica, a pertença do intérprete ao seu texto se dá em termos que aquele não elege arbitrariamente um ponto de vista, mas seu lugar é dado com anterioridade, porquanto, no caso, a lei vincularia a todos em uma comunidade jurídica. Com efeito, a tarefa da interpretação consiste em concretizar a lei em cada caso, em sua aplicação. A complementação desta tarefa incumbe ao Juiz (sujeito à lei como qualquer membro da comunidade jurídica): "Na idéia de uma ordem judicial supõe-se o fato de que a sentença do juiz não surja de arbitrariedades imprevisíveis, mas de uma ponderação justa do conjunto" (Ibidem, p. 489). Por esse motivo, esclarece o autor, existe segurança jurídica em um Estado de Direito.

[208] PINTO, 1994, p. 82-83.

[209] Ibidem, p. 84-85.

para atender às necessidades do presente.²¹⁰ Ocorre que, apesar da diversidade que emana dos horizontes próprios a cada intérprete – contemplando a riqueza e dinamicidade do mundo da vida –, deve-se ter presente a possibilidade de formação de um consenso comparilhável por todos, estruturado em uma base dialógica.

Para um dado caso concreto, pressupõe-se uma justificação da hipótese de aplicação da norma (solução adequada), porquanto a norma, abstratamente considerada, cuida-se de mero indicador de conduta, somente formando o Direito mediante a sua efetiva concretização. Todavia, essa justificação – acordo ou consenso – deve buscar esteio em uma racionalidade prática de maneira a torná-la mais controlável e menos arbitrária, criando um cenário propício ao desenvolvimento das teorias fundadas na argumentação jurídica, na condição de recurso técnico para atingir tal intento.

Influenciado pela tópica de Viehweg, Perelman desenvolve a sua teoria da argumentação, assentada na lógica do posicionamento mais razoável/adequado para o caso concreto, como forma de justificação das decisões, utilizando-se da lógica dialética e ponderação de valores a fim de procedimentalizar controvérsias, por meio da persuasão no âmbito discursivo.²¹¹

Por sua vez, o discurso ganhara força nas teorias da Ação Comunicativa e na Pragmática Universal de Habermas, elaboradas a partir do caminho aberto pelo segundo Wittgenstein. Habermas possuía uma posição crítica em relação à sociedade e reconhecia-lhe o potencial transformador. Assim, a Teoria da Ação Comunicativa é desenvolvida sobre o pano de fundo do aludido "mundo da vida quotidiana",²¹² que fornece as estruturas da intersubjetividade, uma vez que constitui receptáculo dos esquemas interpretativos, lingüisticamente articulados e transmitidos pela tradição (sentido intersubjetivamente partilhado). Por essa forma, o "mundo da vida quotidiana" configura o horizonte de possibilidade em que atuam os que agem comunicativamente.²¹³

Importante ressaltar que esses elementos oferecem uma pré-compreensão ou antecipação de sentido quanto às relações possíveis entre o que Habermas define como mundo objetivo, mundo social e mundo subjetivo,²¹⁴ sendo a intersubjetividade gerada pela linguagem como

---

²¹⁰ GADAMER, 2002, p. 487.

²¹¹ CRUZ, Álvaro Ricardo de Souza. *Jurisdição constitucional democrática*. Belo Horizonte: Del Rey, 2004, p. 150-152. Ver também PERELMAN, Chaïm; OLBRECHTS-TYTECA, Lucie. *Tratado da argumentação*. Tradução Maria Ermantina Galvão. São Paulo: Martins Fontes, 2002.

²¹² HABERMAS, Jürgen. *Teoría de la acción comunicativa, II: crítica de la razón funcionalista*. Traducción Manuel Jiménez Redondo. Buenos Aires: Taurus Humanidades, 2001, p. 169 *et seq*.

²¹³ OLIVEIRA, Manfredo Araújo de. *Reviravolta lingüístico-pragmática na filosofia contemporânea*. São Paulo: Loyola, 1996, p. 335.

²¹⁴ HABERMAS, op. cit., p. 178 *et seq*.

elemento mediador (estrutura básica da realidade comum a todos), a partir da qual se permite a interpretação. O "mundo da vida quotidiana" é, pois, um *a priori* não subjetivamente transcendental (nos moldes Kantianos), mas decorre de um processo de interação social de caráter histórico.[215]

Esse processo de formação da base de onde emanam as estruturas de intersubjetividade e onde agem comunicativamente os indivíduos, justamente, por esse caráter intramundano e contingente, está em constante construção. Tanto mais se diferenciem estes componentes estruturais, tanto mais sejam conservados, são fruto de um consenso apoiado na autoridade do melhor argumento: "Isso significa dizer que esse processo caminha para um estágio de revisão permanente das tradições que se medeiam reflexivamente, como também na direção de procedimentos formais para a legitimação dos ordenamentos sociais, ou seja, para o estabelecimento de normas e sua fundamentação [...]".[216]

A Pragmática Universal, em Habermas, contempla uma razão comunicativa "intramundana", mas com pretensões de validade imanentes, e, ao mesmo tempo, transcendentes. Não obstante, isso não significa a eliminação de toda e qualquer contradição, diferença e pluralidade, mas se deve pensar a existência de uma conexão dialética entre o transcendente e o divergente, de maneira que a "unidade transitória que se cria na intersubjetividade 'quebrada' de um consenso lingüisticamente mediado não só garante, mas promove e acelera o pluralismo das formas de vida e a individualização dos estilos de vida. É preciso hoje pensar a unidade da razão não como repressão, mas como fonte da multiplicidade de vozes".[217]

O agir lingüístico deve ser entendido no sentido de identificar-se, em um dado enunciado, um conteúdo proposicional e um conteúdo performativo, encontrando-se, nesse último (verbo performativo), pretensões de validade. É por meio deste que, em um enunciado regulador, podemos conceber que a norma proposta no ato lingüístico é justa. Isso, inserido no mundo social das normas e instituições no qual podem ser invocadas as pretensões de justiça.[218]

Com efeito, as pretensões de validade correspondentes à justiça das normas são problematizadas nos discursos práticos. Para que se alcance o consenso, os participantes do discurso devem se encontrar em condições ideais e colocar em suspenso a crença de validade das respectivas posições afirmadas, culminando na confirmação ou refuta-

---

[215] HABERMAS, p. 187.

[216] OLIVEIRA, M. A., 1996, p. 337.

[217] Ibidem, p. 347-348.

[218] ROUANET, Sérgio Paulo. Jürgen Habermas: 60 anos. *Revista TB*, Rio de Janeiro, n. 98, p. 23-78, jul./set. 1989.

ção das pretensões de justiça das normas apresentadas. O princípio mediador no discurso prático é, pois, a universalização, porquanto interesses não-universalizáveis não podem servir de base para justificação das normas. Tem-se, logo, o fundamento da ética discursiva, segundo a qual a validação racional das normas se dá no consenso em torno delas, obtida mediante o discurso prático, residindo o fundamento deste consenso no critério da universalização (princípio U).[219]

Segundo Jiménez Redondo, nestas condições, as normas que podem ser justificadas – tanto na regulação informal dos comportamentos, como quanto ao núcleo moral da ordem jurídica e política – devem ser normas abstratas que definam o marco de justiça (em que cada indivíduo ou grupo possa perseguir seu conceito de bem comum, e que permitam um procedimento público de legitimação/deslegitimação e mudança das interpretações e regulações que as especifiquem e assegurem a textura social onde a persecução da própria concepção de bem comum seja efetiva). Aduz que, em toda a fundamentação de Habermas, supõe-se uma possibilidade de separação (ao menos teórica) entre forma e conteúdo, entre procedimento e matéria (substância), entre a forma e o núcleo (essência) que está presente desde a origem e que constitui causa final (telos).[220]

A análise precedente insere o estudo da argumentação no cerne da hermenêutica jurídica contemporânea, para a qual contribuiu significativamente Alexy, sob a influência da "jurisprudência dos valores" das Cortes Constitucionais européias, estas apoiadas na técnica jurídica da ponderação de valores e em uma compreensão principiológica do Direito, com destaque para os princípios da proporcionalidade e proibição de excesso.[221]

Na teoria de Alexy, a relevância que adquire a concretude dos fatos não remete à tópica na argumentação, porquanto o Direito guardaria uma perspectiva principiológica. A sua teoria da argumenta-

---

[219] HABERMAS, Jürgen. *De l'éthique de la discussion*. Traduction de l'allemand par Mark Hunyadi. Paris: Les éditions du cerf, 1992, p. 17-18. Segundo, Manuel Jiménez Redondo, na sua introdução aos *Escritos sobre moralidad y eticidad*, de HABERMAS, a ética discursiva é caracterizada como "cognitivista" – indica como se fundamentam os juízos morais – e, "universalista" – possui uma validade universal em relação às diferentes culturas. É, ainda, apontada como 'deontológica', pois: 1) limita-se ao aspecto da justiça das normas e formas de ação; e, 2) não confunde a verdade de um enunciado com a justiça de uma norma, de onde, da razão de uma pretensão universal de validade, não resulta a pretensão de verdade proposicional. Igualmente, se enquadra como formalista, no sentido que seu princípio regula um procedimento de resolução imparcial de conflitos (HABERMAS, Jürgen. *Escritos sobre moralidad y eticidad*. Traducción de Manuel Jiménez Redondo. Barcelona: Paidós, 1991, p.47 e p. 52-53).

[220] Ibidem, p. 53 e p. 57.

[221] CRUZ, 2004, p. 146. Quanto à mencionada "jurisprudência dos valores", conseqüência de uma tomada de posição após os horrores da Segunda Guerra, caracteriza-se, notadamente na Alemanha, por uma hermenêutica pautada por valores humanísticos inerentes à Constituição, correspondendo a um forte feixe axiológico que convergiria para o princípio da dignidade da pessoa humana e a promoção do livre desenvolvimento (Ibidem, p. 158-159).

ção pressupõe, então, aplicação direta e imediata dos princípios. Utilizando-se da metódica da ponderação de valores, promove uma relativização dos direitos fundamentais, de modo que a proteção destes direitos passa a ocorrer no âmbito dialógico do discurso e por meio do emprego da proporcionalidade, na qualidade de procedimento racional e controlável. A teoria da justificação jurídica consiste, para o juspublicista, em uma espécie de discurso racional prático por meio do qual se motivam os critérios da sua própria racionalidade. Isso conduz à conclusão de que, apesar da inexistência de um conceito absoluto do que corresponda à correção de uma decisão, tal não impossibilita o controle da subjetividade das afirmações normativas. Importante salientar que os princípios desenvolvem papel central na sua tese, porquanto são normas dotadas de grande generalidade, por isso, sua aplicação deve ser aferida com base em outras premissas normativas e segundo a limitação provocada por outros princípios em jogo. Como não concebia uma hierarquia pré-estabelecida, o peso dos princípios, no processo de ponderação, é aferido segundo a denominada "lei de colisão", impondo-se a restrição de um princípio para que outro seja satisfeito. Por meio da ponderação, são quantificados os argumentos acerca da restrição/satisfação dos princípios envolvidos, aplicando-se a proporcionalidade de modo a tornar esse procedimento controlável quanto às convicções subjetivas do aplicador jurídico.[222]

Mencionamos, ainda que sucintamente, algumas das teses mais significativas para a compreensão deste trabalho,[223] sem qualquer pretensão reducionista quanto à complexidade em torno destas, mas com o real intuito de conferir concisão e objetividade. E, se persiste o dilema quanto à infinidade de possiblidades decorrentes da riqueza do mundo da vida, é bem verdade que a necessidade de aplicação da norma jurídica ao caso concreto depende, não só da faticidade pertinente ao intérprete, mas da justificação dos seus posicionamentos perante a respectiva comunidade. Vivemos, pois, constantemente, o paradoxo de, sem ignorar a complexidade inerente à linguagem, não transformar a atividade do intérprete num ato arbitrário.

---

[222] ALEXY, Robert. *Teoria da argumentação jurídica*. Tradução Zilda Hutchinson Silva. São Paulo: Landy, 2001, p. 211 et seq. e ALEXY, Robert. *Teoria de los derechos fundamentales*. Madrid: Centro de Estúdios Constitucionales, 1997, notadamente, p. 524 et seq. Aponta-se à Alexy uma tendência de buscar, na sua tese procedural, um critério para conter a complexidade própria à linguagem. No entanto, na forma mencionada alhures, diante da necessidade de concretização das normas jurídicas, referidas a uma dada hipótese concreta, impõe-se que a justificação dos posicionamentos paute-se por um método capaz de exprimir uma racionalidade prática, mediante um procedimento que torne essa atividade racional e controlável.

[223] As teses aqui abordadas não são exaurientes em matéria de argumentação jurídica, nem possuem a prerrogativa da infalibilidade, mas integram uma linha de pensamento coerente para justificação das nossas conclusões.

2.2.3. A interpretação constitucional

Uma vez identificado o papel da interpretação na concretização e aplicação das normas constitucionais, e discorrido sobre as principais condições envolvidas no processo interpretativo, mister destacar certas peculiaridades a serem observadas na atividade exegética das normas contidas no texto da Constituição, com relação às demais normas: (a) a sua superioridade hierárquica; (b) a natureza da linguagem; (c) o conteúdo específico; e (d) o caráter político. Pela superioridade hierárquica, coloca-se a Constituição no ápice do sistema jurídico, subordinando e vinculando todas as demais normas de hierarquia inferior. A natureza da linguagem das normas constitucionais aferirá o maior ou menor grau de abstração das normas principiológicas e esquemáticas, conferindo ao intérprete o espaço de discricionariedade, ou espaço de conformação.[224]

Quanto ao conteúdo, as normas se caracterizarão como definidoras de condutas (preceptivas de comportamentos e geradoras de direitos e obrigações), normas de organização do Estado e normas programáticas.[225]

Por fim, teremos o caráter originariamente político das normas constitucionais em razão de que emanadas de um poder constituinte originário fundamental. Por isso, a despeito da tentativa de materialização do originariamente político em jurídico, por intermédio das normas constitucionais, não há como se afastar a interferência de fatores políticos na interpretação constitucional.[226]

Barroso assinala, na doutrina, os principais elementos ou métodos clássicos de interpretação: (a) interpretação gramatical; (b) interpretação histórica; e (c) interpretação teleológica.[227] Ao lado destes métodos, ressalta, ainda, que se deve buscar a *mens legis* (vontade que emana da lei), em detrimento da *mens legislatoris* (vontade do legislador histórico), enfatizando-se não a conjuntura em que fora editada a norma, mas o fundamento racional que acompanha a sua vigência (*ratio legis*), de onde se obtém o fundamento da chamada *interpretação evolutiva*[228] ou *mutação constitucional*.[229]

---

[224] BARROSO, Luís Roberto. *Interpretação e aplicação da constituição*: fundamentos de uma dogmática constitucional transformadora. 6. ed. São Paulo: Saraiva, 2004, p. 107-108.
[225] Ibidem, p. 109.
[226] Ibidem, p. 112.
[227] Ibidem, p. 124 *et seq*.
[228] Método destacado por FERRAZ, Anna Cândida da Cunha. *Processos informais de mudança da constituição*: mutações constitucionais e mutações inconstitucionais. São Paulo: Max Limonad, 1986, p. 128-130: "Fala-se, assim, de interpretação evolutiva ou adaptadora e adequadora quando se procura, por intermédio da interpretação judicial, adaptar ou adequar o conteúdo, alcance ou significado da disposição constitucional (a) à mudança de sentido da linguagem nela inserida, (b) a novas situações, (c) à evolução dos valores positivados na Constituição, (d) à mudança da intenção dos intérpretes (válida porque dentro dos limites impostos pela Constituição aos poderes constituídos), (e) a resolver obscuridades do texto constitucional". A autora elenca,

A interpretação evolutiva, de acordo com Pérez Luño, deve permitir a necessária atividade de adaptação da norma constitucional às transformações do seu contexto e à conseguinte possibilidade de mutação constitucional que procure adequar, por meio da interpretação, seu programa normativo à realidade social cambiante.[230] Esta forma interpretativa se concretizará por meio de conceitos jurídicos (elementos de linguagem) de natureza elástica ou indeterminada, tais como "função social da propriedade", "desigualdades regionais", "efeito de confisco", etc.

Pérez Luño ressalta que a interpretação evolutiva é afetada pelos aspectos substanciais da Constituição.[231] Supondo-se, quanto à Constituição material, o trânsito da sua feição descritiva a níveis de progressiva prescritibilidade, impõe-se ao seu emprego, no processo interpretativo, uma necessária depuração e clarificação, não conduzindo à aplicação irrestrita de valores ou princípios alternativos em detrimento daqueles que informam a Constituição escrita, senão que devem ser explicativos ou fundamentadores daqueles, sob pena de perda da segurança jurídica, e discricionariedade ilimitada na atuação do poder judiciário, o que converteria a interpretação constitucional em uma atividade não controlada.[232]

Evidenciam-se, portanto, limites para a interpretação evolutiva, nas restrições polissêmicas do próprio texto e na intangibilidade dos princípios fundamentais do sistema.[233] Observados tais limites, a interpretação evolutiva se traduz em interpretação finalista dos objetivos e metas constitucionais (presentes na Constituição material), assim incorporando, legitimamente, o sistema de valores socialmente relevantes.[234]

2.2.4. O papel dos princípios como condicionantes do processo interpretativo

Se a evolução do sistema jurídico se dá por estruturas que permitem a internação dos reflexos da mudança social para o interior

---

outrossim, como modalidades de mutação constitucional por interpretação judicial: 1) a construção jurisprudencial, por meio da qual "se cogita de aplicar a norma constitucional a situações não previstas expressamente no texto constitucional, mas que dele decorrem ou emanam por imperativos lógicos ou do próprio sistema constitucional"; 2) a interpretação criativa e analógica, "quando a atividade jurisprudencial preenche lacunas ou corrige omissões do texto constitucional, previstas ou não pelo constituinte".
[229] BARROSO, 2004, p. 145-146.
[230] PÉREZ LUÑO, 1999, p. 275.
[231] Ibidem, p. 275.
[232] Ibidem, p. 273.
[233] BARROSO, op. cit., p. 149. Assim também entende PÉREZ LUÑO, op. cit., p. 275: "Siempre que el intérprete respete el límite infranqueable que supone el texto normativo constitucional y, em particular, los fines y valores establecidos por la propria Ley fundamental que deben orientar cualquier labor hermenéutica".
[234] Segundo o magistério de PÉREZ LUÑO, 1999, p. 276.

do sistema, no plano constitucional, os princípios exercem papel fundamental no desempenho desta tarefa, pois não se reduzem à função imediata de aplicação à determinada relação jurídica, mas, de outra sorte, atuam como critério de integração e interpretação do texto constitucional.[235]

A assertiva fica evidente, segundo a lição de Esser, repassada por Larenz, em virtude de que o desenvolvimento dos princípios jurídicos, na jurisprudência, exige um processo de permanente conformação, carecendo, para adquirirem eficácia prática, de uma "cunhagem judicial ou legislativa", "que o transforme em 'injunção' vinculativa, visto que, em regra, o princípio não contém por si próprio esta injunção, por lhe faltar a 'determinabilidade dos casos de aplicação', que caracteriza a proposição jurídica enquanto tal".[236] Concluindo acerca do estudo da obra de Esser, *"Princípio e Norma no desenvolvimento jurisprudencial do Direito Privado"*, Larenz visualiza o princípio como ponto de apoio para a formação judicial da norma no caso concreto, sendo esta última encontrada, na hipótese concreta, a partir do princípio, a despeito de ser gerada por uma síntese judicial. Indo mais adiante, a atividade jurisdicional (jurisprudência) não teria o seu papel relevante somente na supressão das lacunas legais, quanto à constituição do Direito, mas em todos os casos convencionais de critérios empíricos e densidades variáveis.[237]

Dessarte, a função integradora dos princípios constitucionais, no processo interpretativo, corresponde-lhe à tarefa de internação dos efeitos daqueles elementos externos ao sistema, porquanto "possibilita a integração daquilo que é díspar num sistema".[238] E, nessa função, segundo acentua Freitas, os princípios jurídicos são diretrizes hierarquizáveis, constando as regras como normas-meio para o incremento da efetividade sistemática e sistematizadora das finalidades maiores inseridas na rede de princípios fundamentais, em processo de circularidade hermenêutica.[239]

Miranda enuncia, dentre as funções dos princípios constitucionais, as de: (a) atribuírem coerência ao sistema, na qualidade de critérios de integração e interpretação; (b) atuarem como elementos de construção e qualificação do sistema constitucional; e (c) exercerem função prospectiva, dinamizadora e transformadora, em razão da sua maior generalidade ou indeterminação e da força expansiva que possuem, com relevância na interpretação evolutiva.[240]

---

[235] BARROSO, 2004, p. 152.
[236] LARENZ, 1983, p. 163.
[237] Ibidem.
[238] Ibidem, p. 164.
[239] FREITAS, 2005, p. 352-353.
[240] MIRANDA, 2003, p. 254-255.

Os princípios constitucionais correspondem à "síntese dos valores mais relevantes da ordem jurídica [...]", já que "Em toda ordem jurídica existem valores superiores e diretrizes fundamentais que 'costuram' suas diferentes partes. Os princípios constitucionais consubstanciam as premissas básicas de uma dada ordem jurídica, irradiando-se por todo o sistema. Eles indicam o ponto de partida e os caminhos a serem percorridos".[241] E, se assim o é, temos, de uma banda, (I) os princípios jurídicos na condição de plexo dos valores relevantes que atribuem coesão e coerência a uma determinada ordem jurídica, e, de outra, (II) o fato de serem veiculados em textos normativos de menor densidade, o que significa que exigem densificação para sua necessária concretização, permitindo o influxo dos elementos substanciais no processo de concretização.

(I) Em se cuidando os princípios jurídicos da síntese dos valores socialmente preeminentes, é Reale quem nos traz a distinção significativa entre o plano filosófico do valor, "visto como condicionalidade transcendental da experiência ética em sua universalidade", e o plano científico-positivo das condicionalidades empíricas, "a que se subordinam processos concretos de valoração, o que quer dizer de conexões teleológicas que tecem a trama da positividade jurídica".[242] Com isso, Reale previne em relação ao equívoco de se remeter ao âmbito filosófico-jurídico toda e qualquer consideração do fato jurídico sob o prisma axiológico.[243]

Nesse sentido, permaneceria imune a tese Kantiana sobre a inviabilidade do livre trânsito entre os planos do "ser" e do "dever-ser" – que inspirou o formalismo lógico dos positivistas de raízes neokantianas –, e se solveria o impasse jusnaturalista da busca de uma fundamentação em valores jurídicos transcendentes, todos quais remissivos a uma a-histocidade.

Reale identifica o desenvolvimento da Ciência do Direito na atividade interpretativa, construtiva e sistematizadora.[244] De forma compatível com a sua concepção da Teoria Tridimensional, posiciona-se, com base na natureza dialética da integração jurídica, por um normativismo concreto, contribuindo para uma melhor compreensão do papel dos valores e fatos sociais – que não podem ser dissociados da

---

[241] BARROSO, 2004, p. 153.

[242] REALE, Miguel. Fundamentos da concepção tridimensional do direito. *Revista Brasileira de Filosofia*, São Paulo, v. 10, n. 4, p. 455-470, out./dez., 1960, p. 470.

[243] REALE, 1960, p. 469: "Uma coisa é o estudo dos valores como 'condições transcendentais' da experiência jurídica (plano de pesquisa do filósofo do Direito); outra coisa é a indagação das valorações *atuais*, ou seja, da vivência pisicológico-social de valores na condicionalidade empírica em que o legislador deve se colocar, como intérprete das aspirações coletivas (plano de pesquisa do político do Direito)".

[244] Ibidem, p. 470.

historicidade e cultura (aspectos cronológicos e espaciais) – no estudo das mutações constitucionais. Entende o Direito como fato histórico-cultural, na medida em que o fato se integra normativamente no sentido de certos valores, e vê, na atividade de concretização da norma jurídica, um processo dialético de produção do Direito, e, portanto, de integração dos fatos e valores.[245]

O homem constrói, na dimensão da sua realização pessoal, sua realidade histórico-cultural. Por conseguinte, temos realidades binadas, ou seja, referidas a valores.[246] Cultura e história equivalem, ao jurista, a um "patrimônio de atos objetivados no tempo".[247] Deduz, então, a existência de uma relação de polaridade-implicação,[248] vendo, nesta, uma dimensão ontognoseológica,[249] em que sujeito e objeto se correlacionam sem que dessa resulte a redução de um termo ao outro e, concomitantemente, sem que um termo seja pensado sem o outro.[250]

---

[245] Cf. Reale: "A unidade do Direito é uma unidade de *processus*, essencialmente dialética e histórica, e não apenas distinta aglutinação de fatores na conduta humana, como se esta pudesse ser conduta *jurídica* abstraída daqueles três elementos (fato, valor e norma) que são o que a tornam pensável como conduta e, mais ainda, como conduta jurídica. Não se deve pensar, em suma, a conduta como uma espécie de morada que acolhe três personagens, pois a conduta, ou é implicação daqueles três fatores, ou não é nada, confundindo-se com qualquer forma de atividade psico-física indiferenciada" (Ibidem, p. 463).

[246] Ibidem, p. 464.

[247] Ibidem, p. 465.

[248] Ibidem, Nota de Rodapé n. 20, p. 465.

[249] Parte-se da aplicação do método fenomenológico, nos moldes da tese de Edmund Husserl, em processo de descrição e redução da essência, marcado por uma relação intencional (conteúdo intencional da consciência). Reale, entretanto, compreende este procedimento cognoscitivo, de natureza histórico-axiológica, como a correlação entre sujeito e objeto (ontognoseologia). Assim, reconhece que as intuições são ponto de partida para a plena compreensão que somente poderá ser alcançada mediante a reflexão histórico-axiológica, ou, de forma equivalente, por meio do conhecimento da realidade jurídica como um processo dialético que integra *"em unidade viva os interesses ou valores que se implicam e se polarizam na experiência social"* (REALE, Miguel. *Filosofia do direito*. 20 ed. São Paulo: Saraiva, 2002, p. 367).

[250] Verifica-se, assim, que o pensamento de Reale aproxima-se, uma vez que se reportara à fenomenologia husserliana, às concepções de Heidegger acerca da pré-sença ou ser-aí: Heidegger empreendeu uma ampliação aos estudos de Dilthey e Husserl. Com relação ao primeiro (Dilthey), reconhece que havia rechaçado os métodos das ciências da natureza quanto às ciências do espírito; referentemente ao segundo (Husserl), que havia afastado a aplicação do conceito natural-científico de objetividade das ciências do espírito, estabelecendo a relatividade essencial de todo o mundo histórico e de todo conhecimento histórico. No entanto, em Heidegger, torna-se visível, pela primeira vez, a estrutura da compreensão histórica em toda a sua fundamentação ontológica, sobre a base da futuridade existencial da pré-sença humana. Portanto, o conhecimento histórico recebe sua legitimação da pré-estrutura da pre-sença. Aqui pre-sença significa o mesmo que *ser-aí* ou *Dasein*, na concepção do mestre Heidegger em sua obra Ser e Tempo: "Esse ente que cada um de nós somos e que, entre outras, possui em seu ser a possibilidade de questionar" (HEIDEGGER, M. *Ser e tempo*. Petrópolis: Vozes, 2001, v. 1, p. 33). Igualmente, conforme notas explicativas: "Pre-sença não é sinônimo de existência e nem de homem. A palavra Dasein é comumente traduzida por existência. Em Ser e Tempo, traduz-se, em geral, para as línguas neolatinas pela expressão 'ser-aí, être-là, esser-ci etc. [...] 4) Pre-sença não é sinônimo nem de homem nem de ser humano, nem de humanidade, embora conserve uma relação estrutural. Evoca o processo de constituição ontológica de homem, ser humano e humanidade. É na pre-sença que o homem constrói o seu modo de ser, a sua existência, a sua

Na medida em que toda a atividade humana possui uma inclinação natural para a satisfação daquilo que toma por valioso, buscando afastar-se do que não o é, o valor orienta a conduta quando considerado como fim específico, e, então, determinante do "dever-ser".[251] Assim, muito embora, na sua origem, possa o valor envolver critérios emocionais e intuitivos, na condição de 'fim' e fundamento legitimador do "dever-ser", impõe-se que seja apreensível racionalmente.[252]

Evidencia-se uma estreita e constante conexão entre o valor e a existência humana, advinda da relação de referibilidade/condicionamento entre estes. Daí exsurge o aspecto espaço-temporal dos valores, intimamente ligado à historicidade do Direito.

Não obstante, faz-se necessário distinguir entre valor e princípio, com intuito de viabilizar a identificação da estrutura das normas de direito fundamental e, conseqüentemente, a forma como se dá a sua respectiva interpretação.

Com efeito, os valores integram a norma jurídica, primeiramente, na sua gênese, o que podemos chamar, segundo Schmitt, de programa normativo, e, após, em um segundo momento, no processo de concretização (âmbito normativo). Todavia, no que tange aos direitos fundamentais, deve ser enfatizada a sua positividade imanente, impondo a distinção entre o plano deontológico, em que atuam os princípios jurídicos, e o plano axiológico, onde residem os valores, âmbitos diversos que não se confundem.[253] Em face disso, Alexy admite que a

---

história, etc". (HEIDEGGER, M. *Ser e tempo*. Petrópolis: Vozes, 2001, v. 1, notas explicativas, p. 309). O Dicionário de Filosofia (ABBAGNANO, 2000), refere o emprego do termo *ser-aí*, na filosofia contemporânea, no significado estabelecido por Heidegger: "ser do homem no mundo".

[251] Significativa a exposição de Reale sobre o tema: "todo valor implica uma tomada de posição do espírito, isto é, uma nossa atitude positiva ou negativa, da qual resulta, concomitantemente, a noção de dever (*se algo vale, deve ser; se algo não vale, não deve ser*) e a razão legitimadora do ato, por estar 'a serviço de um valor'. Daí termos afirmado que o valor, sobre ser o elemento constitutivo da experiência ética, é a razão *deontológica* da ação, fornecendo critério aferidor de sua legitimidade. O valor realiza-se, desse modo, como uma sucessão de elementos normativos, cada um dos quais traduz as *valorações* humanas concretizadas através do tempo, sem que nem mesmo a totalidade de tais momentos normativos logre exaurir a potencialidade inerente ao mundo dos valores. Esse motivo da essencial historicidade do Direito, como experiência sempre renovada de valores, cuja unidade só pode ser de *processus*" (REALE, 2002, p. 543).

[252] Ibidem, p. 545.

[253] Cf. ALEXY, 1997, p. 147. Em contrapartida, Pérez Luño aborda a distinção entre princípios e valores, com base nas diferentes acepções, de ordem mais genérica, concernente aos "princípios de direito". Por essa forma, os valores não conteriam especificações em relação aos supostos em que devem ser aplicados, nem sobre as conseqüências jurídicas que devem seguir-se de sua aplicação. Constituem idéias diretivas gerais que fundamentam, orientam e limitam criticamente a interpretação e aplicação de todas as restantes normas do ordenamento jurídico. Os valores formam, portanto, o contexto histórico-espiritual da interpretação da Constituição e, em especial, da interpretação e aplicação dos direitos fundamentais. Os princípios, por sua vez, integrariam um nível maior de concreção e especificação, em contraposição aos valores, quanto às situações e conseqüências jurídicas da sua aplicação, sem, todavia, importarem em normas analíticas. Os princípios, já que possuem um significado hermenêutico (metodológico), atuando como fontes de direito (ontológicos) ou como determinações de valor (axiológicos), recebem sua particular

estrutura da norma jurídica jusfundamental – plano deontológico – seja composta apenas por princípios e regras, enquanto, no plano axiológico, os valores possuem uma estrutura própria à norma axiológica.[254]

Os valores, no magistério de Pérez Luño, possuem uma tripla dimensão: 1) são fundamentadores do conjunto das disposições e instituições constitucionais, assim como do ordenamento jurídico, no papel do núcleo básico informador do sistema jurídico-político; 2) orientam o sistema jurídico-político em direção a metas e fins pré-determinados, tornando ilegítimas as disposições que persigam fins distintos ou que obstaculizem a consecução daqueles enunciados; e c) servem de critérios ou parâmetros de valoração para apreciar juridicamente fatos ou condutas. Assim sendo, os valores supõem o contexto axiológico fundamentador ou básico para a interpretação de todo o ordenamento jurídico, consistindo no postulado orientador da hermenêutica teleológica e evolutiva da Constituição, e em critério aferidor da legitimidade das diversas manifestações do sistema de legalidade.[255]

(II) Tendo-se discorrido sobre o influxo dos valores no processo de densificação/concretização dos princípios jurídicos, cumpre-nos atentar para o aspecto do reduzido grau de densidade dos princípios, integrando, o respectivo programa normativo, expressões de natureza fluida, elástica ou indeterminada.

Os conceitos jurídicos indeterminados possuem grau relevante de abstração e ampla vaguidade: "Com a teoria dos conceitos jurídicos indeterminados, a lei estabelece uma esfera de realidade cujos limites não aparecem bem precisos em sua enunciação, apesar de pretender um pressuposto concreto. A lei não determina com exatidão os limites desses conceitos, desde que se trata de definições que não admitem uma quantificação ou determinação rigorosa".[256]

Para uma melhor definição do que venham a ser conceitos jurídicos indeterminados, reportamo-nos à doutrina de Engisch: "Por *conceito indeterminado* entendemos um conceito cujo conteúdo e extensão são em larga medida incertos.[...] podemos distinguir nos conceitos jurídicos indeterminados um *núcleo* conceitual e um *halo* conceitual. Sempre que temos uma noção clara do conteúdo e da extensão dum conceito, estamos no domínio do núcleo conceitual. Onde as dúvidas começam, começa o halo do conceito". O autor enfatiza que os conceitos absoluta-

---

orientação de sentido dos valores que especificam ou concretizam. Os valores, então, funcionam como metanormas em relação aos princípios e como normas de terceiro grau em relação às regras ou disposições específicas (PÉREZ LUÑO, 1999, p. 291-292).

[254] Cf. ALEXY, op. cit., p. 139-141 e p. 145-146.
[255] PÉREZ LUÑO, op. cit., p. 280-289.
[256] BARACHO, José Alfredo de Oliveira. Teoria geral dos conceitos legais indeterminados. *Cidadania e Justiça*, v. 4, n. 8, 2000, p. 122.

mente indeterminados são muito raros no Direito, sendo que os conceitos jurídicos são predominantemente indeterminados, ao menos em parte.[257]

Para definição da aludida zona de incerteza, impõe-se a utilização do princípio da proporcionalidade, em se considerando o caso concreto. Preencher-se-ia o halo de incerteza por meio de parâmetros identificáveis, sem deixar, ao alvedrio do aplicador, a eleição arbitrária e injustificada dos critérios. Não basta, portanto, que haja uma fundamentação qualquer para a definição dos termos de sentido elástico, mas a decisão deve estar embasada em critérios identificáveis e razoáveis, atentando-se à noção de justiça[258] e de equidade.[259]

Importa-nos também constatar que os princípios relevantes à ordem jurídica, cuidando-se de sistema constitucional rígido, comumente vêm expressos no texto, no entanto, o fato da sua não positivação não afasta que se reconheçam princípios outros não positivados, mas dedutíveis a partir do sistema, e, igualmente, importantes. Possuindo sua origem no próprio sistema jurídico, não se está a cogitar da hipótese de postulados transcendentes,[260] porém, como prega Miranda, pela sua própria natureza e função, os princípios não necessitam de sede fixa no texto constitucional.[261]

Para além dos princípios positivados no texto constitucional, mas sem adentrar no campo das considerações metajurídicas, temos princípios induzidos a partir da própria necessidade de manutenção, funcionalidade e preservação do sistema jurídico-constitucional, dotados, então, do caráter de superlegalidade. Podemos elencar, desta feita:

a) O princípio da supremacia da Constituição, que encerra superlegalidade formal e material. A superlegalidade formal coloca a Constituição no ápice do edifício normativo, ditando competências e

---

[257] ENGISCH, Karl. *Introdução ao pensamento jurídico*. Tradução J. Baptista Machado. 8. ed. Lisboa: Calouste Gulbenkian, 2001, p. 208-209. Nesse contexto, José Alfredo de Oliveira Baracho conclui que "Os conceitos legais indeterminados, quando se trata dos critérios para o controle jurisdicional, levam a considerações em torno do princípio da proporcionalidade e os direitos fundamentais, este peça central do Estado de Direito Democrático. Surge daí a importância do princípio da proporcionalidade, que vem tendo ampla aplicação. Este princípio é chamado de 'proibição de excesso' (*Übermaverbot*), que pode ser interpretado por um entendimento amplo ou uma compreensão restrita: 'princípio da proporcionalidade em sentido estrito (*proportionalitä*) ou seja, equilíbrio global entre as vantagens e desvantagens da conduta; princípio da necessidade absoluta, indispensabilidade (*Notwendigkeit*) ou da exigibilidade (*Erforderlichkeit*) da medida adotada; e princípio da adequação (*Geeignetheit*) dos meios aos fins'" (BARACHO, op. cit., p. 132-133).

[258] Justiça, no sentido de expressão da eficiência da norma, quanto à sua capacidade de possibilitar as relações humanas (ABBAGNANO, 2000, p. 594 et seq.).

[259] Eqüidade concebida, no caso, como "Apelo à justiça voltado à correção da lei em que a justiça se exprime", na acepção de Aristóteles (Ibidem, p. 339-340).

[260] Na forma da objeção imposta por Canotilho de que o direito constitucional é direito positivo (CANOTILHO, 2000, p. 1049-1050).

[261] MIRANDA, 2003, p. 258.

procedimentos para elaboração de atos normativos; a superlegalidade material, subordina o conteúdo de toda a atividade estatal à conformidade com os princípios e regras constitucionais. Da inobservância destes pressupostos formais e materiais, decorre o acionamento do controle de constitucionalidade.[262]

b) O princípio da presunção de constitucionalidade das leis e dos atos dos poderes públicos. Presunção essa que é *iuris tantun*, podendo ser revertida em caso de declaração, em sentido contrário, do poder jurisdicional competente.[263] Logo, uma norma não deve ser reconhecida inconstitucional quando sua invalidade não seja manifesta ou inequívoca e quando dentre as interpretações possíveis exista alguma que a permita compatibilizar com a Constituição.

c) O princípio da interpretação conforme a Constituição. É inferido a partir da segunda hipótese supra, ou seja, quando o órgão jurisdicional declara, dentre as interpretações plausíveis, aquela que mais se coadune com a Lei Maior, traçando o limite da inconstitucionalidade.[264]

d) O princípio da unidade da Constituição. Consiste na especificação da interpretação sistemática e impõe ao intérprete a tarefa de harmonizar as tensões e contradições entre as normas, segundo as diretrizes constitucionais. Pressupõe uma conexão de sentido com os demais preceitos constitucionais. Nesse aspecto, ressalta-se a importância dos princípios que conferem coerência e unidade ao sistema, sem que seja reconhecida eventual hierarquia entre as normas da Constituição, sejam elas materiais ou formais, porquanto emanam de uma mesma fonte.[265]

e) O princípio da força normativa da Constituição. Segundo este princípio, a fim de solverem-se os problemas jurídico-constitucionais, deve-se observar os pressupostos da Constituição normativa de modo a priorizar os pontos de vista que otimizem a eficácia da Constituição.[266]

f) O princípio da efetividade. Este decorre da própria força normativa da Constituição, ou como quer Hesse, da "vontade da constituição", já que o direito constitucional impõe realização, no sentido de materialização dos preceitos legais no mundo dos fatos, promovendo a aproximação entre "ser" e 'deve-ser'. Segundo Canotilho, esse princípio pode ser definido da seguinte forma: "a uma norma constitucional deve ser atribuído o sentido que maior eficácia lhe dê".[267]

---

[262] BARROSO, 2004, p. 164.

[263] Ibidem, p. 177.

[264] BARROSO, 2004, p. 189-190. Em CANOTILHO, encontramos elencado como "princípio da conformidade constitucional" ou "princípio da justeza ou conformidade funcional" (CANOTILHO, 2000, p. 1097-1098).

[265] Ibidem, p. 1096-1097, e BARROSO, op. cit., p. 196.

[266] CANOTILHO, op. cit., p. 1099.

[267] Ibidem, p. 1097. Sobre o princípio da efetividade devemos consultar BARROSO, op. cit., p. 246 *et seq.*

g) O princípio do efeito integrador. Significa que, na solução das questões jurídico-constitucionais, deve-se priorizar pontos de vista que favoreçam a integração política e social, e o reforço da unidade política.[268]

h) O princípio da concordância prática ou harmonização. Atua em conjunto com os princípios interpretativos da unidade e do efeito integrador, impõe a coordenação e combinação dos bens jurídicos em conflito de modo a impedir que um destes seja sacrificado totalmente em razão dos outros. Tem seu campo de atuação entre os direitos fundamentais, notadamente, em se cuidando de situação de colisão de direitos fundamentais ou direitos fundamentais e bens juridicos protegidos constitucionalmente, visando, por meio de limitações e condicionamentos recíprocos, à harmonização ou concordância prática entre estes.[269]

Diante disso, podemos deduzir, com base na análise que Figueroa realizou a partir da doutrina de Guastini e Alexy, que os princípios permitem, em face da sua particular estrutura, expandir imensamente seu âmbito de influência, possibilitando que a Constituição incida sobre todo o ordenamento jurídico,[270] gerando o que Guastini denomina de sobreinterpetação (*sovrainterpretazione della constituzione*): "Cuando la Constitución es sobreinterpretada no quedan espacios vacíos de – esto es 'libres' del – Derecho constitucional: toda decisión legislativa está prerregulada (quizás aun minuciosamente regulada) por una o por otra norma constitucional. No existe ley que pueda escapar al control de legitimidad constitucional".[271]

A atividade interpretativa constitui um processo unitário cujos métodos não podem ser compartimentalizardos de forma estanque, mas exigem conjugação na busca de um equilíbrio quanto ao dado normativo e o contexto ambiental da Constituição, mediando desde os pressupostos fáticos da Constituição, até a plena atuação da sua normatividade (métodos de interpretação material e evolutiva). Nesse mister, conciliam-se interesses – muitas vezes antagônicos –, e contempla-se a tábua dos valores socialmente relevantes, mediante a ponderação de bens jurídicos e direitos em situação de conflito, demonstrando-se a estreita relação com a atividade ou efeito integrador.[272]

---

[268] CANOTILHO, 2000, p. 1097.
[269] Ibidem, p. 1098.
[270] FIGUEROA, 2003, p. 165.
[271] GUASTINI, 2003, p. 54.
[272] Cf. PÉREZ LUÑO, 1999, p. 276-278.

Parte II
As mutações constitucionais

1. Uma introdução ao tema: a relevância da rigidez e flexibilidade constitucional para o fenômeno das mutações constitucionais

Desde a sua introdução, por Laband, seguido de Jellinek, e, em que pesem os estudos envolvendo a matéria, não se chegou à elaboração de uma teoria jurídica própria com relação às mutações constitucionais. Já mencionamos a dificuldade de aceitação do tema do ponto de vista do positivismo jurídico de matriz Kelseniana. Por outro lado, não havia, anteriormente, nas Constituições dos diferentes Estados, a necessidade de elaboração de uma teoria sobre as mutações constitucionais.

Na França, apesar de preponderar o positivismo jurídico desde a Revolução, este não se nos apresenta de cunho dogmático, nos moldes verificados na Alemanha antes da Primeira Grande Guerra, mas importa em uma profunda fé na autoridade da lei, como única fonte de Direito e veículo da vontade do povo, em contraposição à tese absolutista da autoridade da vontade do rei.

A ausência de uma homogeneidade no direito consuetudinário local e a incerteza das más decisões judiciais contribuíram para que se depositasse, quando da Revolução Francesa, confiança nas leis objetivas para melhoria da situação do Estado nacional.[273] Contudo, há de se ressaltar que a França viveu a instabilidade constitucional no decorrer do século XIX.[274] Não contaria, na verdade, com uma Constituição, mas três leis constitucionais do ano de 1875, das quais somente uma se promulgou como lei constitucional. Estas leis breves e rudimentares contêm o mínimo necessário para determinar as funções dos órgãos governamentais supremos. Por esse motivo, não apresentavam obstáculo algum ao seu desenvolvimento, explicando, igualmente, sua flexibilidade e perenidade. Dado o fato de que o tratamento teórico de

---

[273] DAU-LIN, Hsü. *Mutación de la constitución*. Traducción Pablo Lucas Verdú. Oñati: Instituto Vasco de Administración Pública, 1998, p. 151-152.

[274] Conforme Miranda, onze Constituições sucederam a primeira fase até o advento da III república (1875). (MIRANDA, Jorge. *Manual de direito constitucional*. 6. ed. Coimbra: Coimbra, 1997, v. 1, p. 162).

determinada matéria está condicionado à sua importância prática, atentando-se à singularidade da Constituição francesa, as mutações constitucionais são de sobremaneira raras.[275] Após esse período, verifica-se um processo de sedimentação e consolidação das novas instituições, em que os antagonismos se tornam cada vez menos profundos. A última Constituição francesa data de 1958 (V república), revista em 1962, e, desde então, é essencialmente lei escrita dotada de força jurídica formal, pautada pela rigidez, não se admitindo, em virtude da teoria da separação dos poderes e da concepção da lei como expressão da vontade geral, que órgãos estranhos à função legislativa venham a exercer o controle da constitucionalidade e validade das leis.[276] Frente à mencionada sedimentação institucional, redução de antagonismos e rigidez constitucional (inclusive quanto às estruturas de controle da constitucionalidade) não se constata, posteriormente ao advento da V república, a existência de espaço para os processos informais de reforma da Constituição.

Na Inglaterra, a flexibilidade de uma Constituição não escrita não oferecia maiores óbices aos processos de mudança.[277] Embora sejam numerosas as leis constitucionais escritas, desde a Magna Carta de 1215, estas estão desvinculadas sistematicamente, não se qualificando como constitucionais. Ainda, não logram possuir uma força jurídica específica, como ocorre nos países de Constituição escrita. De caráter eminentemente consuetudinário, a Constituição britânica adota a condição de Constituição flexível, cuja modificação pode dar-se a qualquer tempo, pela atuação parlamentar.[278]

De outra sorte, nos Estados Unidos da América, a Constituição trouxe importantes avanços para o estudo das mutações constitucionais por interpretação. Integram-na sete artigos, mas com a mesma força jurídica destes, figuram 26 aditamentos (Amendments), que alteraram e complementaram a Constituição.[279] Evidencia-se, então, na família constitucional norte-americana, a característica prevalente de uma Constituição ao mesmo tempo rígida e elástica.[280]

---

[275] DAU-LIN, 1998, p. 150-151.

[276] MIRANDA, 1997, p. 167-168.

[277] Neste sentido DAU-LIN: "Em Inglaterra no solamente la parte mayor del *common law* del llamado '*case-law*' o '*judgem law*' integran su ordenamiento, además los 'princípios constitucionales' que se basan, principalmente, em decisiones de los tribunales [...]" (DAU-LIN, op. cit., p. 91).

[278] MIRANDA, op. cit., p. 129-130.

[279] Ibidem, p. 140.

[280] No dizer de Miranda: "Rígida, visto que não pode ser alterada em moldes idênticos aos adoptados para feitura das leis ordinárias, e qualquer modificação requer um processo complexo, com intervenção dos Estados. Elástica, visto que, a partir do seu texto primitivo, na aparência intacto, e dos aditamentos, tem podido ser concretizada, adaptada, vivificada (e até mesmo metamorfoseada) sobretudo pela acção dos tribunais". (Ibidem, p. 140).

Assim, fez-se relevante, naquele sistema, a superioridade dos precedentes judiciais herdados do direito Inglês. Ocorre que, junto aos ingleses, se verificava uma tendência conservadora que se contrapunha ao caráter progressista norte-americano. Por isso, enquanto, na Grã-Bretanha, confere-se grande importância à decisão judicial, alicerçada em uma tradição antiquada, ao contrário, os americanos abandonaram conscientemente a doutrina do precedente, naqueles moldes, e possibilitaram, por essa maneira, uma interpretação flexível. A interpretação da Constituição não se reservava somente aos Tribunais, mas, inclusive, realizava-se por meio das autoridades estatais, ao decidirem se uma questão é política ou constitucional.[281]

A decisão judicial adquire relevância para o sistema jurídico ao enfrentar a questão acerca da ofensa de determinada lei à Constituição. Remete-se a lei, em instância definitiva, à Suprema Corte, autêntico tribunal constitucional no exercício do exame ilimitado da constitucionalidade das leis, desde 1803, no difundido caso *"Marbury versus Madison"*, com atuação do *Chief of Justice* John Marshall. Neste precedente, em nome da Suprema Corte, reconheceu-se o direito constitucional implícito de declarar-se a inconstitucionalidade de uma lei promulgada pelo Congresso. Desde então, esta faculdade da Suprema Corte converteu-se em direito constitucional vigente.[282]

Marshall introduziu, por meio da sua doutrina, a tese dos poderes implícitos *implied powers*, pelo método da *loose construction of the Constitution*, em que, apesar de o caso surgido não ter sido contemplado pelos autores da Constituição, ou, ainda, não obstante considerado, tenha sido omitido, deve-se aplicar a Constituição para resolvê-lo. Temos, pois, a *narrow interpretation* ou *interpretation in the strict sense of therm*. Estas teorias, características da jurisprudência da Suprema Corte – *"implied powers"* e *"loose construction"*- norteiam a interpretação da Constituição norte-americana, tendo extrema importância para a realidade política, na medida em que mantêm relação direta e viva com a natureza do Estado. Por essa forma, o texto da Constituição segue inalterado, enquanto se desenvolve a vida social e política da nação.[283]

Diante destas ponderações, conclui o jurista chinês Dau-Lin:

> Puesto que la posibilidad de um cambio formal de la Constitución es muy difícil y se rechaza conscientemente la posibilidad de cambiar fácilmente la Constitución debido a los riesgos que entraña, MARSHALL defendió, tempranamente, la tesis que los jueces que quieran interpretar las normas jurídicas de manera correcta, no deben preocuparse tanto por la intención de los padres de la Constitución o de las leyes, sino por más bien por el cambio de sentido de las palabras escritas suscitado mediante el influjo de la voluntad presente del pueblo. Lo que

---

[281] DAU-LIN, 1998, p. 92.
[282] Ibidem, p. 93-94.
[283] BRYCE, James. *The american commonwealth*. London: Macmillan, 1952, p.196-197.

importa es comprobar cómo los portavoces de las fuerzas políticas entendien *ahora* las palabras escritas.[284]

Interessante verificar que, em nenhum momento, foi suscitado, pelos juristas americanos, se as mutações ocorridas mediante interpretação da Constituição são conforme o Direito, ou se as doutrinas dos *implied powers* e *loose construction* ofendem a Constituição. Diversamente, na doutrina alemã, questiona-se este modo de interpretação. Os modelos constitucionais germânicos, após a Constituição de 1871 – que vigorou, organizando o Império Alemão até 1918 –, abrangeram a social e republicana Constituição de Weimar (1919). Esta Carta Constitucional, porém, agonizou, corrompida pelo nacional-socialismo. Sobreveio a Constituição de Bonn (1949), criada como provisória, mas tornada definitiva posteriormente à unificação da Alemanha. Nesta última, como se poderia esperar em virtude das seqüelas deixadas pela Segunda Grande Guerra e da busca pelo retorno à pacífica convivência européia, identifica-se um extremo apreço pela questão da dignidade da pessoa humana e limitação dos poderes do Estado em prol dos direitos fundamentais.[285]

Outrossim, o exemplo da Áustria, na criação de um Tribunal Constitucional, com competência concentrada para controle da constitucionalidade (1920),[286] deixou solo fértil para desenvolvimento das sementes plantadas pelos juspublicistas do século XIX e do início do século XX, relativamente ao estudo das mutações constitucionais.

Na hipótese pátria, a exemplo do que ocorre com as Constituições modernas, as Constituições, desde a Carta Imperial de 1924, apresentam-se de caráter dogmático.[287] Isso quer dizer que partem de teorias pré-concebidas, planos e sistemas prévios, ideologias e dogmas políticos. Conforme Teixeira, "são elaboradas de um só jacto, reflexivamente, racionalmente, por uma assembléia constituinte", visando à estruturação racional do Estado de acordo com os valores e ideologias políticas da respectiva época.[288] Nos moldes das Constituições dogmáticas ou sistemáticas, as Constituições brasileiras são escritas e dotadas de caráter rígido, ou seja, exigindo procedimentos legislativos espe-

---

[284] DAU-LIN, 1998, p. 99.

[285] MIRANDA, 1997, p. 198-210. As mutações constitucionais, conforme veremos mais adiante, foram identificadas como as mudanças havidas na situação constitucional da época do império germânico (1871), uma vez que, quanto à Lei Fundamental de 1949, a questão gira em torno da legitimidade, segundo resta evidente a partir da obra de Friedrich. Müller, *Fragmento (sobre) o poder constituinte do povo*. Tradução Peter Naumann. São Paulo: Revista dos Tribunais, 2004.

[286] Ibidem, p. 198-208.

[287] Para diferenciar das Constituições de caráter histórico, cuja elaboração é lenta, baseada no costume e nas necessidades sociais (Cf. TEIXEIRA, J.H. Meireles. *Curso de direito constitucional*. Rio de Janeiro: Forense Universitária, 1991, p. 105).

[288] TEIXEIRA, 1991, p. 105-106.

ciais para a sua respectiva alteração. Tal fato propicia o desenvolvimento doutrinário do tema das mutações constitucionais.

Sem desprestígio às demais famílias constitucionais, restringiremos a nossa digressão, visto que é de cunho exemplificativo, referentemente aos principais sistemas constitucionais em meio às suas relevantes experiências históricas, a fim de evidenciar a correlação entre aquelas experiências, seu reflexo para o constitucionalismo moderno e desenvolvimento do estudo das mutações constitucionais, no que concerne à questão da rigidez e flexibilidade constitucional.

2. As mutações constitucionais

Tanto a majoritária doutrina quanto os precedentes do Tribunal Constitucional Federal alemão assentiram acerca da possibilidade de que alterações nas circunstâncias da realidade constitucional podem acarretar modificação no significado dos preceitos constitucionais, entendendo por mutação constitucional a modificação de conteúdo das normas constitucionais, de forma que, conservando o mesmo texto, receberiam significação diversa. No entanto, reside no fato da busca de uma explicação para o fenômeno, a resposta sobre a existência dos seus limites.[289]

Segundo Hesse, Laband identificou as mutações constitucionais como as mudanças na situação constitucional da época do império germânico (1871), que não alcançaram expressão na Constituição, importando em contradição entre lei e situação constitucional.[290]

Verdu expõe a forma como Jellinek desenvolve seu estudo acerca das mutações constitucionais, partindo de precedentes de Lassale, na obra *Qué es una Constitución?*, e dos escritos de Laband (*Die Wandlungen der deutschen Reichsverfassung* e *Die geschriebene Entwicklung der Reichsverfassung*), propondo o tema, inicialmente, em sua obra *Teoria Geral do Estado*, complementando-o, após, em monografia, com o exame da matéria alicerçado na prática constitucional sob a análise das mudanças sociopolíticas.[291]

A abordagem de Jellinek reflete a influência do psicologismo, factualismo normativo, deontologia e teleologia[292] de raízes neokantianas, em que resta visível a cisão metodológica, mas se tem por acolhida a união científica entre Direito e política. A presente técnica dicotômica mostra-se tradicional no pensamento dialético, em que, mediante pares de conceitos, procura-se captar o profundo sentido dos fatos jurídico-políticos: considera-se um flanco político e outro jurídico formal.[293] Isso

---

[289] HESSE, 1992, p. 82-85.
[290] Ibidem, p. 85.
[291] VERDU, Pablo Lucas. Estudio preliminar. In: JELLINEK, Georg. *Reforma y mutacion de la constitucion*. Madrid: Centro de Estudios Constitucionales, 1991, p. LXIII-LXVI.
[292] Ibidem, p. XXX.
[293] Ibidem, p. LXVII.

significa que a metodologia empregada por Jellinek se move nos limites do Direito Constitucional e da Política.[294]

Essa sutil distinção entre "ser" (*sein*) e "dever-ser" (*sollen*) contrariava a pureza metodológica da tese Kelseniana, que pregava a substituição da doutrina geral do Estado pela teoria geral do Direito (teoria monista).[295] Kelsen, quanto ao fenômeno das mutações constitucionais, resumia as manifestações de Laband e Jellinek entendendo consistirem na aplicação das normas constitucionais que se modificam lenta e imperceptivelmente, enquanto permanecem inalteradas as palavras do texto, outorgando-lhes um sentido diverso do originário; ou quando se produz uma praxis em contradição com o texto constitucional e com qualquer sentido possível da Constituição. Não seria algo peculiar das normas constitucionais, senão um fenômeno constatável no âmbito do Direito.[296]

O psicologismo de Jellinek e seu manejo constante dos dados de direito comparado confirmam que a sua tipologia estatal é completamente alheia a uma abstração anti-histórica e irreal. O dinamismo percebido pelo jurista, no fenômeno estatal e no Direito, servir-lhe-á de apoio para sua configuração da dinâmica do Estado.[297] O fundamento do Direito repousa, para o autor, em uma convicção condicionada pela situação geral da cultura de um povo. A fim de fundamentar o direito público, devem-se transmitir os princípios básicos da ética moderna, de modo a impedir chegar-se a um niilismo que obste a convivência humana.[298]

Denota-se, então, em Jellinek, um fator moral na tese da auto-limitação do Estado, acrescido das raízes psico-sociais que conectam com a exigência da convivência conforme o Direito. Exsurge, pois, em sua doutrina, a figura do Direito como mínimo ético para convivência, partindo-se da sua concepção sobre a força normativa do real (fático), em que o dado expressa uma significação em relação às coisas, revelando a tendência do real em converter-se em obrigação (norma).[299]

Considerando a Constituição como a auto-consciência de um povo, do Estado e da sociedade, em uma época de freqüentes mudanças, a doutrina das mutações constitucionais aflora, segundo o mestre

---

[294] VERDU, p. LXVI.
[295] Ibidem, p. XLIV.
[296] HESSE, 1998, p. 86.
[297] VERDU, p. XLVIII.
[298] Ibidem, p. LIII.
[299] Se examinado o papel do "mínimo ético" na doutrina jellinekiana, conforme Verdu, em seu estudo preliminar, aquele cumpre a função de manter e defender a ordem social diante de uma tradição jurídico-normativa, além de matizar o positivismo e relativismo do autor na medida em que introduz critérios estimativos da tradição teológica judaica e cristã (Ibidem, p. XXXII-XXXIII).

de Heidelberg, como a reflexão teorética e prática dessas mudanças. As mutações constitucionais se produzem quando a normatividade constitucional se modifica em razão da realidade político-social, que não afeta as formas textuais, mas transmuta o seu conteúdo.[300]

Provavelmente, a pouca ênfase que mereceu o assunto, nos últimos tempos, deveu-se ao tabu existente em relação a buscar-se o paradigma da pureza metodológica que se encontra incrustada no Direito moderno, e que promove a insuperável separação entre "ser" e "dever-ser".

O próprio Smend admite o alcance teórico da tese de Jellinek, no sentido de que não se cuida de um suposto de aplicação do problema genérico das ciências do espírito: tensão entre "ser" e "dever-ser", entre o inteligível e a realidade viva. Coloca-se, acima de tudo, a natureza específica do Estado enquanto objeto de ordenação jurídica mediante sua Constituição. Trata-se da unidade da Constituição do Estado, enquanto sistema ideal e inteligível, para cuja compreensão se faz necessária a inclusão daquelas "forças sociais" junto ao próprio texto constitucional escrito.[301] Para Smend, a questão das mutações constitucionais importaria um problema inerente à natureza do Estado como objeto de regulação jurídica por parte da Constituição. O direito constitucional, na posição de sistema de integração, deve assegurar o cumprimento da sua função ou tarefa sempre em contínua evolução. Os fatores, institutos e normas, que se inserem neste intento, modificam-se frente às circunstâncias da vida constitucional.[302]

Feitas as considerações precedentes, Jellinek nos apresenta o conceito de mutação constitucional como sendo a modificação que deixa intacto o texto da Constituição, sem alterá-lo formalmente, produzindo-se por fatos não acompanhados pela intenção ou consciência desta mutação.[303]

Sob esse aspecto, tem-se que os preceitos constitucionais necessitam da atuação do legislador, por meio de leis, para que sejam concretizados, de modo semelhante à concretização realizada pela jurisprudência. Nesta hipótese, se a própria jurisprudência está sujeita a necessidades e opiniões variáveis, quanto a um texto invariável, o mesmo pode ocorrer em relação ao legislador que interpreta o texto mediante a criação de leis. Assim, a própria Constituição experimenta uma transmutação.[304] Também são apontadas, no estudo preliminar de

---

[300] VERDU, 1991, p. LXVII.
[301] Citação à SMEND, Rudolf. *Constitución y derecho constitucional*, p. 131-132. Apud VERDU, 1991, p. LXVII.
[302] HESSE, 1998, p. 92-93.
[303] VERDU, op. cit. p. LXIX.
[304] Ibidem, p. LXX.

Verdu, as atividades parlamentares, administrativas, e a "necessidade", como formas de transformação da Constituição: "Aquélla opera no solo en momentos cruciales de la história estatal, además durante su curso normal. Puede surgir, la necesidad, de modo sorprendente, transmutando la organización estatal contra la letra constitucional".[305]

Com efeito, a relevância do trabalho de Jellinek reside na introdução e no desenvolvimento efetivo do estudo acerca do tema, sedimentando, na doutrina, a existência de mecanismos informais de modificação da Constituição que preservam o respectivo texto. Ainda, enfatizou os efeitos da dinâmica social sobre o texto constitucional, ao considerar o poder normativo dos fatos, culminando em um constante processo dialético de transformação do sentido das normas constitucionais.

Todavia, Laband e Jellinek possuíam uma visão do fenômeno das mutações constitucionais em consonância com os postulados jurídicos de matriz lógico-formal, no que tange à evidente separação entre Direito e realidade.[306]

Desta feita, Dau-Lin, discípulo de Smend, deu enfoque distinto ao estudo das mutações constitucionais, aproximando-se, sem desmerecer a importância das obras precursoras de Laband e Jellinek, ao objetivo deste trabalho.

Dau-Lin parte da aversão ao formalismo lógico transcendental do tipo Kelseniano. Por outro lado, adverte sobre os desvios românticos que contemplam a Constituição como ideal inapreensível.[307]

Neste contexto, as mutações constitucionais são conceituadas como a contraposição produzida, nas Constituições escritas, em relação à situação real. Incongruência entre as normas constitucionais e a realidade constitucional. O fundamento deste fenômeno repousa na natureza vital e dinâmica do Estado, que faz com que as normas constitucionais se demonstrem incompletas.[308]

As constituições devem contar, para seu aperfeiçoamento, com o fundamento que impele sua vida e a plenitude das motivações sociais. Essa plenitude vital obsta ser normatizada por inteiro, impondo a constante superação do sentido originário atribuído à norma.[309]

---

[305] VERDU, 1991, p. LXXI.

[306] Na maioria dos casos, admitia-se uma alteração da situação constitucional (realidade constitucional) e, somente em alguns casos, a alteração do conteúdo da norma pela via interpretativa (HESSE, 1998, p. 90).

[307] DAU-LIN, 1998, FÖRSTER, Christian. Prefácio: *die verfassungswandlung*. In: DAU-LIN, Hsü. *Mutación de la constitución*. Traducción Pablo Lucas Verdú. Oñati: Instituto Vasco de Administración Pública, 1998, p. 9.

[308] Ibidem.

[309] Ibidem, p. 10.

Por conseguinte, a problemática da incongruência entre as normas constitucionais e a realidade social somente pode resolver-se por uma interpretação constitucional elástica e integradora.[310]

A relevância do estudo de Dau-Lin, na análise das mutações constitucionais, consiste em, com raízes na tese de Lassale,[311] seguindo-se, após, o estudo desenvolvido por Laband – o primeiro a colocar o problema – e Jellinek – o primeiro a desenvolvê-lo teoricamente –, ver estes fenômenos não como algo extrajurídico, mas como Direito:

> Si la singularidad valorativa del derecho constitucional se deduce como algo necesario para la realidad constitucional, es algo permitido por la intencionalidad de la Constitución, entonces la mutación constitucional no es quebrantamiento de la Constitución, ni simple regla convencional como sustuvo HASTCHEK, sino derecho. Es derecho aunque no concuerde con el texto legal; es derecho aunque no pueda comprenderse y entenderse mediante los conceptos y construciones jurídicas formales".[312]

Ao mesmo tempo em que Dau-Lin insurge-se contra o formalismo lógico e sua insuficiência para o enfretamento da questão das mutações constitucionais, a própria teoria positivista culmina por resolver o impasse simplesmente pela sua negativa, o que evidencia a impossibilidade de uma compreensão metódica da hipótese mediante a construção de conceitos tradicionais.[313]

Dau-Lin aponta o erro da doutrina, que procurou compreender o fenômeno na mescla da correta idéia da singularidade do valor de determinado fato para o direito constitucional, com o conceito inapropriado de regra convencional, ou com a falsa direção apontada pela teoria da força normativa dos fatos, professada por Jellinek: a singularidade valiosa do direito constitucional não pode ser compreendida com conceitos construídos pela jurisprudência formal tradicional, porquanto consiste em um fenômeno, conseqüência natural da relação peculiar entre Estado e Constituição. Por isso, não se cuida aqui da tensão entre "ser" e "dever-ser", nem da insuficiência das leis escritas frente à realidade vital.[314]

Com base nestes dados, o autor conclui que todos os intentos examinados, destinados a resolver a questão das mutações constitucionais, – a saber: teoria do direito consuetudinário, doutrina das regras

---

[310] DAU-LIN, 1998, p. 10-11.

[311] Lassale, conforme anteriormente visto por ocasião da análise da obra *"A essência da constituição"*, preconizou o sentido sociológico de uma Constituição, quando em conferência, datada de 1862, definiu a Constituição como *a soma dos fatores reais do poder que regem um país*. Evidenciava a necessária existência de uma Constituição real e efetiva e dos "fatores reais do poder". Nesse sentido, SAMPAIO, 1954, questiona a tese de Lassale, quanto a sua tendência de dissolver o conceito jurídico de Constituição no seu conceito sociológico. A impropriedade da tese, que coloca o "dever-ser" como imanente ao "ser", resta superada pela doutrina, segundo se deduz ao longo deste estudo.

[312] FÖRSTER, 1998, p. 11.

[313] DAU-LIN, 1998, p. 156.

[314] Ibidem, p. 157.

convencionais e interpretação da mutação constitucional como violação do direito –, falham pelo mesmo erro, qual seja, a incompreensão do próprio valor da Constituição, alicerçado na falsa idéia de que a Constituição equivale às demais normas jurídicas escritas (uma regulação legal de uma série de relações jurídicas), podendo-se solucionar qualquer problema com conceitos jurídicos formais, gerais e tradicionais.[315] Em verdade, o mestre chinês pretende a compreensão do fenômeno a partir da natureza da Constituição: "[...] la cuestión tiene su última raíz en la naturaleza de la Constitución, se funda su propiedad específica en cuanto *regulación jurídica de la totalidad de la vida estatal*".[316]

Por intermédio da teoria de Dau-Lin, desenvolve-se uma fundamentação jurídico-constitucional das mutações constitucionais, em oposição à tese pertinente ao positivismo jurídico, pela qual a alteração da Constituição não se produz através de fatos da realidade que atuam "a partir de fora", nem, tampouco somente através de modificações da sua situação constitucional. Ao contrário, a realidade é incorporada à Constituição pela forma de "necessidade política", cujo sentido global é responder a essa necessidade. Em face da vinculação à dita totalidade da Constituição, o conteúdo das diferentes normas constitucionais pode se modificar, inclusive quando o conteúdo modificado é incompatível com o texto da norma. O conteúdo até então obtido não cede frente à pura faticidade, mas ante esse "sentido" de âmbito superior. Contudo, esta teoria, distinta da teoria positivista, incorre no mesmo problema, quanto a fixar o parâmetro para tais modificações em imposições de fato.[317] Promove-se aqui a simplificação da problemática no que se refere à Teoria do Estado e da Constituição. O Estado, como instância abstrata, não passa de uma ficção. Ao se recorrer às necessidades vitais do Estado, este deve ser considerado em sua dimensão concreto-histórica, somente assim se podendo conceber aquelas necessidades vitais como integrantes do "sentido" da Constituição. As necessidades vitais do Estado constitucional não só consistem em exigências políticas, mas formam parte delas mesmas, e, então, do "sentido" da Constituição, da função racionalizadora, estabilizadora e limitadora do poder estruturado na Constituição.[318]

Em contrapartida, a teoria constitucional de Heller, já exposta neste estudo – primeira parte (subitem 2.1.1) – não se nos apresenta, por sua vez, suficiente para fundamentar o fenômeno das mutações constitucionais. Isso porque os pressupostos de normatividade e nor-

---
[315] DAU-LIN, 1998, p. 155.
[316] Ibidem, p. 156.
[317] HESSE, 1992, p. 94.
[318] Ibidem, p. 95.

malidade, esta última se incorporando à primeira (normatividade) por meio dos princípios jurídicos, consistem magnitudes distintas, ainda que em processo de correlação. De outra forma, centrar o limite das mutações constitucionais na normatividade da Constituição segue sendo uma colocação genérica e difícil de precisar.[319]

Hesse, com base nas doutrinas estudadas para identificação da existência de uma limitação para as mutações constitucionais, culmina por situá-las na contradição entre Constituição e realidade constitucional.[320]

Miranda insere as mutações constitucionais entre as vicissitudes constitucionais – eventos que se projetam sobre a subsistência da Constituição ou de alguma das suas normas –, que, quanto ao modo (forma como, por meio delas, exerce-se o poder ou representa-se a vontade constitucional), são *tacitamente* produzidas. Neste caso, o evento constitucional é resultado indireto, conseqüência que se extrai *a posteriori* de um fato normativo historicamente localizado, caso em que, permanecendo o texto, modifica-se o conteúdo da norma.[321]

Sobre a concepção de Canotilho acerca do fenômeno que denomina *"transição constitucional"* ou *"revisão informal"* (primeira parte: subitem 2.2.1), repisa-se restarem admitidas, pelo autor, as mutações constitucionais oriundas do processo de concretização dos preceitos da Lei Maior, promovendo a atualização do sentido do texto, mediante a incorporação dos elementos da realidade constitucional.

No direito pátrio, Cunha Ferraz estuda o fenômeno como processo informal de mudança da Constituição, que atinge o significado, o sentido e o alcance do texto constitucional.[322] A autora enfatiza a distinção havida, na doutrina, entre reforma constitucional – modificações constitucionais reguladas no próprio texto da Constituição (por acréscimos, supressões, emendas) –; e mutação constitucional:

> [...] alteração, não da letra ou do texto expresso, mas do significado, do sentido e do alcance das disposições constitucionais, através ora da interpretação judicial, ora dos costumes, ora das leis, alterações essas que, em geral, se processam lentamente, e só se tornam claramente perceptíveis quando se compara o entendimento atribuído às cláusulas constitucionais em momentos diferentes, cronologicamente afastados um do outro, ou em épocas distintas e diante de circunstâncias diversas.[323]

---

[319] HESSE, 1992, p. 97.

[320] Ibidem, p. 88.

[321] MIRANDA, 2003, p. 151-152.

[322] FERRAZ, 1986, p. 9. Observe-se que tanto Cunha Ferraz (Ibidem, p. 12), quanto BULOS, Uadi Lammêgo. *Mutação constitucional*. São Paulo: Saraiva, 1997, p. 57-58, salientam a imprecisão terminológica para o fenômeno das mutações constitucionais, indicando a designação: "processos oblíquos" (Cf. Milton Campos), "processos não formais" (Cf. Teixeira, Biscaretti Di Ruffia, Paolo & Rozmaryn, Stefan), "processos de fato" (Cf. Pietro Merola Chierchia), "revisão informal" (Cf. Canotilho), "mudança material" (Cf. Pinto Ferreira), "vicissitude constitucional tácita" (Cf. Miranda).

[323] Ibidem, p. 9.

Prosseguindo, a autora distingue as mutações inconstitucionais: que contrariam o texto da Constituição (por exemplo, a lei integrativa inconstitucional e o costume *contra constitutionem*); e as mutações constitucionais: aquelas que confrontadas por qualquer meio de controle, particularmente o jurisdicional, não padecem de inconstitucionalidade. Nesse último grupo, incluem-se "as interpretações jurisdicionais que dão sentido renovado à letra constitucional, sem contudo violá-la".[324]

Concebe, então, que a categoria das mutações constitucionais "é reservada somente para todo e qualquer processo que altere ou modifique o sentido, o significado e o alcance da Constituição *sem contrariá-la*". Em sentido oposto, as alterações constitucionais de outra espécie consistiriam mutações inconstitucionais. Sintetiza, conceituando as mutações constitucionais como aquelas que alteram "o sentido, o significado e o alcance do texto constitucional sem violar-lhe a letra e o espírito".[325]

Bulos denomina mutação constitucional:

> [...] o processo informal de mudança da Constituição, por meio do qual são atribuídos novos sentidos, conteúdos até então não ressaltados à letra da *Lex Legum*, quer através da interpretação, em suas diversas modalidades e métodos, quer por intermédio da construção (*construction*), bem como dos usos e costumes constitucionais.[326]

Importa, quanto à definição das mutações constitucionais, a busca de um conceito que, sem obstar a obtenção de uma explicação para o fenômeno, frente à dissociação insuperável promovida pela cisão metodológica das teses estruturadas no positivismo lógico-formal, nem promover a confusão de magnitudes distintas (plano do "ser" e "dever-ser"), favoreça uma fundamentação consistente e precisa.

Isso, de acordo com Hesse, somente se pode operar acaso as mutações constitucionais sejam compreendidas como modificação havida no interior da norma constitucional mesma, e não como conseqüência de um desenvolvimento ocorrido fora da normatividade da Constituição, o que supera a mera acepção de correlação entre normalidade e normatividade. O ponto de partida poderia centrar-se nas teses de Smend e Dau-Lin, mas a internação dos elementos da realidade à norma deveria seguir os pressupostos de concretização nos moldes preconizados por Müller e Hesse,[327] conforme exposto no subitem 2.3.1 da Primeira Parte deste estudo, com relevância para a visualização dos limites destas alterações no âmbito normativo.

---

[324] FERRAZ, 1986, p. 9.
[325] Ibidem, p. 10.
[326] BULOS, 1997, p. 57.
[327] HESSE, 1992, p. 99.

3. Espécies de mutações constitucionais

As mutações constitucionais seriam divididas, segundo Dau-Lin, em quatro espécies:[328]

1) Mutação da Constituição mediante prática estatal que não viola formalmente a Constituição;
2) Mutação da Constituição mediante impossibilidade de exercício de certos direitos estatuídos constitucionalmente;
3) Mutação da Constituição mediante prática estatal contraditória à Constituição;
4) Mutação da Constituição mediante interpretação.

Esta classificação diferencia-se, nos diversos autores que abordaram o tema, quanto à sua respectiva formação conceitual e seus pressupostos.[329]

Não nos deteremos por demasiado na explicação das três primeiras classes de mutações constitucionais, nem no que concerne aos respectivos exemplos, porquanto pertinentes à realidade constitucional diversa, com determinadas análises superadas pela doutrina. Apenas faremos rápida menção, para fins exclusivamente didáticos, acerca do que consistiria cada classe segundo Dau-Lin, aprofundando-nos no que diz respeito à última classe das mutações constitucionais – mutação da Constituição mediante interpretação – tema com maior significado para o nosso específico objetivo.

---

[328] DAU-LIN, 1998, p. 31.

[329] Dau-Lin reporta-se, em sua já citada obra, à Laband, que somente enumerou alguns casos, de modo pouco específico, em seu trabalho – *Wandlungen der Reichsverfassung* –, de 1895. Em seu segundo trabalho – *Die geschichtliche Entwicklung der Reichsverfassung seit Reichsgründung* –, de 1907, restringiu-se a uma simples classificação por matérias que experimentaram mutações: por exemplo, a relação do Reich com os estados membros, etc. Jellinek, *in Verfassungsänderung und Verfassungswandlung*, de 1906, em contrapartida, conseguiu um importante progresso: distinguir entre mutação constitucional mediante sua interpretação (a) pelo Parlamento; (b) pela Administração; e (c) pela jurisprudência. Assim, tem-se a mutação devido à necessidade política, mediante a prática constitucional, por desuso de faculdades estatais e por meio da solução das lacunas constitucionais, etc. Hildesheimer (*Über die Revision moderner Staatsverfassungen*, Tübingen, 1918) divide a mutação constitucional em duas classes: (a) mutação da Constituição pelo direito consuetudinário e (b) mutação por interpretação, baseando-se em Bryce, que distribuiu as formas de aperfeiçoamento do direito constitucional norte-americano em três vias: *amendement, usage, interpretation*, sendo, as duas últimas, formas de mutação da Constituição. Smend (*in Verfassung und Verfassungsrecht*), por sua vez, destaca três classes de mutações constitucionais: (a) originada fora do direito constitucional (atos espontâneos sociais e forças extraconstitucionais condicionadas); (b) desvirtuadora da Constituição (quanto aos seus institutos e normas); e (c) introdutora de um novo fator da vida constitucional (DAU-LIN, 1998, p. 31-32).

Relativamente ao item 1 – mutação da Constituição mediante prática estatal que não viola formalmente a Constituição –, não há contradição formal entre o texto da Constituição e determinada prática estatal, neste caso, configuram relações jurídicas que não se regulam por preceitos constitucionais. A tensão observada se dá entre a situação real e a legal, descrita na Constituição, não entre o existente e o prescrito. O *Sollen* ("dever-ser") está em contradição com o *Sein* ("ser"), não resultando de determinado artigo constitucional, mas do conjunto de várias prescrições constitucionais ou da integração global de todo o tramado constitucional. Parte da noção, não da norma constitucional isolada, contrária à realidade, mas de todo o sistema constitucional, portador de um sentido uniforme.[330]

O item 2 (mutação da Constituição mediante impossibilidade de exercício de certos direitos estatuídos constitucionalmente) deve-se ao fato de não mais corresponder, o direito que certo artigo da Constituição atribui, à realidade jurídica vigente, o que impossibilita o seu respectivo exercício. Dau-Lin imputa, primeiramente, esta classificação à Jellinek. Contudo, para este último, a espécie corresponderia à mutação de normas constitucionais por desuso, com o que não concorda o autor chinês, em face de que a Constituição não se transformaria por essa forma (desuso das suas disposições), mas, sim, pela impossibilidade da sua observância. Assim, o desuso seria apenas uma das causas.[331]

No terceiro caso de mutação constitucional (mutação da constituição mediante prática estatal contraditória à Constituição), a contradição entre "ser" e "dever-ser" é inequívoca. A prática constitucional contraria claramente a preceptiva da Constituição, seja pela reforma material da Lei Maior, seja pela legislação ordinária, pelo regramento dos órgãos estatais superiores ou pela sua prática efetiva.[332]

A mutação da Constituição mediante interpretação, segundo Dau-Lin, ocorre quando os preceitos constitucionais somente se integram segundo considerações e necessidades que se alteram com o tempo, para atender particularmente ao texto fixo da Constituição, sem que se considere o sentido originário que o constituinte deu àquelas normas em questão. A norma constitucional fica intacta, mas a prática constitucional se apresenta distinta. A Constituição experimenta uma mutação à medida que suas normas recebem outro conteúdo (alteração de conteúdo) e quando seus preceitos regulam outras circunstâncias distintas das antes imaginadas (alteração de alcance). O autor refere que esta classe de mutação constitucional também foi mencionada por

---

[330] DAU-LIN, 1998, p. 32-33.
[331] Ibidem, p. 36.
[332] Ibidem, p. 39-40.

Jellinek, mas infelizmente, faltou-lhe uma formulação precisa do conceito.³³³

Como exemplo, cita-se o caso do artigo quarto da Constituição da Prússia, de cinco de dezembro de 1848, que estabelecia, mesmo após a sua revisão em 1850: "Todos os prussianos são iguais ante a lei. Não há privilégios estamentais ou de classes". O texto da norma correspondia, plenamente, ao sentido originário da garantia da liberdade própria do individualismo do seu tempo. No entanto, este preceito foi interpretado com muitas restrições, até que teve diminuída sua força efetiva, ocasionando uma mutação constitucional. Isso se deveu a determinadas proibições, como as do casamento entre nobres e camponeses, bem como entre pessoas de classes inferiores, permanecerem em prática, conforme disposições contidas na *Allgemeinen Landrecht*, apesar da falta de congruência com o princípio da igualdade perante a lei.³³⁴

A classificação de Dau-Lin é seguida por García Pelayo: (a) mutação devido a uma prática política que não se opõe formalmente à Constituição escrita e para cuja regulação não existe nenhuma norma constitucional; (b) mutação por impossibilidade de exercício ou por desuso das competências e atribuições estabelecidas na Constituição, de maneira que os preceitos que as estabelecem deixam de ser direito vigente; (c) mutação por uma prática em oposição aos preceitos da Constituição; (d) mutação através da interpretação dos termos da Constituição, de modo que os preceitos obtêm um conteúdo distinto daquele para o qual foram pensados.³³⁵

Biscaretti Di Ruffia admite o fenômeno das mutações constitucionais em reconhecendo restar inalterada a letra escrita da Constituição, enquanto a realidade constitucional experimenta considerável mutação. Tal pode se operar, conforme esse autor: (a) emanado de atos próprios de órgãos do Estado: 1) de caráter normativo (lei, regulamento, etc.); ou, 2) de natureza jurisdicional (decisão em sede de controle de constitucionalidade das leis); (b) por força dos fatos: 1) de caráter jurídico (v. g.: costume); ou, meramente, 2) de natureza político-social (v. g.: norma convencional, simples práxis, etc.).³³⁶

Jellinek assinala a possibilidade de transmutação da Constituição mediante: (a) a atividade legislativa; (b) a prática parlamentar e administrativo-governamental; (c) a prática judicial. Na lição do autor, a necessidade cumpre um papel importante como fonte geradora de

---

³³³ DAU-LIN, 1998, p. 45.

³³⁴ Ibidem, p. 46.

³³⁵ GARCIA PELAYO, Manuel. *Derecho constitucional comparado*. 3. ed. Madrid: Manuales de la Revista de Occidente, 1953, p. 137-138.

³³⁶ DI RUFFÌA, Paolo Biscaretti. *Introduzione al diritto costituzionale comparato*. Milano: Giuffrè, 1988, p. 693.

Direito, enfatizando-se a possibilidade de mutação constitucional pela prática constitucional, em se considerando uma Constituição flexível ou consuetudinária, em que regras constitucionais convencionais conformam, em seu conjunto, uma ética política cujas determinações devem ser rigorosamente seguidas.[337]

Apesar de reafirmar a possibilidade de a Constituição se transformar pelo exercício do poder estatal, afasta a supressão do texto constitucional pelo seu desuso.[338]

Por outro lado, a constatação de lacunas constitucionais aparece, para Jellinek, como excepcional possibilidade de se produzirem mutações constitucionais, quando a situação fática induz a um reconhecimento do direito consuetudinário e lhe atribui significação normal. Contudo, via de regra, constituem um chamado ao legislador.[339]

O juspublicista alemão ressalta a existência de mutações relativas ao texto da Constituição, que operam, sem uma repentina comoção do Estado e sem ruptura com a ordem estatal vigente, a completa reconstrução do sentido do texto da Lei Maior. Para que se produzam, pois, é necessário muito tempo e a atuação de poderosas forças históricas.[340]

3.1. Mutações constitucionais por interpretação

Se tomarmos a matéria na acepção de Hesse, as mutações constitucionais e seus limites somente podem ser claramente apreendidos com base na normatividade da Constituição, quando a compreensão da alteração de conteúdo da norma é entendida como modificação "no seu interior", e não como eventos desenvolvidos externamente à Lei Maior. Para Hesse, as normas que integram o direito constitucional não se constituem somente em mandados abstratos que, alheios à realidade, se contrapõem a esta de forma desconexa. Somente quando o direito constitucional é realizado pela e na conduta humana, alcança a realida-

---

[337] JELLINEK, Georg. *Reforma y mutacion de la constitucion*. Madrid: Centro de Estudios Constitucionales, 1991, p. 17-21 e p. 37 et seq. Por práticas parlamentares temos os regramentos e resoluções legislativas das câmaras ao interpretarem a Constituição, podendo gerar efeitos internos e até mesmo externos (Ibidem, p. 17-20). A Constituição, igualmente, pode ser interpretada pelas autoridades administrativas, sujeitas ao controle da jurisdição administrativa: "En todo Estado hay principios administrativos que no se han introducido, o fijado, mediante proposiciones jurídicas y ofrecen una imagen de la realidad política, frente a la indeterminación de la posibilidad jurídica"(Ibidem, p. 20). Quanto à mutação constitucional pela atuação do legislador e do juiz, Verdu, em estudo preliminar à obra de Jellinek, refere que os preceitos constitucionais são pouco claros ou extensos, somente o legislador lhes dá sentido estável mediante leis que os concretizam, de modo semelhante à concretização operada pelo Juiz. (Ibidem, p. LXX-LXXI).
[338] JELLINEK, 1991, p. 51.
[339] VERDU, 1991, p. LXXIV-LXXV.
[340] JELLINEK, op. cit., 56-57.

de de uma ordem vivida e torna-se conformador da realidade histórica, cumprindo sua função na vida da comunidade.[341]

A norma não pode, do ponto de vista da sua realização, ser tomada alijada da realidade, mas esta, em suas respectivas circunstâncias, afetada pelo mandamento da norma, já a compõe. Considerando que as modificações da realidade social adquirem relevância dentro do âmbito normativo, então, a modificação de conteúdo de dada norma constitucional somente poderá se dar no interior do marco traçado pelo texto, e a fixação deste marco passa a ser uma questão de interpretação.[342]

A exegese do texto constitucional, como limite das mutações constitucionais, não se esgota na relação entre Direito e realidade constitucional, que encontra sua expressão na estrutura da norma, mas também reside nas funções constitucionais que envolvem, como anteriormente visto, de um lado, a constituição e preservação de um Estado eficaz e operante; e, de outro, a atuação estabilizadora, racionalizadora e limitadora do poder na vida da comunidade.

Neste sentido, considera-se mutação constitucional interpretativa aquela realizada por órgãos próprios do Estado (interpretação orgânica, realizada pelo Legislativo,[343] Executivo[344] e Judiciário[345]) e pelos demais segmentos sociais participantes da exegese constitucional (interpretação não-orgânica), que, de forma direta ou indireta, complementam, desdobram e tornam efetivas as normas constitucionais.

---

[341] HESSE, 1992, p. 99.

[342] Ibidem, p. 101.

[343] Essa forma de mutação constitucional interpretativa consiste na "atividade desenvolvida pelo órgão, dotado de poder legislativo, que busca o significado, o sentido e o alcance da norma constitucional para o fim de, fixando-lhe o conteúdo concreto, completá-la e, conseqüentemente, dar-lhe aplicação" (FERRAZ, 1986, p. 65). Neste caso, o comando imperativo para essa atuação é recebido da própria Constituição. Essa atividade consiste na atribuição de desdobrar o sistema proposto pela Constituição, interpretando-a de modo a conferir sentido concreto à linguagem do constituinte, decidir e determinar o curso da criação e da aplicação subseqüente da norma constitucional. Tem-se, pois, a expedição de atos normativos com escopo à aplicação das disposições constitucionais. No magistério de Cunha Ferraz, as mutações constitucionais legislativas fundar-se-ão diretamente na Constituição, constituindo-se no mister constante e precípuo do poder legislativo de aplicação da Lei Maior (Ibidem).

[344] Cuida-se de espécie de interpretação orgânica, exercida precipuamente pelo Poder Executivo, sem descartar a atuação dos demais poderes quando exercem atribuições administrativas para atender às suas necessidades internas. Opera-se mediante a expedição de atos, resoluções, ou disposições gerais ou não. Abrange atos de finalidade administrativa e política que tenham por escopo a aplicação da Constituição (Ibidem, p. 147-148). Pode se dar de forma direta: aplicando diretamente as disposições constitucionais; ou indireta: explicitando disposições infraconstitucionais para a *"fiel execução"* da lei (art. 84-IV, da CF/88) (Ibidem, p. 152).

[345] Limitamo-nos aos esclarecimentos constantes nas notas retro, quanto às mutações constitucionais por atos dos poderes legislativo e executivo, para restringir a análise aqui realizada às mutações constitucionais operadas pelo poder judiciário em atenção à objetividade do nosso estudo e em respeito à relevância e amplitude do exame do tema quanto aos demais poderes, o que, por si só, poderia ensejar obra distinta.

Assim entendido, os diferentes métodos interpretativos, considerados os limites da sua atuação, podem conduzir, em maior ou menor amplitude, a alterações de significado, sentido e alcance das disposições constitucionais, sem que advenha alteração na letra do respectivo texto.[346]

A necessidade de adequação no emprego das diversas formas de interpretação constitucional tem seu fulcro na legitimidade do Estado e da própria Constituição, bem como na permanente reafirmação desse pacto em compromisso com a realidade social. É nos mecanismos de interpretação que se persegue a justa medida entre procedimento e substância, sem se remeter a uma preeminência do social sobre o normativo, nem se desconsiderar o significado das forças sociais para compor a realidade constitucional.

Cunha Ferraz nos traz a conclusão de que os diversos métodos interpretativos são hábeis a produzir mutações constitucionais, em maior ou menor amplitude.[347] Ao passo que a aplicação da Constituição vem procedimentalizada pelos poderes estatais constituídos, de forma direta ou indireta, completando-a, desdobrando-a, ou tornando efetiva a norma constitucional, o que a autora denomina interpretação orgânica, e fica a cargo do Legislativo, Executivo e Judiciário, admite-se, também, uma interpretação não orgânica, desenvolvida pela doutrina, pela ciência jurídica e pelos juristas.[348]

A interpretação opera, por essa forma, a alteração do significado, do sentido e do alcance do texto constitucional, sem que a letra da Constituição seja modificada.[349]

3.2. Mutações constitucionais por atos do Poder Judiciário

Segundo Cunha Ferraz, a aplicação da Constituição, pela interpretação orgânica judicial, pode ocorrer em dois momentos: 1) na função

---

[346] FERRAZ, 1986, p. 53-57. Importante observar a referência da autora quanto aos autores que não admitem a interpretação (ou qualquer outro processo) de mutação constitucional, citando Li Bassi. Em referência a Canotilho, enfatiza que o autor não admite mutações constitucionais pela via da interpretação, apesar de conceber mudanças de sentido das normas constitucionais em decorrência da evolução da realidade social, desde que não contrariem princípios estruturais políticos e jurídicos da Constituição. Pondera que a divergência no posicionamento deve-se mais a questões terminológicas acerca do que significa "mutação constitucional". Tal ocorreria também no que tange às ponderações de José Afonso da Silva, em sua obra sobre a aplicabilidade das normas constitucionais, ao entender as mutações constitucionais como deformações constitucionais (Ibidem, p. 56). Todavia, cumpre enfatizar que, em se considerando a nova postura adotada por Canotilho, ao admitir a interpretação constitucional sistemática, na acepção de sistema aberto (CANOTILHO, 2000, p. 1193), não nos parece permanecer a restrição à ocorrência de mutações interpretativas.

[347] Ibidem, p. 53.

[348] Ibidem, p. 54.

[349] Ibidem, p. 57.

de controle judicial da constitucionalidade; e 2) mediante a aplicação da norma constitucional para solucionar a lide no caso concreto.[350]

A questão da legitimação da jurisdição constitucional tem como precedente a evolução da hermenêutica jurídico-constitucional, examinada na primeira parte deste estudo, posto que, agora, o assunto passa a ser concebido sob a perspectiva da legitimação da decisão judicial, alcançada pelo convencimento em meio à argumentação jurídica.

Cumpre-nos, então, discorrer sobre a forma de atuação do Poder Judiciário, na qualidade de poder estatal constituído, quanto à tarefa de proceder à reconciliação entre Constituição e realidade constitucional, ou, ainda, entre Direito e sociedade.

Na esteira da concepção dinâmica de Constituição (Hesse), não se vê, na Lei Maior, uma codificação, no sentido de que não possui a pretensão de ser um sistema fechado, nem restar isenta de lacunas, mas, sim, visualiza-se um *ente* inacabado, que exige complementação constante, por configurar a vida histórica que pretende normar, sujeita a constantes mudanças. Todavia, essa amplitude e indeterminação não significa que devam restar indeterminados os procedimentos mediante os quais deverão ser decididas as questões deixadas em aberto. Para tanto, a Lei Maior institui órgãos distintos, com seus conteúdos e âmbitos de atuação delimitados, funda competências e determina procedimentos para consecução da solução de conflitos, por meio dos quais deve ter lugar o processo de formação da unidade política, e, a partir dos quais, a decisão das questões abertas fica submetida a regras claras, apreensíveis e asseguradoras, dentro do possível, de um resultado adequado. Quanto mais aberta se manifesta uma Constituição, tanto maior é a relevância daquelas prescrições, pois é no terreno da abertura constitucional material que se outorga uma forma de realização estável da Lei Maior.[351]

Nessa conjuntura, insere-se o papel dos poderes constituídos investidos na função de concretização dos dispositivos constitucionais. São cristalizações normativas das instituições sociais, sob a forma de centros de competência e atribuição do Estado, com conteúdo normativo conferido pela Constituição. É por meio destes que os valores, que remetem às mudanças sociais, são permeados ao plano jurídico, e operam não só o escopo da mudança jurídica, mas a própria realização das diretrizes normadas da Lei Fundamental, na sua tarefa de condicionamento de condutas, voltada à estabilidade, e, sobretudo, no seu mister de manter a conexão entre a Constituição formal e a realidade constitucional. Se a inclinação humana reflete um constante devir, do que é conseqüência a dinâmica social, a função constitucional, nesse

---
[350] FERRAZ, 1986, p. 104.
[351] HESSE, 1992, p. 19-20.

ponto, deve permitir a permanente atualização do texto, sem engessá-lo, nem torná-lo imune a modificações de sentido. Aqui reside a relevância da atuação dos poderes constituídos, intérpretes do texto da Lei Maior, no processo de mudanças informais da Constituição.

Nesse ínterim, já podemos intuir que a compreensão dos limites impostos às mudanças constitucionais, e conseqüentemente àqueles que as perfazem, tem seu cerne na legitimidade de que se reveste a Lei Fundamental e na maneira engendrada pelo poder constituinte originário, nas funções de conferir forma e estrutura ao Estado moderno, distribuir e legitimar competências aos respectivos órgãos, assim como disciplinar as relações entre governantes e governados, e destes últimos entre si.[352]

Se legitimidade corresponde ao estado decorrente do reconhecimento de habilitação para o exercício de certos atos ou gozo de determinadas prerrogativas, com fundamento em um postulado racional, estabelecida a distinção entre o poder constituinte nos seus aspectos materiais e formais, em se tomando o que anteriormente fora exposto, depreende-se que, em face da força normativa e do dever de observância do fim ou núcleo essencial da Constituição (considerada em seu sentido material), a legitimação dos poderes constituídos, no que concerne às mudanças constitucionais informais, decorre da estreita conexão entre os meios utilizados por estes para alcance daquele propósito maior. O cerne desta conexão encontra-se estabelecido na Constituição, assim como os limites da legitimação conferida aos poderes constitucionais, pois, no dizer de Mortati, se o direito é sistema, e o critério informador do sistema precede ao complexo dos vários atos estatais, porquanto lhes origina e confere validade, garantindo a conexão e identidade com esse sistema, não basta a mera referência a elementos externos, mas de outro modo, temos a relação positiva destes com os limites internos do sistema, limites atinentes ao conteúdo dos órgãos componentes da ordem estatal.[353]

Sobressai, em conseqüência, a necessidade de distinguir a atuação do poder constituinte como instância legitimadora da Constituição, que irá habilitar os demais poderes constituídos no desiderato de operar as mudanças constitucionais a fim de assegurar a permanente sintonia entre a Lei Maior e a realidade constitucional.

É na obra de Sieyès, *Qu'est-ce que le Tiers État?*, que, pioneiramente, encontramos a distinção entre poder constituinte e poder cons-

---

[352] Não buscaremos aqui, nem temos a pretensão de esgotar o tema acerca da legitimidade da jurisdição constitucional, que se demonstra por demais complexo, ensejando, inclusive obras específicas.

[353] MORTATI, 1940, p. 200.

constituído,[354] apesar de a sua concepção de legitimidade restar assentada, aprioristicamente, num plano extrajurídico. Na conclusão do abade, é tomada a preeminência da nação sobre tudo o mais, pois, antes dela, somente existiria o direito natural. Surge a Constituição, como obra do poder constituinte, que vem para regular o governo e a forma de atuação dos poderes do Estado, de modo que um poder somente é poder real enquanto constitucional. Em contrapartida, a vontade nacional somente precisaria da sua realidade para ser legal, porque é a origem de toda legalidade. Nisso repousa a asserção de que nenhuma espécie de poder delegado pode mudar as condições da sua delegação.[355]

Com efeito, cumpre-nos perquirir sobre a questão da legitimidade nas fontes do poder, uma vez que, como quer Canotilho, o poder constituinte não exerce sua atuação num vácuo histórico-cultural, mas deve se pautar por princípios, tais como a dignidade da pessoa humana, justiça, liberdade e igualdade, que permitem um juízo qualitativo acerca da Constituição.[356] Além disso, deverá, para resguardo da sua autoridade e da autoridade dos poderes por ela estabelecidos, conformar-se com a respectiva Constituição real, o que deve ser atingido pelo democrático consenso constitucional.

Em Müller, a legitimidade dos poderes estatais se encontra vinculada à concretização e observância dos limites materiais do sistema, tomando-se a Constituição (corpo normativo) como elemento mediador entre o Estado e a sociedade, o que nos faz visualizar a relevância da constante atualização do sentido do texto normativo constitucional, voltado à legitimação do poder.[357]

---

[354] SIEYÈS, Emmanuel Joseph. *A Constituição burguesa*: qu'est-ce que le tiers état?. 3.ed. Tradução Norma Azeredo. Rio de Janeiro: Lumen Juris, 1997, p. 27 et seq. Resta visível, na referida obra, o poder legitimador das forças sociais, na forma lassaliana de verdadeiros fatores reais do poder. É bem verdade que a tese parece-nos mais voltada a uma prática eleitoral, como meio de assegurar a representatividade, do que a uma teoria organizativa do Estado. Propõe-se uma nova articulação do poder político com o intuito de abranger os segmentos sociais responsáveis pela sustentação econômica da sociedade francesa, que se encontravam espoliados em virtude dos privilégios injustificados de uma aristocracia improdutiva. Para esse fim, traça-se a distinção entre as forças sociais que despontavam na sociedade da época e o poder político legitimado na ordem jurídica então estabelecida. A obra, antes de tudo, reflete a transição institucional entre os detentores da propriedade e os detentores do poder, na luta daqueles pela conquista da cidadania política. Logo, culmina-se por abordar, na prática, os mecanismos de legitimação da transferência do poder às forças sociais que incorporavam os fatores reais do poder naquele tempo, resolvendo-se a questão em termos de representação e direitos políticos. Configura, pois, um livro sobre legitimidade para o exercício do poder.

[355] Ibidem, p. 94 et seq.

[356] CANOTILHO, 2000, p. 60.

[357] A obra fragmentária de Müller, finalizada entre 1967/68, publicada em 1995, sobre o poder constituinte do povo, merece estudo mais acurado. Menos pelo seu pessimismo quanto à real representatividade do povo – com desvirtuamento do sistema representativo e imposição dos interesses de grupos dominantes –; mais pela reflexão sobre poder-violência, poder e legitimidade (MÜLLER, 2004, p. 81).

Em contrapartida, bem ressaltou Pérez Luño, não somente no que concerne à fundamentação dos direitos humanos, porém em relação ao sistema democrático instaurado na Constituição, sobre os óbices de se reconhecer a supremacia transcendente de um plano axiológico.[358]

A fundamentação dos limites materiais legitimadores da Constituição em uma ordem axiológica apriorística e absoluta, que limitaria a atuação do poder constituinte originário, e, da mesma forma, restringiria a atuação dos poderes constituídos, promoveria, não só o engessamento da evolução como inclinação natural do homem, mas, de outra parte, não se poderia precisar ou definir, dada a diversidade sociocultural, parâmetros seguros para o conteúdo desta fundamentação absoluta. Em oposição, correr-se-ia o risco de subjugação pelo subjetivismo dos órgãos do poder, e, assim, de absoluta, tal fundamentação transmutar-se-ia em imanente, circunstancial e pessoal.

Denota-se que os próprios fundamentos da legitimidade dos poderes constituídos encontram-se insertos num sistema normativo permeável a mudanças. Todavia, a reafirmação da legitimidade do aparato normativo possui em seu cerne uma exigência de cunho axiológico, devendo-se perquirir a forma com que se opera a inclusão desse dado no esquema da compreensão.

Os poderes constituídos, na qualidade de intérpretes concretizadores, não poderão desconsiderar os princípios ordenadores da práxis social, ou seja, da Constituição real ou realidade constitucional. Ao poder constituinte originário, cabe normatizar os princípios preestabelecidos da práxis social, pressupondo o Estado-sociedade e os seus elementos constitutivos, em que os valores são institucionalizados e incorporados à tradição transmitida.[359] Sobre essa base, os poderes constituídos não poderão exceder a função que lhes foi delegada, e que tem seu conteúdo fixado na Lei Maior.

Luzia M. S. C. Pinto, na análise que faz da legitimidade material da Constituição, inobstante o forte cunho ideológico da sua obra, logrou êxito em circunscrever, no âmbito de positivação dos direitos fundamentais, mais especificamente, na dignidade da pessoa humana, o fim maior do Estado (este concebido em sua forma não divorciada da sociedade, como antes pretendido na concepção de Estado liberal). Na posição de meio para alcançar este escopo, encontra-se a ampla participação democrática dos diversos segmentos sociais na obtenção de um consenso geral e de princípios universalizáveis, segundo o postulado habermasiano. Para tanto, a autora destaca a já referida insuficiência do positivismo lógico de matriz formal, bem como das teorias jusnaturalistas e de outras que pregam a existência de um fundamento

---

[358] PÉREZ LUÑO, 1999, p. 144-145.

[359] PINTO, 1994, p. 86 e 94.

absoluto e transcendental. A questão cinge-se à busca de alternativas nem positivistas, nem metafísicas, para delimitação de um princípio de justiça legitimador.[360]

Nesse sentido, é descartada a teoria de Rawls, a que se aponta um caráter extremamente individualista dos interesses que informam a distinção dos bens essenciais à vida, resultando, o seu critério, no produto de uma racionalidade voltada apenas à justificação pessoal de uma teoria da justiça democrático-liberal.[361]

Deve-se destacar, contudo, o mérito da autora em assentar a legitimação da Constituição e da atuação do poder constituinte no aspecto material da Lei Maior, que incorpore, em seu conteúdo, as circunstâncias sociais, políticas, econômicas e espirituais da sua época (em uma releitura dos fatores reais do poder em Lassale); assim como em restar dotada de capacidade de adaptação à mudança inevitável destas circunstâncias, por meio de um processo materialmente democrático de participação plural dos diversos segmentos sociais (coadunando-se com a tese de Häberle), do que depende a manutenção da força normativa da Constituição (Hesse). Isso sem olvidar que a busca de um consenso constitucional passa pela regulamentação da questão social.[362]

No fim essencial do Estado, que somente poderá estar estribado sobre a normatização dos direitos fundamentais, notadamente a dignidade da pessoa humana, e nos meios legitimados para a consecução deste fim, é que se encontrará a legitimação no plano substancial e processual.[363] Infere-se daí a legitimidade material da Constituição, a legitimação do poder constituinte originário e o poder-dever dos poderes constituídos: "É que o objetivo de uma constituição não é apenas o de 'organizar a dominação', mas também – *e sobretudo* – o de 'justificar a dominação', porque legítima só pode ser uma dominação 'correcta', 'justa', 'boa'".[364]

Atentando-se à lição de Hesse, a Constituição aparece não como um fim em si mesma, mas como uma ordem com conteúdo determinado, "reto" e, por isso, legítimo. A fim de condicionar a conduta humana, não se prescindiria da aceitação, resumida em um reconhecimento do caráter vinculante das normas jurídicas, obtido por meio de

---

[360] Em face da impossibilidade de determinação precisa dos valores materiais em questão, o que poderia culminar em subjetivismo, dirigido e manipulado por interesses individualistas (Ibidem, p. 38 *et seq.*)
[361] Interessante notar que a mesma postura ideológica que a autora critica na teoria da justiça em Rawls, é, por ela, adotada nesta obra, quanto à sua forte tendência socialista. (Ibidem, p. 118-119).
[362] PINTO, 1994, 216-217.
[363] Ibidem, p. 212.
[364] Ibidem, p. 218.

um consenso básico, que necessariamente não garante a mencionada retidão; mas impõe a manutenção duradoura desta ordem jurídica, sem o que somente restaria a coação autoritária como insuficiente mecanismo para essa finalidade.[365]

Por conseguinte, a legalidade somente pode produzir legitimidade na medida em que a ordem jurídica reage reflexivamente à necessidade de fundamentação havida com a positivação do Direito, de maneira a institucionalizar procedimentos jurídicos de fundamentação que sejam permeáveis a discursos morais.[366] Considerando-se que os fins coletivos e as medidas políticas devem sua força vinculante à sua forma jurídica, o Direito encontrará seu lugar entre a política e a moral, esta última, não mais contemplada como um conjunto de normas suprapositivas, mas emigradas do interior do Direito positivo.

Porém, esta moralidade, que se encontra ligada ao Direito, na mesma proporção que se confronta com ele, pressupõe um caráter procedimental, no sentido de ser desprendida de todo conteúdo normativo determinado, sublimada e convertida em um procedimento de fundamentação de conteúdos normativos possíveis. Sob esse aspecto, a força legitimadora residirá na racionalidade dos procedimentos jurídicos, o que se viabiliza pela administração da justiça e por meio dos procedimentos legislativos democráticos.[367]

No que concerne ao caráter procedimental do controle jurídico da Constituição, a despeito das breves referências introdutórias realizadas neste capítulo e na primeira parte deste trabalho, cumpre destacar as considerações de Cruz, segundo o qual, o aporte habermasiano, contrapondo-se ao entendimento de Alexy, evidencia verdadeira distinção entre a função legislativa e a fundação jurisdicional, de modo que o aplicador do Direito não substitua o legislador, devendo respeitar o marco, *prima facie*, instaurado, quanto às argumentações pragmáticas e ético-políticas, pelo poder legislativo. Assim, a "resposta correta" ou "mais adequada" não seria obtida a partir de um consenso ético-subjetivo majoritário, mas sim no procedimento democrático.[368]

Em que pese a contribuição do postulado habermasiano no que concerne à superação da fundamentação ética metafísica e abertura ao diálogo, não se pode desconsiderar que o Estado Democrático de

---

[365] HESSE, 1992, p. 15. Segundo o autor, "reto" é concebido no sentido de retidão, cujos critérios são buscados na tradição acreditada e nas experiências históricas. Em conexão com o sentido de retidão, estão os princípios jurídicos que se formaram através da experiência histórica das gerações e os modelos da geração vivente sobre a conformação do presente e do futuro. Tal se coaduna com a hermenêutica filosófica gadameriana de fusão de horizontes que contempla a tradição transmitida (horizonte do passado) pela mediação do intérprete, condicionada pela história efeitual.

[366] PINTO, 1994, p. 163-164.

[367] Ibidem, p. 167-170.

[368] CRUZ, 2004, p. 231-237.

Direito está incondicionalmente vinculado à realização dos direitos fundamentais, como resgate das promessas da modernidade: justiça social, igualdade e garantia dos direitos fundamentais. E, nesse seguimento, a Constituição passa a ser distinto veículo de operacionalização das ações estatais insculpidas no texto constitucional, ou como quer Streck: "entendido no seu todo dirigente-valorativo-principiológico".[369]

Portanto, se a ética discursiva de Habermas incrementa o estudo das mudanças constitucionais interpretativas, no sentido de não dispensar a relevância da dimensão procedimental do Direito e da Constituição – o que não se pode desconhecer, porquanto a tradição e o historicismo vêm cristalizados nas estruturas institucionais por onde transita o procedimento –, peca em relação ao nosso desiderato, quanto à necessidade de se reconhecer, à noção de Estado, conforme discorrido supra, um conteúdo substancial.[370]

Mesmo o procedimentalismo, segundo expõe Streck, no que concerne à Constituição, esbarra em pressupor, sob pena de esvaziamento, juízos de substância e de fato. Primeiro, quanto ao que corresponda a instituições e procedimentos "verdadeiramente democráticos"; segundo, no que corresponderia ao "espírito" da Constituição que guiará a atuação dos indivíduos que operarão estes procedimentos e integrarão essas instituições.[371] Em outras palavras, a própria concepção processual não poderia dispensar juízos de substância para lograr êxito no seu mister de aproximar ao máximo a realidade efetiva do postulado da igualdade política: definição mais ou menos segura de valores substantivos compartilháveis quanto aos bens sociais comuns.[372]

Conforme bem acentua Streck, o Estado Democrático de Direito traz-nos um novo paradigma:

> [...] o Direito assume a tarefa de transformação, até mesmo em face da crise do modelo de Estado Social, onde as políticas públicas começaram a se tornar escassas, questão que colocava em risco a realização dos direitos sociais e fundamentais. Daí que se altera a configuração do processo de legitimação: ao contrário das Constituições liberais ou meramente sociais, a legitimidade, agora, advém da própria Constituição (Villalón), que exsurge de um processo de re-fundação da sociedade.[373]

---

[369] STRECK, 2002, p. 127-128.

[370] Tem-se, pois, a acirrada disputa entre as correntes procedimentalistas e substancialistas do Direito. Na primeira facção, Streck enquadra, além de Habermas, autores como Garapon e Ely; na segunda, Capelleti, Ackerman, L. H. Tribe, M. J. Perry, H. H. Wellington, e, em alguma medida, Dworkin (na leitura de Alexy). No Brasil, aponta como representantes do substancialismo, os juristas Bonavides, Celso Antônio Bandeira de Mello, Eros Grau, Fábio Comparato, entre outros (STRECK, 2002, p. 134).

[371] É bem verdade que HABERMAS sofreu críticas a esse respeito, notadamente, quanto às suas "condições ideiais" de discurso, em que deveriam se encontrar inseridos os participantes do processo, e que são apontadas como um tanto utópicas (nesse sentido, PINTO, 1994, p. 132 *et seq.*).

[372] STRECK, op. cit., p. 131-133.

[373] Ibidem, p. 144.

Como reflexo do que foi exposto, a Constituição, no Estado Democrático de Direito, é contemplada, para além da explicação do pacto social, como entidade dotada de força normativa para gerar e pautar a ação do Estado, estribada, esta força normativa substancial, na função da justiça constitucional. O sentido da Constituição, por assim dizer, não é mais metafísico, mas é o de *ser* imerso no seu tempo (sem desconsiderar a faticidade e historicidade em que se encontra inserida).[374]

Percebe-se que, embora não se possam descartar aspectos relevantes da postura procedimentalista para justificação da legitimidade da Constituição como um existencial, isso representa apenas uma parte de um todo maior, que cumpre fundamentar, igualmente, a legitimidade constitucional e, conseqüentemente, a legitimação dos poderes constituídos, em um conteúdo substancial, envolvendo (conforme externado supra) a noção de justiça social, igualdade e realização dos direitos fundamentais.

Entrementes, como referido, não há se desconsiderar que, se as mutações constitucionais consistem naquelas alterações de conteúdo das normas da Constituição, de modo que a norma, conservando o mesmo texto, recebe uma significação diferente, toda a mudança deste gênero implica um processo, ainda que informal. Dizemos informal para diferenciar dos procedimentos específica e formalmente previstos no texto da Lei Maior para sua reforma (no nosso caso, por emenda ou revisão).[375]

Conforme visto, a recepção e incorporação dos efeitos das mudanças sociais, e seu conseqüente reflexo na tábua de valores da comunidade, depende de um processo de internação destes elementos ao sistema, que ocorre de forma mediata, pelas respectivas estruturas sistêmicas.

Em uma sociedade, tal vem configurado nas instituições jurídicas. Isso importa em que, de acordo com a exposição retro, deva-se observar, no processo de concretização das normas constitucionais, não só os limites materiais da Lei Maior, assim também os procedimentos normativa e especificamente previstos, rumo a alcançar o fim essencial do Estado.

A relevância desses mecanismos é visível, sobretudo, no caso das mutações constitucionais decorrentes da atividade judicial interpretativa, ao examinarmos a sistemática do controle judicial da constitucionalidade, porque este, como fica evidenciado a partir do paradigma

---

[374] Ibidem, p. 146-147.

[375] Assim qualifica os processos informais de mudança FERRAZ, 1986, p. 6, com base em LOEWENSTEIN, 1976, p. 218, TEIXEIRA, J. H. Meireles. *Curso de direito constitucional*. Rio de Janeiro: Forense Universitária, 1991, p. 141 *et seq.*, dentre outros.

constitucional norte-americamo, possui preponderante influxo sobre aquelas nas Constituições de feição rígida.

A noção de inconstitucionalidade das leis resta atrelada à questão da rigidez constitucional e à própria defesa da Constituição, no papel de expressão máxima da vontade da nação, externada pelo poder constituinte originário.

3.2.1. O procedimento: aspectos do controle da constitucionalidade no direito brasileiro

Com base no acima exposto, ao referirmo-nos ao exercício da jurisdição constitucional, devemos fazê-lo, nos moldes de Canotilho, sob dois aspectos. Primeiro, atentando ao fato de que envolve uma superlegalidade formal e outra material;[376] segundo, tendo em mente que a idéia de controle de constitucionalidade traz consigo não só o dever legal de negar aplicação aos preceitos normativos inconstitucionais, mas também se dirige à tarefa de concretização.[377] Outrossim, na lição do autor, o Estado Democrático de Direito guarda, assentado nos respectivos princípios, uma natureza não somente material, mas igualmente procedimental.[378]

Visto desta forma, devemos abordar, sem a pretensão de esgotamento, o tema acerca do controle da constitucionalidade para que se logre compreender o seu papel e os seus limites quando falarmos em mutações constitucionais. Se antes evidenciamos que a concretização dos preceitos da Lei Maior opera as mutações constitucionais interpretativas, efetuando a internação dos efeitos da realidade constitucional, por meio do procedimento (elemento de seleção), e promovendo a atualização/evolução do sistema jurídico, é preciso ter presente, ao aqui discorrermos sobre a questão da jurisdição constitucional, que estamos a falar do aspecto procedimental.

Por este prisma, exsurge que a tarefa da jurisdição constitucional, e, especialmente, do controle jurisdicional da constitucionalidade das leis e do processo legislativo, na ordem constitucional pátria e sob os auspícios do Estado Democrático de Direito, volta-se à garantia das condições processuais para o exercício da autonomia pública e privada,[379] devendo, nesse mister, contemplar a abertura dos discursos

---

[376] CANOTILHO, 2000, p.784: Em se considerando a superlegalidade formal, a Constituição é norma primária da produção jurídica, enquanto a superlegalidade material reconhece à Constituição um valor normativo hierarquicamente superior que faz dela um parâmetro obrigatório para todos os atos estatais.

[377] Ibidem, p. 784-785.

[378] Ibidem, p. 237-238 e p. 277-278.

[379] Cf. OLIVEIRA, Marcelo Andrade Cattoni de. Devido processo legislativo e controle jurisdicional de constitucionalidade no Brasil. In: SAMPAIO, José Adércio Leite (Org.) *Jurisdição constitucional e direitos fundamentais*. Belo Horizonte: Del Rey, 2003, p. 188-200.

legislativos de justificação do agir à luz do caráter normativo dos princípios constitucionais, bem como a ampla participação de todos os possíveis afetados pelas decisões judiciais.[380]

A garantia dos direitos fundamentais será obtida, por essa forma, no próprio processo jurisdicional, que não se legitima pela formação de um estabilizador consenso ético-cultural, ou pela imposição de uma tradição ética herdada, mas se justifica pelos seus pressupostos comunicacionais e pelo aporte das razões e interesses de significativa latitude, de modo a permitir a seleção dos melhores argumentos,[381] com escopo a obter a "resposta mais adequada".

No que pertine ao procedimento destinado ao controle da constitucionalidade, adota-se, no ordenamento jurídico pátrio, o sistema misto, mesclando elementos do sistema austríaco e norte-americano, cindidos sob a forma concentrada e difusa.

O controle difuso de constitucionalidade, introduzido na Constituição republicana de 1891, marcado pela influência norte-americana e pelo positivismo filosófico reinante no período, vem se aperfeiçoando nas sucessivas cartas constitucionais até 1988. Já o controle concentrado foi implantado com a Emenda Constitucional 16/65, que modificou o art. 124-III, da Constituição de 1946, sob a influência do modelo Kelseniano, que, desde então, somente fez crescer o espaço legislativo das Cortes Constitucionais.[382]

Isso importa em superar o efeito, inicialmente atribuído às declarações de inconstitucionalidade, quanto a produzir uma redução do texto tido como inconstitucional, atingindo-se simultaneamente a sua validade e existência,[383] questão essa que parece não mais se sustentar perante a doutrina e jurisprudência pátrias.[384] Contudo, é pela via difusa que se verificam as conseqüências tão-somente no plano da validade, porquanto, ao proferir decisão acerca da inconstitucionalidade de determinada lei, perante a Constituição, o juiz não retira a norma do sistema jurídico, mas deixa de conferir-lhe aplicabilidade no caso concreto, por entendê-la inválida.[385]

---

[380] Cf. SAMPAIO, p. 190-191.

[381] Cf. Ibidem, p. 192.

[382] CRUZ, 2004, p. 124 e p. 132-134. Ainda, sobre a evolução do controle de constitucionalidade no Direito pátrio, ver MENDES, Gilmar Ferreira. *Direitos fundamentais e controle de constitucionalidade*: estudos de direito constitucional. São Paulo: Saraiva, 2004, p. 189 *et seq.*

[383] Ibidem, p. 125.

[384] Conforme precedentes do Pretório Excelso, em especial a ADIN nº 652, acerca de que o reconhecimento da inconstitucionalidade acarreta nulidade da norma. Também, segundo Teori Albino Zavascki (ZAVASCKI, Teori Albino. Eficácia das sentenças na jurisdição constitucional. São Paulo: Revista dos Tribunais, 2001, p. 51).

[385] CRUZ, 2004, p. 125.

Essas considerações reforçam as conclusões antes referidas, de que, com o desenvolvimento dos atuais modelos de controle de constitucionalidade, não permanece mais a figura, anteriormente atribuída ao judiciário, de resignar-se à condição de um mero legislador negativo. Ao contrário, os fundamentos jurídicos lançados pela Corte Constitucional, nas declarações de nulidade, sejam elas totais ou parciais, comportarão um efeito concretizador.[386] Nas declarações totais, tais decisões configuram-se indicativos à regulamentação jurídica, quer para o parlamento (na elaboração de uma nova lei), quer para o judiciário (na solução dos casos concretos). Nas declarações parciais, poderão fazer a lei, cujo texto foi parcialmente reduzido, gerar efeitos distintos daqueles inicialmente concebidos.[387]

O mesmo efeito pode ser evidenciado no que tange às denominadas "interpretação conforme a Constituição" e "declaração de nulidade ou inconstitucionalidade sem redução do texto normativo",[388] porquanto seus efeitos restritivos podem reduzir o alcance dos âmbitos subjetivo, objetivo, temporal ou espacial da norma, fazendo com que estas decisões produzam atos normativos gerais e abstratos, que inovam em relação ao provimento legislativo originariamente emitido pelo Parlamento.[389]

Embora não se atribua às decisões judiciais, proferidas no controle difuso, o efeito dos denominados *stares decisis* norte-americanos, que possuem efeito vinculatório para os demais órgãos do Poder Judiciário, perpassando o caso concreto a que originariamente jungidos,[390] as decisões proferidas pela via difusa/concreta podem influenciar não somente outras decisões judiciais em situações paradigmáticas, como também o legislador político. E, na lição de Cléve, a suspensão da execução de norma pelo Senado, atribui eficácia *erga omnes* à decisão

---

[386] Denominamos concretizador, pois melhor nos parece do que efeito de "legislador positivo", já que o resultado do processo não transforma o julgador em legislador – esferas de atribuições constitucionais distintas – mas densifica a norma, com escopo à sua aplicação. Contra a definição de "legislador positivo", embora entenda superada a figura de "legislador negativo", temos OLIVEIRA, M.A.C., 2003, p. 209.

[387] CRUZ, op. cit., p. 126-127.

[388] Na lição de Mendes, verifica-se a interpretação conforme a Constituição: "sempre que determinada disposição legal oferece diferentes possibilidades de interpretação, sendo algumas delas incompatíveis com a própria Constituição", Enquanto, para o mesmo autor, a declaração parcial de inconstitucionalidade sem redução do texto "refere-se, normalmente, a casos não mencionados expressamente no texto, que, por estar formulado de forma ampla ou geral, contém, em verdade, um complexo de normas." (MENDES, Gilmar Ferreira. *Jurisdição constitucional*: o controle abstrato de normas no Brasil e na Alemanha. 2. ed. São Paulo: Saraiva, 1998, p. 196-197 e p. 222).

[389] CRUZ, op. cit., p. 127-128.

[390] Instituto, próprio do sistema da *commonn law*, que possibilitava conceder efeito *erga omnes* às decisões da Suprema Corte americana, proferidas em grau de recurso no controle difuso de constitucionalidade. Sobre efeito dos *stares decisis* ver DI RUFFIA, 1988, p. 714; e GARCIA-PELAYO, 1953, p. 432.

declaratória de inconstitucionalidade, proferida pelo Supremo Tribunal Federal em controle difuso.[391]

Institutos assentados na supremacia do poder constituinte originário em face dos poderes constituídos, a Ação Direta de Inconstitucionalidade por Omissão e o Mandado de Injunção (art. 5°, LXXI, da CF/88), que infelizmente, na jurisprudência nacional, não lograram efetividade, poderiam emanar, como ocorre em outros modelos constitucionais, efeito concretizador, porque o apelo ou a solicitação para que o poder respectivo legisle atua como verdadeiro encaminhamento de projeto de lei, especialmente nos países em que se guarda maior respeito às decisões da Corte Constitucional.[392]

A inserção, em nosso ordenamento jurídico-constitucional, da Ação Declaratória de Constitucionalidade e da Argüição de Descumprimento de Preceito Fundamental, por sua vez, trouxe à baila a particular questão acerca da constitucionalidade formal da veiculação do efeito vinculante pela forma de lei ordinária, entendendo Sarlet que as experiências oriundas do Direito Comparado orientam no sentido de que o efeito vinculante e a flexibilização dos efeitos da declaração de constitucionalidade pela Corte Constitucional incorporam *status* de norma materialmente constitucional, exigindo, ao menos, delegação expressa do poder constituinte originário.[393]

Quanto aos mencionados institutos da tão hostilizada Lei n° 9.882/99, entende-se a preocupação da doutrina pátria, pois, para além da atividade concretizadora, que impõe, no controle de constitucionalidade, não somente a redução do texto contrário à Constituição, mas também, ao mesmo passo, que se aplique a própria Constituição, estamos diante de decisões dotadas de normatividade secundária, que não deixam espaço de conformação para os demais aplicadores do Direito, traduzindo-se em restrição autoritária.[394]

Certo é, no entanto, que a força normativa da Constituição obriga a que os aplicadores jurídicos não se restrinjam somente à posição de legislador negativo, mas os torna, ao realizarem a ponderação de bens e valores, aplicando a proporcionalidade em conformidade com o

---

[391] CLÈVE, Clémerson Merlin. *A fiscalização abstrata de inconstitucionalidade no direito brasileiro*. 2. ed. São Paulo: Revista dos Tribunais, 2000, p. 121.

[392] A partir do entendimento de CRUZ, 2004, p. 129-130.

[393] SARLET, Ingo Wolfgang. Argüição de descumprimento de preceito fundamental: alguns aspectos controversos. In: TAVARES, André Ramos; ROTHENBURG, Walter Claudius (Org.) *Argüição de descumprimento de preceito fundamental*: análises à luz da Lei 9.882/99. São Paulo: Atlas, 2001, p. 158.

[394] Em crítica aos dispositivos da Lei n° 9.868/99, principalmente quanto a atribuir ao Supremo Tribunal Federal o poder de restringir o conteúdo e fixar os efeitos temporais das suas decisões, invertendo a hierarquia das fontes de Direito, submetendo os demais poderes e o próprio Judiciário, em sede de controle difuso, temos a manifestação de OLIVEIRA, M.A.C. 2003, p. 200-209.

aspecto procedimental, concretizadores dos preceitos constitucionais, gerando efeitos disciplinadores positivos em relação ao ordenamento jurídico.

Sem buscar clausura em uma visão estreitamente procedimentalista, no que tange à legitimidade da atividade concretizadora do julgador, posição que já afastamos retro, essa mencionada atualização do sistema não pode decorrer de atos arbitrários e pouco controláveis, fazendo depreender que, no cerne do procedimento, onde a tarefa da jurisdição constitucional é garantir a ampla e democrática participação equânime dos interessados, deverão ser observadas limitações a essa atividade. Questão que passamos, pois, a examinar.

3.2.2. A conexão entre os limites da jurisdição constitucional e os limites das mutações constitucionais interpretativas

A essa altura do arrazoado, já se faz possível avistar um denominador comum ao falarmos nos limites da jurisdição constitucional e das mutações constitucionais decorrentes de interpretação pelo julgador. Se estas mutações constitucionais se operam pela atividade judiciária, em meio a um processo de concretização dos preceitos constitucionais carentes de densificação; e, se os limites para concretização são aqueles inerentes à própria atividade judicial; deve-se ter presente que o problema dos limites da jurisdição constitucional passa pela "questão interpretativa".[395]

Nesse contexto, a hermenêutica constitucional, com os apontamentos realizados desde a primeira parte deste estudo, indica o limite para a atuação legitimada do julgador, na condição de intérprete e aplicador do texto constitucional. Segundo Müller, o direito constitucional não pode ser compreendido como conjunto de mandados abstratos que, alheios à realidade, contrapõem-se a esta de forma desconexa, ou se coordenam por uma correlação genérica; porém, somente adquire sentido do ponto de vista da sua realização. Neste processo de realização, a norma não pode ser alijada da realidade. As circunstâncias da realidade constitucional (âmbito normativo), afetadas pelo mandado da norma (programa normativo), são consideradas parte integrante da norma mesma.[396]

Com efeito, os limites das mutações constitucionais interpretativas restariam restritos aos limites das possibilidades de compreensão lógica do texto da norma constitucional, em uma unidade que mescla processo (procedimento democrático institucionalizado) e substância (aspecto material da Constituição em meio à realidade constitucional).

---

[395] Assim entende quanto à questão dos limites da jurisdição constitucional, MORO, Sérgio Fernando. *Jurisdição constitucional como democracia*. São Paulo: Revista dos Tribunais, 2004, p. 260.

[396] HESSE, 1992, p. 99-100.

Permaneceriam, por essa maneira, mantidas as funções essenciais da Constituição: estabilização, racionalização e limitação do poder, que exigem vinculação ao texto da norma.[397]

A interação destes aspectos substanciais e procedimentais implica que, no procedimento democrático, os institutos pertinentes aos sistemas de jurisdição constitucional devam guardar coerência com a realidade constitucional e com os princípios legitimadores das atribuições dos poderes estatais, de maneira que não advenham interferências nas funções constitucionalmente previstas aos demais poderes.

O Poder Judiciário é poder constituído, jungido à esfera de atribuições originariamente estipuladas pelo poder constituinte.[398] Disso se infere a preocupação em conferir mecanismos tendentes a atribuir caráter normativo às suas decisões, notadamente, se tal não fora pretendido pelo próprio órgão do poder reformador.

A figura dos *stares decises*, no sistema norte-americano, foi concebida em uma realidade de valorização do modelo federativo, inserida em um sistema de controle difuso da constitucionalidade. Não se coaduna, portanto, com a forma abstrata e concentrada, quando conferido a uma Corte Constitucional, sob pena de atribuir-lhe o poder de edição de provimentos judiciais abstratos, dotados de normatividade.[399]

Certo é o papel transformador do Poder Judiciário, condicionado e condicionante quanto à realidade social, ao emitir suas decisões em controle de constitucionalidade, mas não se pode esquecer que pesponta, acima de tudo, a necessidade de guarda dos preceitos constitucionais.

Isso deve significar que, em se cuidando de controle difuso da Constituição, aos órgãos judiciais descentralizados, incumbe a observância aos limites do sistema jurídico-constitucional: limites encontrados na Constituição material (ou consenso constitucional), onde reside o fim essencial e a forma de ser do Estado, e, assim, restam estabelecidos os meios (instituições e procedimentos) para consecução daquele propósito maior e os limites estabelecidos pelas possibilidades hermenêuticas ofertadas pelo texto da Constituição (programa normativo). É sob esse fundamento que repousará a força normativa da Constituição (Hesse).

---

[397] HESSE, 1992, p. 101-102.

[398] FERREIRA FILHO, Manoel Gonçalves. *O poder constituinte.* 3. ed. São Paulo: Saraiva, 1999, p.110-113.

[399] Sobre o tema, devem ser ressaltadas as valiosas conclusões de Streck, Lenio Luiz. Súmulas vinculantes: em busca de algumas projeções hermenêuticas. In: SARLET, Ingo Wolfgang (org.) *Jurisdição e direitos fundamentais:* anuários 2004/2005/ Escola Superior da Magistratura do Rio Grande do Sul – AJURIS. Porto Alegre: Escola Superior da Magistratura do Rio Grande do Sul: Livraria do Advogado, 2006, p. 107-129.

No controle concentrado, incumbe à Corte Constitucional aceitar a sua condição de poder constituído, a fim de preservar a legitimação político-democrática das suas decisões.

De outra banda, sob o prisma do novo paradigma do Estado Democrático de Direito, a atuação do Judiciário, na interpretação e realização da Constituição, deve homenagear a função transformadora do Direito, trabalhando o pólo de tensão dos conflitos entre Constituição e realidade constitucional.

Na atividade do poder judiciário, frente ao Poder Legislativo, deve-se fazer prevalecer o princípio da constitucionalidade sobre o princípio da maioria, de maneira que, de acordo com a explanação de Streck: a Constituição passa a ser um dado inarredável para o juiz constitucional, não podendo ele se subsumir às funções de legislador constitucional na definição da extensão e intensidade com que a Lei Maior restringe o campo de atuação do legislador ordinário; não podendo suprimir a força normativa dos preceitos constitucionais; não lhe assistindo o direito de se autolimitar no exercício do respectivo poder-dever jurisdicional quanto ao trato das chamadas "questões políticas". O juiz constitucional somente pode reprimir o legislador na medida em que este se encontrava vinculado à Constituição e violou-a, acarretando a pecha de inconstitucionalidade da lei ordinária, independentemente do seu significado "político-discricionário".[400]

Destarte, os limites da concretização judicial, que servem de parâmetro indicativo para os limites da jurisdição constitucional e das mutações constitucionais decorrentes desta atividade, devem residir na eleição da "resposta mais adequada ou correta", demonstrada mediante a argumentação jurídica. E disso certamente decorrerá a legitimação das decisões judiciais quando essa "resposta mais adequada ou correta" pressupor uma postura dos julgadores constitucionais, que vai para adiante da objetificação do texto da Constituição e da limitação à sua apreensão somente procedimental, mas encampa a noção de Constituição como receptáculo dos valores a serem realizados em face do contrato social, logo, de conteúdo também substancial, com o que se afastam os óbices de um temido relativismo jurídico e autoritarismo do judiciário, permitindo-se a sempre necessária abertura ao diálogo e a constante reconstrução do Estado perante a sociedade.

A Constituição, sob o paradigma do Estado Democrático de Direito, impõe ser compreendida como plexo de valores a serem realizados, promovendo, pela sua força normativa, a (re)construção do

---

[400] STRECK, 2002, p. 145-146.

Estado.[401] Essa atividade construtiva é, todavia, permanente, porquanto os valores a que referimos não se encontram aprisionados no texto constitucional, mas estão em constante transformação no mundo da vida quotidiana de onde emanam, e, na forma das novas tendências da hermenêutica jurídica – que envolve os esquemas de compreensão (segundo assinalamos retro) –, têm seus efeitos migrados para o conteúdo da norma, promovendo a sua mutação de sentido.

Por isso, não se pode compreender a jurisdição constitucional somente sob o seu aspecto procedimental, se bem que fundamental à internação dos efeitos dos valores (situados em plano de implicação diverso) para o âmbito da norma (programa normativo), conduzindo à atualização de sentido mais adequada, ou ainda, para muitos, à "resposta mais adequada ou correta", justificada por meio da argumentação jurídica.

Amparados na doutrina de Streck, podemos dizer que a jurisdição constitucional deve ser entendida "*como processo de vivificação da Constituição na sua materialidade*", contestando-se a liberdade de conformação do legislador de dois modos: "de um lado, os textos constitucionais dirigentes, apontando para um dever de legislar em prol dos direitos fundamentais e sociais; de outro, o controle por parte dos tribunais, que passaram não somente a decidir acerca da forma procedimental da feitura das leis, *mas acerca de seu conteúdo material, incorporando os valores previstos na Constituição*".

Destarte, se, sob o aspecto procedimental, a tarefa da jurisdição constitucional é, como já dissemos, garantir as condições processuais para o exercício da autonomia pública e privada, sua função somente será completa, no Estado Democrático de Direito, em atuando como garantidora da força normativa substancial do texto constitucional, pois neste "a linguagem constituinte passa a ser condição de possibilidade do novo".[402]

A remissão ao conteúdo substancial da Constituição, no entanto, deverá significar, em sentido oposto ao da emblemática "judicialização da política", segundo Streck, a observância aos preceitos e princípios inerentes aos direitos fundamentais sociais e ao núcleo político do Estado Social presentes na Lei Maior.[403] Isso porque o escopo maior da justiça constitucional é conferir eficácia e efetividade aos preceitos constitucionais, ao promover a respectiva aplicação, e, como aplicar e interpretar são atividades implicadas, o Judiciário, através da jurisdi-

---

[401] Isso com base em STRECK, Lenio Luiz. Quinze anos de Constituição: análise crítica da jurisdição constitucional e das possibilidades hermenêuticas de concretização dos direitos fundamentais-sociais. *Revista da Ajuris*, Porto Alegre, v.30, n. 92, p. 205-233, dez. 2003, p. 223-224.

[402] Ainda com base em STRECK, 2003, p. 224.

[403] Ibidem, p. 224-225.

ção constitucional, deverá propiciar as condições necessárias para a concretização dos direitos fundamentais, inclusive os sociais.[404]

Assim, os limites da jurisdição constitucional esbarrarão nos limites da interpretação judicial, como estes também marcarão a zona limítrofe para as mutações interpretativas que se pretendem verdadeiramente constitucionais, porque conferir eficácia e efetividade ao texto constitucional importa em dar-lhe vida, somente isso sendo possível em se concebendo o processo hermenêutico como um constante devir, nos moldes da já referida hermenêutica gadameriana: "Interpretar é dar sentido a cada momento. No processo interpretativo o jurista produz sentido e não reproduz um sentido primordial/fundante da norma".[405]

Diante dessas conclusões, realmente estaremos a causar perplexidade naqueles que anseiam por encontrar, em novas fórmulas, a segurança dos antigos postulados positivistas, de maneira a afastar o indesejável subjetivismo e particularismo das decisões judiciais. Essa aparente sensação de incerteza, porém, conduz a um sofisma, pois nem a dinamicidade da vida pode ser encerrada em esquemas meramente subsuntivos; nem a novel hermenêutica jurídica, de bases ontológicas, voltada à faticidade, pode ser culpada pela arbitrariedade das decisões judiciais.[406]

A necessidade de fazer verter, quando da concretização da norma, a força normativa substancial da Constituição, não prescinde de uma metódica ou procedimento, em que a "resposta escolhida", tida como "a resposta mais adequada", seja obtida na dialogicidade democrática da argumentação jurídica, tornando-a racional e controlável.

Entrementes, a noção de jurisdição constitucional compatível com o desenvolvimento do sistema de direitos fundamentais, no Estado Democrático de Direito, deve observar a sua particular estrutura principiológica, que exige ponderação com outros bens e valores envolvidos, assim como o fato de que integram o núcleo essencial do Estado. Estas peculiaridades explicam por que, para garantia e efetivi-

---

[404] STRECK, 2003, p. 225.

[405] STRECK, Lenio Luiz. Os meios de acesso do cidadão à jurisdição constitucional, a argüição de descumprimento de preceito fundamental e a crise da eficácia da Constituição. *Revista da Ajuris*, Porto Alegre, v. 26, n. 81, p. 97-117, mar. 2001, p. 116.

[406] Interessante, quanto ao ponto em tela, as ponderações de PERELMAN; OLBRECHTS-TYTECA, 2002, p. 579): "Pretendendo que o que não é objetiva e indiscutivelmente válido se prende ao subjetivo e ao arbitrário, cavar-se-ia um fosso intransponível entre o conhecimento teórico, o único racional, e a ação, cujas motivações seriam inteiramente irracionais. Em semelhante perspectiva, a prática já não pode ser racional, pois nela a argumentação crítica se torna inteiramente incompreensível e não podemos levar a sério a própria reflexão filosófica. Isso porque apenas as áreas de onde toda a controvérsia foi eliminada podem então pretender certa racionalidade".

dade dos direitos fundamentais, não se pode rebaixar a jurisdição constitucional exclusivamente ao seu aspecto procedimental.

Por conseguinte, a metódica e os limites, não somente da hermenêutica jurídica, mas da jurisdição constitucional e das mutações que se pretendem constitucionais, quanto aos direitos fundamentais, dependerá da análise subseqüente da respectiva estrutura e forma de interpretação.

Parte III
Os direitos fundamentais

1. O histórico dos direitos fundamentais e a institucionalização do poder

Ao buscarmos a identificação dos pressupostos de surgimento da noção de direitos fundamentais, deparamo-nos com o momento histórico em que, igualmente, verifica-se a institucionalização do poder estatal nas Constituições, quanto ao que podemos denominar de Estado de Direito.[407] Isso porque, na esteira doutrinária de Miranda, tem-se por pressuposto dos direitos fundamentais o reconhecimento de uma esfera, mais ou menos ampla, própria às pessoas frente ao poder político, aquelas em relação imediata com este. Os indivíduos, nesta condição, beneficiam-se de um estatuto comum, não se encontrando, pois, separados pelo fato de pertencerem a determinados grupos ou em face das peculiaridades de determinadas situações. Assim, a análise histórica demonstra que os direitos fundamentais iniciam onde inicia o Estado ou, ao menos, a integração política da comunidade.[408]

Apesar da influência do pensamento grego clássico e romano, na antiguidade, assentado em bases filosóficas e religiosas,[409] é na Idade Média, segundo o magistério de Pérez Luño, que começa, ainda que sob a forma de peças fragmentárias, a história da positivação dos direitos fundamentais. Refere-se, o autor, às diversas cartas de franquias e liberdades, a alguns Pactos, como o das Cortes de Leon (1188) e

---

[407] Conforme bem acentua SARLET, Ingo Wolfgang. *A eficácia dos direitos fundamentais*. 2. ed. rev. e atual. Porto Alegre: Livraria do Advogado, 2001, p. 34 e p. 37, com base na lição de Pérez Luño. Sarlet distingue, nesse seguimento, a noção de direitos fundamentais – "conjunto de direitos e liberdades institucionalmente reconhecidos e garantidos pelo direito positivo de determinado Estado, tratando-se, portanto, de direitos delimitados espacial e temporalmente, cuja denominação se deve ao seu caráter básico e fundamentador do sistema jurídico do Estado de Direito" – de contornos mais restritos do que a concepção de direitos humanos, que "guardaria relação com os documentos de direito internacional, por referir-se àquelas posições jurídicas que se reconhecem ao ser humano como tal, independentemente de sua vinculação com determinada ordem constitucional, e que, portanto, aspiram à validade universal, para todos os povos e tempos, de tal sorte que revelam um inequívoco caráter supranacional (internacional)" (Ob. cit., p. 33).

[408] MIRANDA, Jorge. *Manual de direito constitucional*. 3. ed. rev. e atual. Coimbra: Coimbra, 2000, v. 4, p. 8.

[409] Ibidem, p. 15-18.

Zaragoza (1283), e, de forma mais relevante a *Magna Charta Libertatum*, ou Magna Carta de 1215.[410] Não obstante, Sarlet descarta o caráter de autênticos direitos fundamentais desses "direitos" e privilégios reconhecidos na época medieval, em virtude da política estamental do período.[411]

Do Estado estamental que marcou o medievo, passa-se ao Estado absoluto, fazendo desaparecer as ordens de classes que se interpunham entre os súditos e o seu príncipe. Se, sob o manto da soberania, todos passavam a ser "iguais" perante o soberano, verificou-se terreno propício, segundo Miranda, para a prescrição dos direitos fundamentais, universais e gerais, suprimindo-se as situações de desigualdade, operadas mediante a outorga de privilégios às classes e aos estamentos sociais.[412]

O resquício do antigo liberalismo da época medieval foi o fermento, nas palavras de Pérez Luño, para o liberalismo moderno. Esse processo evolutivo alcançou sua mais completa expressão na experiência jurídica inglesa, prolongando-se para o processo das liberdades públicas nas colônias americanas. Com as declarações de direitos americanas, abre-se uma nova etapa do processo de positivação dos direitos fundamentais, mediante o reconhecimento, pelo poder constituinte, de textos consubstanciados em pactos e leis gerais, que não viriam para atribuir privilégios a determinados grupos, mas visavam a estabelecer princípios precedentes ao próprio ordenamento positivo do Estado. Esse reconhecimento faz com que venham a formar parte da Constituição.[413] Por esse motivo, assevera Pérez Luño, as modernas declarações de direitos se encontram estritamente vinculadas ao desenvolvimento do constitucionalismo, sendo que, a partir do século XVIII, considera-se que as Constituições devam conter, de um lado, uma série de regras relativas à organização dos poderes públicos; e, de outro, disposições que contemplem os princípios fundamentais destinados a inspirar o funcionamento de todos os órgãos do Estado, enunciadas nas declarações de direitos definidoras da própria natureza e fins do Estado.[414]

Apesar da grande contribuição do jusnaturalismo reinante no século XVII – em que a concepção de direitos naturais eclodia como uma transposição do plano da subjetividade dos postulados objetivos da lei natural – à evolução dos direitos humanos,[415] com o surgimento

---

[410] PÉREZ LUÑO, 1999, p.111-114.
[411] SARLET, op. cit., p. 44.
[412] MIRANDA, 2000, p. 19.
[413] PÉREZ LUÑO, 1999, p. 114.
[414] Ibidem, p. 115.
[415] Ibidem, p. 116.

das declarações de direitos, no século XVIII,[416] e a sua respectiva incorporação nas Constituições do mesmo período, bem como nas subseqüentes, relativizava-se o conteúdo jusnaturalista dos direitos fundamentais, que passavam a se enquadrar no sistema das relações jurídico-positivas entre o Estado e os sujeitos privados, o que dará origem, na dogmática alemã, aos direitos públicos subjetivos.[417]

A existência de uma Constituição, outorgada a um Estado soberano, surgia, assim, como garantia aos direitos fundamentais,[418] do que faz denotar, quanto a estes, um aspecto material e outro formal. Por direito fundamental em sentido formal, entendem-se as posições jurídicas dos indivíduos enquanto inscritas na Constituição formal, fazendo com que todos os direitos fundamentais em sentido formal, sejam-no, igualmente, em sentido material.[419] Por sua vez, consideramos direitos fundamentais em sentido material, aqueles resultantes da concepção de Constituição dominante, da idéia de Direito e do sentimento jurídico coletivo, que culmina por se estruturar sobre um mínimo de respeito à dignidade do homem em concreto.[420]

É assim que, no Estado liberal, aparece indissociável desta ordem de valores, o conceito de direitos fundamentais, vindo, por isso, cunhado na postura individualista abstrata e na primazia da liberdade, segurança e propriedade.[421] Deste modo estruturados, os direitos fundamentais, reconhecidos nesta fase, são classificados, na doutrina, direitos de primeira dimensão, uma vez que marcam a zona de não-intervenção do Estado na esfera individual.[422]

Ocorre que teoricamente endereçados a todos os indivíduos, na prática, somente podiam ser usufruídos por aqueles que se inseriam em um determinado patamar econômico (burguesia). Em razão disso, a partir do século XX, com a afirmação do Estado Social, os direitos de liberdade vêm contrapostos aos direitos econômicos, sociais, culturais,[423] impulsionados pelas profundas mudanças econômicas havidas na sociedade, que tiveram início com o fortalecimento do proletariado, desde o século XIX, frente ao desenvolvimento do processo de industrialização. Diante dessa nova realidade, a sociedade já não mais se

---

[416] Nesse sentido, podemos elencar o *Bill of Rights* inglês (1689), os "Two Treatises on Government" de Locke, a reivindicação da *dignitas por Pufendorf*, a declaração de independência norte-americana (1776), o *Bill of Rights* da Virgínia (1776), a Declaração francesa dos Direitos do Homem (1789) (Ibidem, p. 15-19)
[417] PÉREZ LUÑO, 1999, p. 119.
[418] MIRANDA, 2000, p. 26.
[419] Ibidem, p. 8-9.
[420] Ibidem, p. 10-11.
[421] Ibidem, p. 22-23.
[422] Sobre a classificação dos direitos fundamentais em suas distintas dimensões, vide o magistério de SARLET, 2001, p. 50-60.
[423] MIRANDA, op. cit., p. 22-23.

contentará com uma ordem de valores individualista e liberal, porém suscitará a intervenção do Estado para assegurar a repartição eqüitativa das cargas e vantagens sociais. O indivíduo, por seu turno, deixa de ser considerado abstratamente, para passar a inserir um contexto formado por circunstâncias reais, concretas e comunitárias. Os direitos fundamentais deixam de configurar unicamente liberdades de ação para se converterem em liberdades de participação e em prestações do Estado. Figuram dentre os direitos fundamentais, os direitos sociais de associação e reunião.[424]

Afirmam-se duas grandes correntes em relação aos direitos fundamentais. Uma delas possui Marx e Engels como expoentes e engendra uma profunda revisão crítica dos direitos fundamentais próprios do Estado burguês. A segunda corrente provém do movimento da classe trabalhadora em busca de concretizar juridicamente suas reivindicações, por meio da interação do aparato estatal. A influência do movimento social-democrata na práxis política marcou a evolução dos direitos fundamentais no seu sentido social, sinalizando o trânsito do Estado liberal para o Estado Social de Direito.[425]

Nos países socialistas, a positivação dos direitos sociais adquiriu importante relevo, passando a constar como garantia de todos os direitos.[426] Visualiza-se, pois, a fase inicial do surgimento de uma nova dimensão dos direitos fundamentais, classificados, agora, de direitos de segunda dimensão, que viriam a se afirmar nas Constituições do segundo pós-guerra, quando têm origem os direitos fundamentais de terceira dimensão. Os direitos fundamentais de segunda dimensão, assim considerados, vêm cunhados pelos movimentos sociais reivindicatórios da adoção de uma posição ativa do Estado para garantia das liberdades individuais, reconhecidas anteriormente, com intuito de assegurar a justiça social, bem como pela garantia das liberdades sociais, quais sejam, os direitos de greve, sindicalização e os direitos fundamentais dos trabalhadores.[427]

Embora a Constituição mexicana (1917) tenha sido precursora na conciliação das liberdades individuais junto aos direitos sociais, é a Constituição de Weimar (1919) que melhor espelha a novel situação jurídico-social dos direitos fundamentais.[428]

---

[424] PÉREZ LUÑO, 1999, p. 120-121.

[425] Ibidem, p. 122.

[426] Ibidem, p. 122-124: Isso inclui a Declaração dos direitos do povo trabalhador e explorado (1918) e, posteriormente, a ampliação dos direitos fundamentais e extensão destes aos cidadãos da U.R.S.S., na Constituição de 1936. O exemplo vem seguido, notadamente quanto aos direitos fundamentais sociais, nas Constituições dos demais países socialistas.

[427] Explicando a classificação dos direitos fundamentais de segunda e terceira dimensões, novamente remetemos ao magistério de SARLET, 2001, p. 51-54.

[428] PÉREZ LUÑO, op. cit., p. 122.

Infelizmente, a positivação dessa aspiração conciliadora e protetiva, não somente das liberdades individuais, mas agora, igualmente, dos direitos sociais, não a deixa imune a interpretações forjadas pelas ditaduras totalitárias. Assim, ao término da Segunda Grande Guerra, verificou-se uma renovação constitucional diante das novas exigências políticas e sociais, estigmatizada, segundo se constata na quase integralidade das Cartas, por uma reafirmação da fé na legalidade democrática e nos direitos fundamentais, com preeminência dos direitos sociais. No entanto, em especial na Alemanha do segundo pós-guerra, a preocupação não se cinge mais à busca de uma perfeição no plano teórico, porém se procura um maior realismo e virtuosidade prática.[429]

Voltando-se aos efeitos funestos da Segunda Grande Guerra, a consciência mundial orienta-se no sentido de que a proteção dos direitos fundamentais não pode mais ficar restrita a uma questão doméstica, ao arbítrio dos Estados. Nessa quadra, evidenciam-se, ao longo do segundo pós-guerra, vários pronunciamentos, declarações e propostas, restando assente que o reconhecimento internacional dos direitos humanos consistia pressuposto para a paz e desenvolvimento das nações, até culminar, após o término do conflito, na Declaração Universal dos Direitos Humanos da O.N.U (1948), seguindo-se de outros manifestos no âmbito supranacional.[430]

A partir de então, temos, nas últimas décadas, o quadro do Estado Social de Direito, que ilustra a crise dimanada, em seu aspecto institucional, pelos excessivos custos financeiros, burocráticos e decorrentes da ganância corporativista, com a quebra da competitividade em relação a países com menor proteção aos direitos sociais, a conseqüente exclusão social e o agravamento das desigualdades na distribuição da renda e das riquezas.[431] Em caráter supranacional, temos a identificação de questões que transbordam fronteiras, originadas no processo de globalização e do acesso célere à informação: "sociedade da informação".[432] Suscitam-se, outrossim, assuntos de interesse mundial, quais sejam, a preocupação com a proteção ambiental e a manipulação genética.

Registram-se, nesse seguimento, os direitos fundamentais de terceira dimensão, em que, na condição de direitos de solidariedade e fraternidade, de titularidade coletiva e difusa, desprendem-se da figura do indivíduo, destinando-se à proteção de grupos humanos.

---

[429] PÉREZ LUÑO, 1999.

[430] Ibidem, p. 126-127: cita-se, no caso, a Carta de San Francisco, a Carta do Atlântico, a Declaração das Nações Unidas, as propostas de Dumbarton Oaks e a Conferência de Yalta.

[431] MIRANDA, 2000, p. 31-32.

[432] Ibidem, p. 32.

Inserem-se nesse contexto os direitos à paz, à autodeterminação dos povos, ao desenvolvimento, ao meio ambiente e à qualidade de vida.[433]

Em face desses aspectos, visualiza-se uma tendência de universalização dos direitos humanos,[434] almejando-se, sobretudo, a convivência pacífica das nações. Intento que teve início, conforme visto, a contar do segundo pós-guerra.

É nesse sentido que, na doutrina pátria, Bonavides aponta a existência de direitos fundamentais de quarta geração que comportam o direito à democracia, ao pluralismo e à informação. Todavia, esta nova feição atribuída aos direitos fundamentais constitui posição de vanguarda, que está distante de ser encampada pelo objetivo do nosso estudo. É que, na esteira da exposição realizada, focalizam-se aqui os direitos fundamentais, de âmbito mais restrito do que os direitos humanos – estes de caráter potencialmente supranacional. De outra banda, na análise de Sarlet, as questões relativas à dimensão de globalização dos direitos fundamentais demorarão a obter o reconhecimento do direito positivo interno e internacional, "[...] não passando, por ora, de justa e saudável esperança com relação a um futuro melhor para a humanidade, revelando, de tal sorte, sua dimensão (ainda) eminentemente profética, embora não necessariamente utópica [...]".[435]

Com efeito, interessa-nos constatar que, se os direitos fundamentais são tomados como direitos e liberdades institucionalmente reconhecidos e garantidos no direito positivo de um determinado Estado,[436] e as mutações constitucionais correspondem àquelas alterações de sentido, significado e alcance das expressões contidas na Constituição, sem alteração do seu texto; então, embora oriundas de vertentes distintas, a história dos direitos fundamentais confluirá para seguir o mesmo curso da história do constitucionalismo. E, assim sendo, qualquer esforço em se pretender uma exegese ao mesmo tempo atualizadora e garantidora da eficácia dos direitos fundamentais, até então conquistados, contribuirá para promover uma postura ciosa e abrangente das tendências supranacionais, de implicação universal, em consonância com aspectos da soberania, sociedade e ordem jurídica estatal. Quiçá, de tal sorte, fazendo mais amena, na prática, a cisão entre os chamados direitos humanos e os direitos fundamentais de cada Estado, porquanto a proteção da eficácia dos direitos fundamentais impõe que, igualmente, quando da sua realização, atente-se para as vicissitudes do seu tempo.

---

[433] SARLET, 2001, p. 52-53.

[434] Direitos Humanos entendidos segundo a mencionada distinção realizada por SARLET (Ibidem, p. 34 e p. 37).

[435] BONAVIDES, 2004, p. 570-572; e SARLET, op. cit., p. 55.

[436] Conforme a já referida distinção realizada por SARLET, op. cit., p. 34 e 37.

2. Definição e estrutura da norma de direitos fundamentais

Sob o pressuposto de que os direitos fundamentais de um determinado Estado são aqueles erigidos ao patamar da positivação constitucional, os parâmetros exegéticos para atualização de sentido, na realização destes direitos, devem partir de uma análise estrutural da respectiva norma.[437]

De fato, Alexy define como norma de direito fundamental não somente aquela expressa diretamente no texto da Lei Fundamental, contudo também as normas que denomina "implícitas",[438] sendo certo que, na acepção do autor, tanto uma como outra devem possibilitar uma fundamentação de direito fundamental "correta." A distinção consiste em que, nas normas de direito fundamental explícitas, esta fundamentação decorreria do próprio texto constitucional em que se insere a norma, o que não se verificaria em relação às normas denominadas "implícitas".[439]

Na doutrina pátria, Sarlet utiliza por base a definição de Alexy, no entanto, tem o cuidado de, em face da constatação de uma "fundamentalidade" formal e outra material, não deixar escapar a abertura material dos direitos fundamentais, expressamente consagrada em nosso direito constitucional positivo, capitaneada pela norma insculpida no art. 5º, § 2º, da CF/88:

> Direitos fundamentais são, portanto, todas aquelas posições jurídicas concernentes às pessoas, que, do ponto de vista do direito constitucional positivo, foram, por seu conteúdo e importância (fundamentalidade em sentido material), integradas ao texto da Constituição e, portanto, retiradas da esfera de disponibilidade dos poderes constituídos (fundamentalidade formal), bem como as que, por seu conteúdo e significado, possam lhes ser equiparados, agregando-se à Constituição material, tendo, ou não, assento na Constituição formal (aqui considerada a abertura material do Catálogo).[440]

Importante enfatizar, nesse seguimento, a relevância da abertura do catálogo dos direitos fundamentais aos chamados direitos fundamentais

---

[437] Segundo Alexy, a dogmática dos direitos fundamentais, enquanto disciplina prática, aponta, em última instância, para a fundamentação racional dos juízos de "dever-ser" de direitos fundamentais concretos. E a racionalidade da fundamentação exige que, desde as definições dos direitos fundamentais, aos juízos de "dever-ser" de direitos fundamentais concretos, sejam acessíveis, na maior medida possível, a controles intersubjetivos, o que pressupõe clareza sobre a estrutura das normas de direitos fundamentais, assim como acerca de todos os conceitos e formas de argumentação relevantes para a fundamentação jusfundamental (ALEXY, 1997, p. 39).

[438] Conforme a definição de normas de direito fundamental "adscriptas" por Moreso (MORESO, José Juan. Conflictos entre principios constitucionales. In: *Neoconstitucionalismo(s)*. Madrid: Trotta, 2003, p. 114-115). Note-se aqui que normas de direito fundamental "implícitas" não equivalem a normas não escritas, porquanto estas últimas não guardam relação de "precisão" com o texto da Constituição. Relação de precisão corresponde a uma conexão com o texto constitucional havida quando da necessidade de se aplicar determinada norma de direito fundamental ao caso concreto (ALEXY, op. cit., p. 65-70).

[439] Ibidem, p. 71-73.

[440] SARLET, 2001, p. 82.

implícitos, não expressamente positivados, como recurso hermenêutico quanto à extensão do âmbito de proteção e do campo de incidência de determinado direito fundamental já expressamente positivado.[441]

Voltando-se à análise de Alexy, se a definição do conceito de normas de direito fundamental exige que se atribua a estas uma fundamentação de direito fundamental correta, pressupõe a distinção havida entre norma e texto normativo, já referida na primeira parte deste estudo (item 2.2.1).[442] Na disciplina dos direitos fundamentais, os enunciados normativos são identificados pela respectiva positivação no texto da Constituição. Em uma outra categoria, teríamos as normas de direito fundamental "implícitas", cujo conceito seria encontrado observando-se as demais disposições vinculantes.[443]

Apesar de o conceito de norma de direito fundamental, apresentado por Alexy, valer-se da distinção entre enunciado normativo e norma,[444] o juspublicista enfatiza, quanto ao emprego que Müller faz da sua teoria normativa estruturante aos direitos fundamentais, o fato de assentar-se na vinculação entre a teoria da norma e a teoria da aplicação do Direito. Desta forma, à tese de Müller, Alexy contrapõe a distinção entre o conceito de norma, a relevância normativa e o fundamento de uma norma, sem o que não se obtém um quadro claro da fundamentação jurídica. Atende mais aos ditames do Estado Democrático de Direito, diferenciar entre o que o legislador impõe como norma e o que o intérprete apresenta como razões para uma determinada interpretação, do que estabelecer uma fidelidade à lei, oriunda do conceito de norma.[445]

Quanto à estrutura da norma de direito fundamental, Alexy confere, à distinção entre regras e princípios, a base da fundamentação jusfundamental e a chave para solução de problemas centrais da dogmática dos direitos fundamentais, sem a qual não encontraremos parâmetros para a questão dos limites, das colisões e do papel dos direitos fundamentais no ordenamento jurídico.[446]

A estrutura interna da Constituição engloba um conjunto de normas, diferenciadas em princípios e regras,[447] cuja distinção é, na sua

---

[441] Ibidem, p. 94. Todavia, Sarlet chama a atenção, quanto aos limites do conceito material de direito fundamental, no que concerne à posição hierárquica das normas de direito fundamental interno em face dos direitos fundamentais de origem internacional, não sendo aceitável, apesar da respectiva posição equivalente, o sacrifício de um dos direitos quando em rota de colisão (Ibidem, p. 139).
[442] ALEXY, 1997, p. 73.
[443] Ibidem, p. 74.
[444] Ibidem, p. 76.
[445] Ibidem, p. 78.
[446] Ibidem, p. 81.
[447] Sobre distinção entre princípios e regras, relevante a obra de ÁVILA, 2006, p. 22 *et seq.*

origem, qualitativa, desde a tradição germânica,[448] na medida em que fundamentam jurídica e axiologicamente a interpretação e a aplicação do Direito.[449]

Na lição de Pérez Luño, as normas que versam sobre direitos fundamentais podem se encontrar positivadas segundo dois sistemas: 1) cláusulas gerais; ou, 2) casuístico; podendo-se, ainda, encontrar a combinação mista destes dois sistemas nas Constituições. No sistema das cláusulas gerais, os direitos fundamentais aparecem formulados como princípios ou valores, enquanto, no sistema casuístico, as normas de direito fundamental comportariam a forma de normas específicas que concretizam e pormenorizam o alcance dos respectivos direitos.[450]

Na doutrina anglo-saxônica, sobressai-se a contribuição de Dworkin no que concerne à forma de aplicação dos princípios e regras: as regras resolver-se-iam à moda do "tudo ou nada" (*all-or-nothing fashion*), diante da hipótese da subsunção; enquanto os princípios devem ser cotejados pressupondo-se uma dimensão de peso (*dimension of weight or importance*). Na colisão entre regras, perquire-se acerca da invalidade ou não de uma delas. Por outro lado, em se considerando os princípios, essa sistemática não se verifica, porquanto, da colisão dos princípios envolvidos, não se pode afirmar a invalidade de quaisquer deles, senão que a relação é de preponderância (maior peso).[451]

A partir desse ponto, Alexy considera que os princípios jurídicos enquadram-se na condição de mandados de otimização, incluindo-se na espécie das normas, uma vez que consistem em proposições deônticas que encerram um "dever-ser". Estes mandados de otimização, contudo, dependem de condições reais e jurídicas para o seu atendimento, na medida em que podem ser cumpridos em diferentes graus. As possibilidades jurídicas, assim, serão aferidas no confronto dos princípios e regras opostos. Ao contrário, as regras não contemplam seu cumprimento em vários graus, mas contêm determinações no âmbito do que seja fática ou juridicamente possível. Portanto, em

---

[448] Resumidamente, Larenz, que traz a definição de Esser, segundo a qual o princípio jurídico é descoberto no caso concreto e constitui uma "fórmula que sintetiza uma série de pontos de vista que, nos casos típicos, se revelaram adequados. Isto quer dizer que 'se o caso é atípico, ou se sobrevém uma modificação ainda que mínima, dos critérios culturais de valor que historicamente deram vida ao princípio, a solução pode vir a ser precisamente a contrária'" (LARENZ, 1983, 162-163).

[449] CANNARIS, Claus Wilhelm. *Pensamento sistemático e conceito de sistema na ciência do direito*. Tradução de A. Menezes Cordeiro. 2. ed. Lisboa: Calouste Gulbenkian, 1996, p. 96-97: Os princípios necessitariam, para sua realização, da concretização, que exige o emprego de valorações singulares de conteúdo material próprio. Por não serem capazes de aplicação imediata, faz-se imprescindível, segundo o autor, no processo de normatização ou de consolidação normativa, a intermediação de valores autônomos.

[450] Cf. PÉREZ LUÑO, 1999, p. 286.

[451] DWORKIN, Ronald. *Taking rights siriously*. Cambridge, Massachusetts: Harvard University, 1997, p. 24-28.

sendo válida a regra, somente pode ser cumprida ou não. Com efeito, enquanto o conflito entre regras se resolve no plano da validade, o conflito entre princípios somente poderá ser resolvido pela aferição da respectiva prevalência de um dos princípios envolvidos em meio às circunstâncias reais (de fato).[452]

Alexy identifica o caráter *prima facie* dos princípios jurídicos, tendo em vista ordenarem que algo deva ser realizado em maior ou menor medida possível, considerando as possibilidades jurídicas e fáticas. Os princípios apresentam, segundo o autor, razões que podem ser substituídas por outras razões opostas, de acordo com as circunstâncias em que se encontram inseridos. Não determinam como se deva resolver a relação entre uma determinada razão e outra oposta, carecendo, então, de um conteúdo de determinação com relação aos princípios contrapostos e às possibilidades fáticas. Ao contrário, as regras contêm uma determinação no âmbito das possibilidades jurídicas e fáticas. Essa determinação pode falhar no que diz respeito a estas possibilidades (jurídicas e fáticas), o que conduziria à sua invalidez, do contrário, valendo o que elas ordenam.[453]

A partir do exposto, Alexy conclui que os princípios, como as regras, são considerados razões em relação às normas. Contudo, os princípios, por se referirem a possibilidades do mundo real e jurídico, caracterizam razões *prima facie*, enquanto as regras caracterizam razões definitivas. Configuram razões definitivas na medida em que são razões para um juízo concreto de "dever-ser", que cumpre ser pronunciado, e não permite exceções. Se este juízo concreto, por seu conteúdo, torna alguém destinatário de um direito, então, teremos um direito definitivo. Em contrapartida, os princípios seriam somente razões *prima facie*, em virtude de as decisões sobre direitos pressuporem uma determinação de direitos definitivos, sendo que a via percorrida, a partir do direito *prima facie* – princípio –, ao direito definitivo, passa pela determinação de uma relação de preferência. Mas a relação de preferência, de acordo com a lei de colisão, constitui o estabelecimento de uma regra.[454]

Se os princípios são mandados de otimização (Alexy), porque exigem uma aplicação, em maior ou menor medida, de acordo com as possibilidades jurídicas e fáticas verificadas, isso importa que o aplicador do Direito deve observar a realidade social e os princípios e regras concorrentes, incorporando-os à sua argumentação.[455] Os princípios constitucionais configuram Direito "dúctil", ou elástico, por natureza,

---

[452] ALEXY, 1997, p. 86 *et seq*.
[453] Ibidem, p. 98-99.
[454] Ibidem, p. 101-103.
[455] FIGUEROA, 2003, p. 179.

demonstrando-se incisivos e flexíveis a um só tempo, demandando uma metodologia interpretativa não eminentemente dedutiva (como a subsunção, própria do positivismo), mas que se paute pela ponderação dos demais princípios e valores envolvidos.[456] Essa técnica ponderativa, a seguir analisada, possibilitará, dado o caráter elástico dos princípios jurídicos, a atualização do sentido e alcance das normas constitucionais no processo de concretização, mediante a influência dos valores sociais vigentes e a mensuração do grau de satisfação ou sacrifício dos bens jurídicos em jogo e dos outros direitos concorrentes.

A realidade posta em contato com os princípios jurídicos, vivifica-se, fazendo com que os fatos a ela pertinentes incorporem valor, adquirindo uma intrínseca qualidade jurídica. Esse "ser", iluminado pelos princípios jurídicos, não contém, em si, o seu "dever-ser", mas exige uma tomada de posição jurídica (do legislador, do julgador, da administração e dos demais intérpretes do direito).[457] Por essa forma, tem-se que os princípios desempenham um papel ou função propriamente constitucional, isto é, constitutiva do ordenamento jurídico.[458]

De fato, na presença dos princípios, a realidade exprime valor, e o plano jurídico encontra o plano axiológico.[459] Isso faz com que o Direito, pelos princípios, parta da realidade, porém a ela retorne, no sentido de ser-lhe referida,[460] esclarecendo, segundo Zagrebelsky, o caminho histórico que a Constituição está em condição de percorrer, todavia, permanecendo inalterada em sua formulação textual.[461]

---

[456] ZAGREBELSKY, Gustavo. *Il diritto mite*. Torino: Einaudi, 1992, p. 11-13 e 147-173.
[457] Ibidem, p. 160.
[458] Ibidem, p. 148.
[459] Ibidem, p. 162.
[460] Ibidem, p. 166.
[461] Ibidem, p. 170.

3. Interpretação e restrição dos direitos fundamentais

Contemporizando os momentos históricos que criaram o contexto dos direitos fundamentais, Pérez Luño traça o paralelo referente às modificações advindas na norma constitucional, com o trânsito do Estado liberal ao Estado social de Direito, que repercutiram, inevitavelmente, na sua respectiva interpretação, resultando nas seguintes conseqüências, quanto aos direitos fundamentais: a) superação da categoria dos direitos públicos subjetivos, de inspiração individualista; b) reconhecimento dos direitos sociais; c) fundamentação dos direitos constitucionais na proteção, não somente dos interesses individuais, mas também dos interesses sociais e coletivos; d) ampliação da titularidade dos direitos fundamentais sociais e coletivos; e) alteração da natureza jurídica dos direitos fundamentais, deixando de corresponderem unicamente aos direitos de defesa, a fim de contemplarem também direitos de participação e prestação, para cuja realização não se demonstra suficiente a abstenção do Estado, senão lhe exigindo a mobilização do aparato público rumo a esse desiderato; f) surgimento dos direitos fundamentais reconhecidos como valores ou princípios básicos do sistema jurídico-político, condicionando o método da sua interpretação.[462]

Diante deste último tópico, e a partir do ensaio realizado retro, relativo à interpretação da Lei Maior, deve-se atentar ao caráter principiológico dos direitos fundamentais, e, sob esse enfoque, cabe discorrer sobre a sua interpretação, apesar das diversas teorias que predominaram acerca do assunto,[463] no difícil mister de superar o posi-

---

[462] PÉREZ LUÑO, 1999, p.252. Outrossim, quanto ao item "e" supra, salientamos que essa peculiar natureza jurídica dos direitos fundamentais impõe a superação da rígida distinção entre a parte dogmática e a parte orgânica das Constituições, uma vez que o dever de o Estado adotar uma postura ativa não pode ser interpretado dissociadamente das regras que estabelecem a organização e o funcionamento dos órgãos públicos.

[463] Distintas teorias passaram a se ocupar da interpretação dos direitos fundamentais, podendo-se citar: a) Teoria Positivista: destinada a reformular, em termos positivos, as exigências mantidas, até então, pela teoria dos direitos naturais, quanto à afirmação de determinadas liberdades individuais frente ao poder estatal. Conforme se depreende da análise realizada retro, esta teoria coadunava-se com a visão de Estado Liberal de Direito do século XIX, que buscava uma doutrina alternativa àquela dos direitos humanos, de feição jusnaturalista. Teve sua mais completa expressão na Escola alemã de Direito Público, e, em Ernest Forsthoff, seu principal

defensor. Consoante Pérez Luño, alicerçado no postulado positivista, os direitos fundamentais eram interpretados como: 1- garantias da autonomia individual, ou seja, como direitos de defesa frente às ingerências do poder público na esfera privada; 2- garantias jurídicas essenciais do *status quo* econômico social; 3- categorias jurídicas formais (e não como valores éticos, filosóficos e políticos), a serem interpretadas e aplicadas de acordo com o método jurídico tradicional, qual seja, o da subsunção dos fatos às normas; e, 4- categorias independentes, teoria segundo a qual cada direito fundamental deve ser interpretado de forma autônoma e conforme sua singular lógica, cujo sentido é obtido do significado textual (Cf. PÉREZ LUÑO, 1999, p. 297-298). Esta teoria demonstrar-se-ia, no decorrer dos tempos, insuficiente ao desiderato proposto, notadamente com a passagem do Estado liberal ao Estado Social de Direito, em que se exige uma postura ativa do Estado, em resposta à eclosão das questões sociais do período, e para assegurar a efetividade, em igualdade de condições, a todos os indivíduos, das mesmas liberdades antes defendidas sob o ponto de vista do individualismo. Ademais, restou visto que a posição formalista não se presta à necessária concretização imposta pela peculiar estrutura das normas de direitos fundamentais. b) Teoria institucional: decorrente da marcante passagem do Estado liberal ao Social de Direito, esta teoria vem formulada por Häberle, para quem os direitos fundamentais possuem uma dupla função. De um lado, seguem como garantias das liberdades individuais; de outro, assumem uma dimensão institucional, de forma que seu conteúdo deve operar rumo a consecução dos fins sociais e coletivos inseridos na Lei Maior. Esta teoria culmina por complementar a teoria de Jellinek acerca do *status* negativo dos direitos públicos subjetivos de defesa, reconhecendo, concomitantemente, a existência de direitos dotados do denominado *status activus processualis*, que permite aos cidadãos a tutela jurisdicional efetiva dos direitos fundamentais. Visualiza uma propriedade vinculante aos direitos sociais (não meramente programáticos ou declarativos), mas concebidos como autênticas categorias jurídico-positivas, dirigidas a concretizar e a realizar as cláusulas sociais e democráticas do Estado de Direito, por meio das prestações e serviços públicos. Dentro da teoria institucional, encontraremos, ainda conforme Pérez Luño, uma interpretação peculiar a esta teoria, que resulta na teoria institucional funcionalista, sustentada por Luhmann, mediante a projeção, sobre aquela, da sua teoria dos sistemas e do seu método funcionalista-estrutural. Nesse sentido, os direitos fundamentais consistiriam subsistemas encaminhados a cumprir certas funções relativas à diferenciação dos papéis sociais, e garantiriam o desenvolvimento da atividade estatal. Cumpre referir, no entanto, que, sob essa tese, os direitos fundamentais ficam relegados à condição de meros subsistemas cuja preponderante função seria possibilitar a conservação e estabilidade do sistema social, perdendo a sua dimensão emancipatória e reivindicativa das exigências e necessidades individuais e coletivas (Cf. Ibidem, p. 300-301). c) Teoria multifuncional dos direitos fundamentais: orientada a partir das idéias de Häberle (Teoria Institucional), e idealizada por Helmut Willke e Fritz Ossenbühl, vincula os direitos fundamentais à realização dos fins pré-fixados na norma constitucional, afirmando a dimensão aberta e plural dos fins e funções constitucionais. A interpretação constitucional, assim, importará no condicionamento recíproco do conteúdo dos diferentes direitos fundamentais, permitindo sua concordância prática, de maneira que a realização de nenhum direito ocorra às custas dos demais. Tal conduz à teoria de interpretação dos direitos fundamentais por intermédio do processo de ponderação de bens, valores e direitos, simultaneamente incidentes em um suposto de fato (Cf. Ibidem, p. 301). As considerações às críticas de Pérez Luño, a essa teoria, quanto ao casuísmo e oportunismo tópico, que podem culminar em arbitrariedade, serão abordadas no capítulo precedente, sendo que encontramos respaldo, também, no magistério de Bonavides, para quem essas críticas podem ser removidas pelo emprego de técnicas legitimadoras de racionalidade política e de fundo democrático, mediante uma ampla reforma nos conceitos constitucionais clássicos, tais como, os de Constituição, direitos fundamentais, separação dos poderes e da interpretação propriamente dita (BONAVIDES, 2004, p. 629). d) Teoria Jusnaturalista Crítica: baseada nas teses de John Hart Ely e Häberle, que possuem em comum a intenção de possibilitar uma interpretação da Constituição e dos valores e direitos fundamentais, em face das críticas apresentadas contra a concepção jusnaturalista, orientada a serviço da democracia e do pluralismo. Apontam para os riscos de fundamentar os direitos e valores constitucionais em pretensos postulados apriorísticos, objetivos e dogmáticos (Cf. PÉREZ LUÑO, op. cit., p. 305-310). A essa tese, Pérez Luño tece a crítica de se encontrar assentada em uma compreensão deficiente do papel dos valores e direitos fundamentais. Enfatiza que podem ser proveitosas as premissas do jusnaturalismo crítico quanto a situar a justificação dos valores e direitos básicos em uma atividade intersubjetiva, isto é, na tivismo formal, sem converter a atividade exegética em uma tarefa filosófica intuitiva de valores.[464]

Pérez Luño deixa claro que, em se tomando a particular natureza das fontes sobre as quais operam as normas de direito fundamental, a adequada exegese destas normas não se satisfaz com conclusões silogísticas derivadas do método positivista, senão exige uma maior participação do agente intérprete na elaboração e desenvolvimento do seu *status*.[465]

Steinmetz sustenta, com base nos ensinamentos de Alexy, que as teorias, até então predominantes, não deram conta do sistema de direitos fundamentais, porquanto além de abstratas e unipontuais, expressam uma tese básica. A insuficiência daquelas teorias se evidencia, notadamente, no caso de colisão dos direitos fundamentais.[466] Quanto à teoria dos valores, conclui pela existência de embasamento para a aceitação dos efeitos interpretativos na aplicação a casos concretos, sendo que, no caso de colisão de direitos fundamentais, "[...] a superioridade interpretativa dos valores (superiores) deve ser *apenas* um elemento, um ponto de vista, um *topoi*, entre outros, a ser considerado na ponderação de bens". Com base novamente em Alexy, entende que não há objeção em dotar as normas de direitos fundamentais de uma feição axiológica, desde que não alicerçada em uma hierarquia de valores: "Tratando-se de uma colisão de direitos, estipular uma escala de valores e com base nela decidir significaria a imposição estatal, via Poder Legislativo ou via Poder Judiciário, de um paradigma filosófico-jurídico não fundamentado constitucionalmente".[467]

---

possibilidade de que a razão prática chegue a um consenso aberto sobre o fundamento destes direitos e valores, que recebe seu conteúdo material do sistema de necessidades básicas que constituem o seu substrato antropológico. e) Teoria da ordem de Valores: erigiu-se sob a égide da Constituição de Weimar, por intermédio da teoria integradora de Smend, e ganhou força com a adesão da doutrina e jurisprudência da República Federal alemã, depois do segundo pós-guerra. Na visão de Smend, os direitos fundamentais constituem uma ordem objetiva de valores, dotada de unidade material. Por essa forma, os direitos fundamentais desempenhariam uma função integradora da ordem jurídico-política, ao sistematizar o conteúdo axiológico do ordenamento democrático, consentido pela maioria dos cidadãos. Isso importa em um sistema coerente que inspira as demais normas e instituições do ordenamento e prescreve as metas a serem alcançadas. Contribuiu a esta tese a teoria da ética material dos valores, baseada na doutrina de Max Scheler e Nicolai Hartmann (Cf. PÉREZ LUÑO, 1999, p. 298-299). Aqui se aplica a mesma fundamentação da nota anterior, quanto à argumentação de Pérez Luño acerca dos riscos de esta teoria conduzir ao decisionismo e à arbitrariedade.

[464] Nos moldes da lição de Pérez Luño quanto ao método interpretativo científico-espiritual de Ernest Forsthoff que culmina por subtrair racionalidade do processo interpretativo (Ibidem, p. 284).

[465] Cf. Ibidem, p. 285.

[466] STEINMETZ, Wilson Antônio. *Colisão de direitos fundamentais e princípio da proporcionalidade*. Porto Alegre: Livraria do Advogado, 2001, p. 108-109: "Como já escrito, não há uma hierarquia entre as normas constitucionais e, em hipótese de conflito entre duas ou mais normas constitucionais de direitos fundamentais, a solução deverá preservar a unidade da Constituição. Por isso e além disso, a decisão que der preferência a uma das normas terá de ser justificada, permitindo um controle racional intersubjetivo. Não poderá ser uma decisão intuicionista, uma decisão pela decisão". Da mesma forma, bem coloca o autor, não poderá ser pré-determinada, ou seja, determinada *a priori*.

[467] STEINMETZ, 2001, p. 120.

Em Alexy, os direitos fundamentais apareceriam formulados como princípios e regras, afastando-se a categoria dos valores da estrutura das normas de direito fundamental, em face de estes direitos pressuporem o aspecto da positivação, que separa as duas categorias (valores e princípios) em planos diversos, tridimensionalmente implicados, mas que não se confundem entre si, correspondendo os valores ao plano axiológico e os princípios ao plano deontológico.[468] Pérez Luño, por sua vez, contrapõe-se às posições que negam aos valores qualquer conteúdo normativo, porque as premissas levadas em conta olvidam que a recepção constitucional destes faz com que reúnam, à sua prescritividade ética, a normatividade jurídica. Baseia-se em García de Enterría para situar os valores na base do ordenamento jurídico, presidindo a sua interpretação e aplicação, e conferindo a este sentido próprio.[469]

É assim que, por meio da teoria dos princípios, em Alexy, o elemento axiológico é reintroduzido à teoria dos direitos fundamentais, apesar de se conservar a constatada cisão dos respectivos planos (axiológico e deontológico) em que se estruturam. Segundo Steinmetz, a colisão de princípios, assim como a colisão de valores, demonstra a similitude estrutural dos elementos axiológicos e deontológicos. Contudo, deixa-se claro que a adoção de uma teoria dos princípios, nos moldes preconizados por Alexy, não colima nas mesmas objeções atribuídas às teorias objetivistas e intuicionistas dos valores, nem importa nos óbices de caráter dogmático e metodológico.[470]

Na doutrina pátria, Bonavides entende que os princípios constitucionais – que formam a estrutura dos direitos fundamentais – equiparam-se à norma-valor, ou seja, são valores erigidos à categoria das normas, situadas no ápice da hierarquia constitucional, remetendo, pois, quanto aos direitos fundamentais, à teoria interpretativa dos valores.[471] Na intenção de identificar as teses orientadoras da interpretação constitucional dos direitos fundamentais, Bonavides destaca a relevância da metódica de Müller, constante da sua Teoria Estruturante do Direito,[472] que veio a inspirar a tese da concretização de Hesse.[473]

---

[468] Cf. ALEXY, 1997, p. 139-141 e p. 145-147.
[469] Cf. PÉREZ LUÑO, 1999, p. 287.
[470] STEINMETZ, op. cit., p. 129-132, com base em ALEXY, op. cit., p. 149-170.
[471] Cf. BONAVIDES, 2004, p. 630.
[472] Cabe salientar a significativa contribuição da tese de Müller relativamente à distinção entre texto e norma (programa normativo e âmbito normativo), ao condicionamento da norma às circunstância da realidade na delimitação do âmbito normativo, conforme já mencionado na primeira parte deste trabalho, bem como à inexistência de uma hierarquia valorativa entre os direitos (MÜLLER, 2005, p. 54-58).
[473] Cf. BONAVIDES, 2004, p. 590 e p. 604.

Conquanto Müller se demonstrasse crítico da adoção de uma teoria interpretativa axiológica,[474] é de se verificar, na Constituição, "normas que se interpretam e normas que se concretizam",[475] sendo esta distinção relevante para o novel conceito de concretização, já mencionado na primeira parte deste estudo, aplicável à Lei Maior, notadamente aos direitos fundamentais e às cláusulas abstratas e genéricas do texto constitucional.[476] A operação havida no processo de concretização, por sua vez, demonstra-se de cunho valorativo, fático e material,[477] por isso, seu esteio legitimador fixará raízes na Constituição material, onde residem os direitos fundamentais, expressão máxima dessa substancialidade.[478]

A respeito da teoria normativa estruturante de Müller, deve ser dito que a adoção de uma tese mais ou menos restritiva da delimitação do âmbito de proteção, e da respectiva distinção do que se entende por agressão ou restrição aos direitos fundamentais, resultará em diferentes opções metodológicas.[479]

Quanto a este aspecto, o caminho percorrido no desenvolver deste trabalho ruma a perfilhar uma teoria estrutural dos direitos fundamen-

---

[474] Para Müller, os direitos fundamentais são direitos e não princípios ou valores, sendo, por isso, referidos a uma determinada matéria que lhes identifica o conteúdo, não se viabilizando, pois, atribuir-lhes tratamento similar aos valores (MÜLLER, 2005, p. 16-20).
[475] BONAVIDES, op. cit., p. 591.
[476] Ibidem.
[477] Cf. Ibidem, p. 604.
[478] Cf. Ibidem, p. 600 e 632.
[479] Embora exista uma certa convergência doutrinária, seja qual for a tese defendida quanto à análise dos direitos fundamentais, em se reconhecer a restrição destes direitos como uma fase distinta, as implicações metodológicas são relevantes, inclusive no que concerne à adequação ou não da utilização da ponderação de bens e direitos nesse processo. Segundo Müller, a determinação do âmbito normativo, no processo de concretização do programa da norma, dependerá de interpretação do programa normativo, no seu aspecto histórico, genético, sistemático e teleológico (MÜLLER, op. cit. p. 59 et seq.). Com efeito, é no aspecto material do âmbito normativo que o direito encontrará sua delimitação, sendo que as restrições a direitos fundamentais, no caso de conflito, corresponderão a momento diverso daquele atinente à concretização (Ibidem, p.106-107). Por conseguinte, a atividade de interpretação, com a finalidade de concretização da norma de direitos fundamentais, restaria livre do decisionismo imposto pela eleição de preferências axiológicas. Guardando coerência com a opção metodológica justificada no decorrer deste estudo, nossa escolha se dá em sentido diverso, reconhecendo que a teoria dos direitos fundamentais de Alexy coaduna-se melhor à sistemática destes direitos, notadamente quando cuidamos das respectivas restrições, porquanto não podemos deixar de considerar a necessária dialética associada à realidade, para a qual não cabe ser dispensado o elemento axiológico no condicionamento das preferências, havido na atividade de ponderação. De fato, tais críticas podem ser afastadas, como fez Steinmetz, baseado em Alexy, ao referir que a indicação de uma solução, decorrente do elenco de preferências condicionadas pelo caso concreto, não conduz ao decisionismo ou à ausência total de controle e racionalidade, mas apenas à conclusão de que não existe uma única resposta hermenêutica ou fundamentação última (STEINMETZ, 2001, p. 203-206). Sobre a inviabilidade de uma fundamentação última já mencionamos alhures, cumprindo agora aduzir que esta conclusão (possibilidade de mais de um resultado) não invalida a Lei de Colisão proposta por Alexy, a ser adiante examinada.

tais, de cunho dogmático, assentada na Teoria dos Princípios e das posições jurídicas básicas, nos moldes preconizados por Alexy.[480]

Diante do exposto, em face da natureza principiológica dos direitos fundamentais, não basta, à determinação da norma jusfundamental individual para o caso concreto, tão-somente a densificação decorrente de um processo interpretativo destinado a uma delimitação do respectivo âmbito de proteção, segundo os parâmetros traçados por Müller. Como bem ressaltou Alexy, esta opção metodológica importa em uma concepção estreita do suposto de fato das normas de direito fundamental, com a conseqüente limitação material no que concerne ao conteúdo constitucionalmente protegido destes direitos.[481] Ocorre, conforme referido na primeira parte deste trabalho, ser da natureza das relações sociais, que impulsionam as mudanças, os conflitos de interesses direcionados aos bens tidos como socialmente relevantes. Estes conflitos podem ser verificados no plano social e jurídico, envolvendo indivíduos entre si, e estes e o Estado. Também não se pode esquecer que este fluxo leva à constatação da circularidade própria da hermenêutica jurídica contemporânea: "Texto e contexto, norma e caso interagem intensamente, num processo em que o intérprete oscila entre os dois".[482]

No plano jusfundamental, estes conflitos implicam colisões de direitos, de ordem horizontal (entre os indivíduos reciprocamente) e vertical (entre os indivíduos e o Estado),[483] que serão submetidas ao poder judiciário em virtude do princípio da inafastabilidade da jurisdição, demandando a aplicação do princípio da proporcionalidade em sentido amplo (incidência dos subprincípios da adequação, necessidade e proporcionalidade em sentido estrito), e, mais especificamente, do subprincípio da proporcionalidade em sentido estrito, com intuito de realizar a ponderação dos direitos e bens protegidos pela Constituição.

Isso significa que a colisão de direitos fundamentais impõe, à interpretação constitucional, uma segunda etapa subseqüente à densificação da norma jusfundamental, porque a delimitação do âmbito de proteção dos direitos fundamentais não pode ficar indiferente às circunstâncias do caso concreto e à tensão quanto aos demais direitos fundamentais envolvidos. Entender em sentido contrário consistiria

---

[480] Cf. ALEXY, 1997, p. 25: aqui Alexy reintroduz o elemento valorativo (Axiologia), mediante o emprego de um método racional e controlável, afastando as restrições imputadas à teoria dos valores (3°. Capítulo da mencionada obra), bem como remete às múltiplas relações de natureza jusfundamental, construindo uma metódica dos direitos fundamentais (4°. Caítulo).

[481] Cf. Ibidem, p. 73-80 e STEINMETZ, 2001, p. 212.

[482] PEREIRA, Jane Reis Gonçalves. *Interpretação constitucional e direitos fundamentais*: uma contribuição ao estudo das restrições aos direitos fundamentais na perspectiva da teoria dos princípios. Rio de Janeiro: Renovar, 2006, p. 48.

[483] PÉREZ LUÑO, 1999, p. 313. CANOTILHO, 2000, p. 1137-1138, e STEINMETZ, op. cit., p. 139.

negar o efeito propulsor dos conflitos que geram as mudanças sociais e os respectivos reflexos no plano jurídico, dissociando a Constituição da realidade constitucional, além de comprometer a efetividade dos direitos fundamentais frente a pressões nocivas, que buscam privilegiar interesses de determinados segmentos sociais em detrimento do bem comum, não levando, por esse motivo, ao desejado desenvolvimento da sociedade como um todo.

De acordo com a explanação retro, a metódica normativa estruturante de Müller não viria a considerar os limites dos direitos fundamentais como algo exterior à própria delimitação do conteúdo do direito fundamental, obtido mediante interpretação. Logo, ou os limites aos direitos fundamentais serão estabelecidos pelo legislador em decorrência da reserva legal, ou somente caberá a delimitação do conteúdo do direito fundamental.[484]

Em sentido oposto, Alexy, em sua teoria estrutural dos direitos fundamentais, acompanhado por Canotilho, reconhece que, ante a inexistência de direitos absolutos, mas apenas *prima facie* ilimitáveis, as restrições implícitas (dedutíveis da conexão com o sistema dos direitos fundamentais e da Constituição) resultarão e serão resolvidas mediante a ponderação de bens, com a utilização do princípio da proporcionalidade.[485] Ademais, conforme Pereira:

> O fato é que os direitos fundamentais não estão tutelados por normas com significado inequívoco, mas contém uma "zona de penumbra", no âmbito da qual não há como determinar de modo apodíctico se certas condutas estão ou não compreendidas em sua esfera de proteção, ou, em outros termos, se a exclusão da tutela jurídica dessa conduta representa ou não uma

---

[484] Cf. STEINMETZ, 2001, p. 47. Pereira classifica esta teoria, quanto às teorias restritivas dos direitos fundamentais, como teoria interna (concepção estrita) dos limites dos direitos fundamentais, resumindo suas características: "[...] a teoria interna i) nega a possibilidade de limitações externas aos direitos; ii) afirma que a identificação dos casos em que o direito deve incidir há de ser feita mediante a análise de seu conteúdo constitucionalmente estabelecido e iii) recusa a hipótese de colisões de direitos."(PEREIRA, 2006, p. 140-146).

[485] Cf. STEINMETZ, op. cit., p. 57-58. Pereira classifica esta teoria, quanto às teorias restritivas dos direitos fundamentais, como teoria externa (concepção ampla) dos limites dos direitos fundamentais: "A teoria externa é correlativa do modelo de ponderação e da teoria dos princípios. Ampara-se na idéia de que há conflitos entre direitos fundamentais e entre estes e outros bens constitucionais. Sendo os direitos fundamentais concebidos como princípios – vale dizer, como comandos *prima facie* dirigidos ao legislador –, é possível que sejam restringidos em decorrência de razões antagônicas que, em determinadas situações, assumam maior peso. Dessa forma, há duas normas válidas que entram em conflito: a norma que estatui o direito *prima facie* e a norma que estabelece a restrição. O direito definitivo será extraído depois de empregado o raciocínio ponderativo, tendo-se em conta o imperativo de proporcionalidade. Por estas mesmas razões, a teoria externa é incompatível com a noção de que as normas de direito fundamental estabelecem apenas comandos definitivos (regras)". Em resumo, identifica suas características: "Em síntese esquemática, a teoria externa preceitua que: i) os direitos fundamentais são princípios, veiculando comandos *prima facie*; ii) os direitos fundamentais são restringíveis; iii) as restrições aos direitos fundamentais são motivadas pela existência de conflitos entre estes e outros direitos e bens constitucionais; iv) a legitimidade constitucional da restrição é de ser examinada mediante um juízo de ponderação, que irá sopesar os direitos e bens em conflito, através da aplicação do princípio da proporcionalidade". (PEREIRA, 2006, p. 151-152).

restrição a seu conteúdo. Dessa forma, a eliminação do raciocínio ponderativo nessas situações implica abrir mão de uma argumentação dialética na qual são sopesadas razões que jogam em favor do direito com as que militem a favor da restrição. É certo que nas situações em que o peso de determinado bem é inequivocamente maior, a utilidade da ponderação é bastante mitigada. Todavia, nos casos duvidosos, o sopesamenteo de razões será fundamental para conferir controlabilidade e transparência às fundamentações.[486]

A partir dessa posição, a interpretação constitucional dos direitos fundamentais envolverá duas etapas: a) na primeira, deverá identificar o conteúdo do direito fundamental posto em causa (âmbito de proteção inicial); e, após, b) deverá precisar os limites externos decorrentes da necessidade de compatibilizá-lo com os demais direitos e bens constitucionalmente protegidos (âmbito de proteção definitivo),[487] nos termos anteriormente defendidos.

Em se adotando a teoria estrutural dos direitos fundamentais (Alexy), devemos aderir à conclusão de Steinmetz de que o reconhecimento dos denominados limites imanentes[488] somente adquire significado se dirigidos ao legislador ordinário. Em se pretendendo identificar limites à interpretação constitucional pelo órgão julgador, esta espécie restritiva resta absorvida, do ponto de vista dogmático, pelo conceito de colisão de direitos.[489]

Ainda no que tange às restrições aos direitos fundamentais, Vieira de Andrade propõem uma tese associativa das antes referidas teorias externa e interna. Deduz que os direitos não sujeitos à reserva legal são irrestringíveis em abstrato, devendo-se recorrer à ponderação para solução dos conflitos de direitos no caso concreto, posição refutada por Pereira ao argumento de que existem searas funcionais restritas ao julgador e, de outro modo, seria dado ao legislador normatizar uma determinada interpretação.[490]

Sob a perspectiva da interpretação constitucional, podemos definir as restrições a direitos fundamentais como toda a interpretação e aplicação do Direito que leve a uma exclusão da proteção jusfundamental, e, nesse sentido, represente a parte negativa da norma de direito fundamental.[491]

---

[486] PEREIRA, 2006, p. 179.

[487] Ibidem, p. 146-147.

[488] Aqui concebidos como as restrições implícitas no próprio sistema dos direitos fundamentais e na Constituição, derivando da conexão interna entre os diferentes direitos fundamentais e os bens constitucionais em razão de uma potencial o, derivando da conexitos fundamentais e na Constituiçntais (Alexy), devemos aderir tensão decorrente do seu exercício pelos diferentes titulares (CANOTILHO, 2000, p. 1146).

[489] Cf. STEINMETZ, 2001, p. 43-44.

[490] ANDRADE, José Carlos Vieira de. *Os direitos fundamentais na Constituição Portuguesa de 1976*. Coimbra: Livraria Almedina, 1987, p. 290-291. A asserção deste autor é analisada por PEREIRA, 2006, p. 155-158.

[491] Consoante ALEXY, 1997, p. 292, examinado por PEREIRA, op. cit., p. 194-195.

Nesse ponto, a interpretação constitucional passa a ser modalidade de restrição dos direitos fundamentais na proporção em que se aceita a idéia de serem estes direitos tutelados por normas de baixa densidade, abrangendo expressões elásticas e conceitos jurídicos carentes de determinação. Logo, a determinação do conteúdo dos direitos fundamentais depende, em um primeiro momento, da devida densificação da norma, por meio dos postulados interpretativos,[492] buscando-se a definição do alcance e significado das expressões constantes do "programa normativo", e, em conseqüência, a identificação do seu âmbito de proteção inicial. Ocorre que, dependendo da extensão do âmbito de proteção inicialmente traçado naquele primeiro momento, o direito fundamental examinado poderá colidir, em proporção, com outros direitos e bens juridicamente protegidos, impondo-se um segundo momento, que exige a aplicação do princípio da proporcionalidade em sentido amplo e do subprincípio correspondente, atinente à proporcionalidade em sentido estrito, determinando definitivamente o seu âmbito de proteção em concreto.[493]

Vê-se que, nos momentos do processo de concretização que culmina em definir o âmbito de proteção dos direitos fundamentais, efetua-se a necessária relação de implicação dialética entre texto e contexto, permitindo a atualização do sentido, alcance e significado das normas de direitos fundamentais. Não se prescinde, pois, da fase relativa à ponderação, visto que a fusão de horizontes de sentido não ocorre dissociada do conflito gerado pela pré-compreensão dos elementos envolvidos no processo hermenêutico. É na atividade ponderativa, então, que os valores serão sopesados de forma condicionada pelas circunstâncias fáticas, ocasionando a introdução dos efeitos destes elementos ao cerne da norma e sua correspondente internação no sistema jurídico.

Atuam, nesse processo, os princípios de interpretação constitucional, examinados na primeira parte deste trabalho, orientando e fundamentando a interação, coordenação e valoração dos tópicos (pontos de vista) que levarão à solução do problema, especialmente, os princípios da unidade da Constituição, da sua concordância prática, do efeito integrador e da efetividade, aplicados à colisão de direitos fundamentais.[494]

Como resultado, teremos a definição do âmbito de proteção dos direitos fundamentais de forma sempre atualizada, permitindo as mutações de sentido conciliadoras entre o sistema jurídico e os ditames da ordem social.

---

[492] Através da utilização dos métodos tradicionais de interpretação literal, teleológico, histórico e sistemático, e, em caráter complementar, diante da fluidez e indeterminação dos preceitos constitucionais que caracterizam a Lei Maior como um documento aberto a valores, deve-se utilizar a ponderação (PEREIRA, 2006, p. 289-295).

[493] Ibidem, p. 181-182, p. 193-194 e p. 203 *et seq.*

[494] Cf. STEINMETZ, 2001, p. 100.

4. O limite à restrição dos direitos fundamentais: o princípio da proporcionalidade

4.1. O limite dos limites

A necessidade de restrição aos direitos fundamentais, dado que não se afiguram absolutos e devem coexistir no sistema jurídico, entre si e com outros direitos e bens jurídicos protegidos, traz consigo a noção de que esta atividade restritiva deve encontrar barreiras de modo a não configurar pretexto à aniquilação dos mesmos direitos que exigem a proteção do sistema.

Acerca da possibilidade de restrição dos direitos fundamentais, valem as considerações referentes à distinção entre regras e princípios, notadamente, quanto ao enquadramento das posições de direitos fundamentais em definitivas e *prima facie*. Em se partindo da teoria dos princípios, verificar-se-á que as posições a serem restringidas configuram-se *prima facie*, de onde se restringirá não somente um bem protegido, mas um direito garantido por normas de direito fundamental.[495]

Temos por limitações a direitos fundamentais as normas constitucionais[496] que restringem posições *prima facie* de direitos fundamentais. Estas normas restritivas de direitos fundamentais, por sua vez, devem ser emanadas da autoridade que possui competência constitucionalmente outorgada para tanto, seja pela atividade legislativa, no que concerne às regras restritivas, seja pela atividade judiciária, quando a autoridade, legitimada pela Lei Maior a estabelecer o controle de constitucionalidade, limita direitos fundamentais de terceiros e outros bens jurídicos de nível constitucional, que entrem em colisão.[497]

Do caráter principiológico das normas de direito fundamental, resulta que não somente os direitos fundamentais podem ser restringidos frente aos princípios opostos, como a sua restringibilidade pode ser limitada. E, se a restrição aos direitos fundamentais ocorre quando,

---

[495] ALEXY, 1997, p. 267-271.

[496] Ou as normas infraconstitucionais, quando constitucionalmente outorgada competência ao legislador nesse sentido (ALEXY, 1997, p. 277)

[497] Ibidem, p. 272-275.

diante do caso concreto, princípios opostos possuam maior peso que o princípio de direito fundamental em exame, pode-se dizer que os direitos fundamentais consistem na própria limitação à sua respectiva restrição e restringibilidade.[498]

A idéia de traçar limites aos limites dos direitos fundamentais, difundida na doutrina tedesca durante a Lei Fundamental de Bonn,[499] não pode ser dissociada dos direitos fundamentais. As restrições aos limites destes direitos não consistem institutos autônomos, mas "pautas complementares e acessórias, destinadas a assegurar a supremacia dos direitos fundamentais. Em outras palavras, trata-se de instrumentos normativo-metódicos de aplicação dos direitos fundamentais, cuja finalidade é garantir o seu caráter vinculante".[500] Nessa condição, insere-se o princípio da proporcionalidade,[501] da proibição de excesso e da vedação à tutela insuficiente do Estado, cujo exame ocorre na seqüência.

Por esse motivo, as restrições aos direitos fundamentais, a exemplo do que acontece no Direito pátrio, prescindem de explicitação no texto constitucional, sendo deduzidas do próprio dever de proteção jurídico-constitucional aos direitos fundamentais, assim como do princípio do Estado de Direito.[502]

4.2. O princípio da razoabilidade

Antes de discorrermos acerca da máxima da proporcionalidade, demonstra-se necessário diferenciar aquele postulado do chamado princípio da razoabilidade, muito embora na jurisprudência pátria, até pouco tempo, não tenha havido uma maior preocupação em se estabelecer uma distinção entre ambos. Contudo, não há como prosseguir na questão dos limites às restrições dos direitos fundamentais, sem identificar esses dois instrumentos metodológicos, descartando-se, todavia, a pretensão de exaurimento na abordagem, em face da vasta literatura existente sobre o tema e da ausência de unidade conceitual e terminológica.

O princípio da razoabilidade tem origem e desenvolvimento ligado à garantia do devido processo legal (*due process of law*), instituto ancestral do Direito anglo-saxão, remontando à cláusula *law of the land*, inserta na Carta Magna, de 1215, sendo modernamente consagrada no

---
[498] Ibidem, p. 286.
[499] PEREIRA, 2006, p. 298.
[500] Ibidem, p. 299.
[501] Ibidem.
[502] PEREIRA, 2006, p. 301.

texto positivo das Emendas 5ª e 14ª da Constituição norte-americana, tornando-se uma das mais significativas fontes de jurisprudência da Suprema Corte dos Estados Unidos da América, como forma de proteção dos direitos e garantias individuais, dirigidos ao controle do arbítrio do legislativo e da discricionariedade governamental.[503]

O nosso Supremo Tribunal Federal limita-se, por diversas vezes, a equiparar a proporcionalidade com a razoabilidade, no sentido de que o que é proporcional não extrapola os limites da razoabilidade. De acordo com L. V. Silva, mencionando o entendimento de Barroso, a razoabilidade, com fundamento no devido processo legal substancial, importa na compatibilidade entre o meio empregado pelo legislador e os respectivos fins, bem como na aferição da legitimidade daqueles fins.[504] Frente a isso, apesar de, por vezes, o Pretório Excelso referir-se à proporcionalidade, deve-se entender como indicação da análise da razoabilidade.

Na doutrina, da mesma forma, diversos autores, dentre os quais Mendes e Barroso, são destacados por Steinmetz, visto considerarem os postulados da proporcionalidade e da razoabilidade fungíveis e idênticos (Barroso) ou intercambiáveis (Mendes), fundamentando a razoabilidade na cláusula do devido processo legal.[505]

Essa falta de uniformidade doutrinária e jurisprudencial estende-se à formulação de critérios claros e precisos de fundamentação dos postulados da razoabilidade e proporcionalidade, devendo-se recorrer à reconstrução analítica das decisões para solução deste impasse.[506]

Àvila salienta, então, com base em precedentes do Supremo Tribunal Federal, três acepções para o postulado da razoabilidade: a) Razoabilidade como eqüidade – exige harmonização da norma geral com o caso individual – "atua como instrumento para determinar que as circunstâncias de fato devem ser consideradas com a presunção de estarem dentro da normalidade", e "exige a consideração do aspecto individual do caso nas hipóteses em que ele é sobremodo desconsiderado pela generalização legal";[507] b) Razoabilidade como congruência: impõe harmonização das normas com as suas condições externas de aplicação, recorrendo-se a um suporte empírico existente. Além disso, "exige uma relação congruente entre o critério de diferenciação escolhido e a medida adotada";[508] c) Razoabilidade como equivalência: impor-

---

[503] Cf. STEINMETZ, 2001, p. 183-184.

[504] SILVA, Luís Virgílio Afonso da. O proporcional e o razoável. *Revista dos Tribunais*, São Paulo, v. 91, n. 798, abr. 2002, p. 32-33.

[505] Cf. STEINMETZ, 2001, p. 185.

[506] ÁVILA, 2006, p. 139.

[507] Ibidem, p. 141.

[508] Ibidem, p. 143-144.

ta em "uma relação de equivalência entre a medida adotada e o critério que a dimensiona".[509]

O exame das três acepções acerca da razoabilidade (como dever de eqüidade, congruência e equivalência), permitiu ao autor formular uma distinção entre este postulado e aquele da proporcionalidade, ante a ausência de um exame quanto à máxima parcial da proporcionalidade em sentido estrito. Não há, nas situações que engendraram a aplicação da razoabilidade, a referência a uma relação de causalidade entre um "meio" e um "fim", tal como ocorre na proporcionalidade, nem o entrecruzamento entre as máximas parciais da adequação (adequação dos meios aos fins pretendidos) e necessidade (o meio menos gravoso dentre os meios adequados).[510]

L. V. Silva, igualmente, distingue a máxima da proporcionalidade daquela da razoabilidade, por critérios similares:

> A regra da proporcionalidade no controle das leis restritivas de direitos fundamentais surgiu por desenvolvimento jurisprudencial do Tribunal Constitucional alemão e não é uma simples pauta que, vagamente, sugere que os atos estatais devem ser razoáveis, nem uma simples análise da relação meio-fim. Na forma desenvolvida pela jurisprudência constitucional alemã, tem ela uma *estrutura* racionalmente definida, com subelementos independentes – a análise da adequação, da necessidade e da proporcionalidade em sentido estrito – , que são aplicados em uma ordem pré-definida, e que conferem à regra da proporcionalidade a individualidade que a diferencia, *claramente*, da mera exigência de razoabilidade.[511]

Na concepção deste publicista, o conceito de razoabilidade, na forma como considerado retro, corresponde apenas à primeira das três sub-regras da proporcionalidade, isto é, apenas à exigência de adequação, sendo a regra da proporcionalidade mais ampla do que a da razoabilidade, pois não se esgota na averiguação da compatibilidade entre meios e fins. No caso das decisões do Supremo Tribunal Federal, temos que desaparece a análise dos subprincípios ou sub-regras, citando-se sempre a decisão liminar que declarou inconstitucional a exigência de pesagem de botijões de gás na presença do consumidor, instituída por lei estadual do Paraná, em que aquela Corte não procedeu ao exame dos subprincípios de forma concreta e isolada, sem aplicar, na hipótese, a máxima da proporcionalidade.[512]

Do ponto de vista deste estudo, cumpre aderir às teses que constatam divergência entre os postulados da proporcionalidade e da razoabilidade. A uma, porque, como evidencia Steinmetz, o princípio

---

[509] ÁVILA, 2006, p. 145.

[510] Ibidem, p. 146-148.

[511] SILVA, L.V., 2002, p. 30. Atentando-se que L. V. Silva, no citado artigo, diverge de Ávila quanto à utilização do termo 'dever de proporcionalidade', por entender que, "Se se falar em *dever*, fala-se em norma", sendo que normas são regras ou princípios, e, em sua análise, o dever de proporcionalidade não é um princípio, mas uma regra, preferindo aplicar, então, o termo "regra de proporcionalidade" (Ibidem, p. 26).

[512] Ibidem, p. 32.

da razoabilidade não apresenta ainda uma definição operacional, diferentemente do princípio da proporcionalidade que possui indicadores de concreção (mensuração e controle), assentados em suas máximas parciais (adequação, necessidade e proporcionalidade em sentido estrito). Tal desfavorece o imperativo de se obter, na argumentação jurídica, uma decisão racional e controlável. A duas, porque, não perquirindo da proporcionalidade em sentido estrito (ao menos ante a análise da doutrina e jurisprudência), não se encontra apto a resolver a questão da colisão de direitos fundamentais, essencial, como visto, para delimitação do âmbito de proteção definitivo dos direitos fundamentais e, assim, do respectivo conteúdo essencial destes direitos.[513]

4.3. O princípio da proporcionalidade, a proibição de excesso e a vedação de tutela insuficiente

O princípio da proporcionalidade corresponde à justa medida jurídico-material e decorre da vinculação do Estado Democrático de Direito a um mínimo ético.[514] É por meio da sua aplicação que será definido e respeitado o espaço de convívio individual de cada cidadão frente ao Estado, proporcionando a acomodação dos reclames sociais e a obtenção do parâmetro para a preservação do núcleo essencial dos direitos fundamentais, no processo das mudanças constitucionais informais, oriundas do esquema exegético que concretiza as normas da Lei Maior. Por essa forma, o princípio em tela propicia não só o controle substancial das ações estatais, como, também, a sua aferição formal, e, desta feita, autoriza o controle difuso e concentrado da constitucionalidade na proteção dos direitos fundamentais.

Existe divergência na doutrina quanto ao enquadramento da proporcionalidade na categoria das regras ou princípios. Na lição de Ávila, enquanto Alexy não enquadra a proporcionalidade em uma categoria específica, a maior parte da doutrina cumpre por enquadrá-la como princípio. No entanto, certo é, como bem analisa Ávila, que os princípios são definidos como normas de conteúdo imediatamente finalístico, ao passo que os postulados não impõem diretamente a consecução de um fim, mas estruturam a aplicação do dever de promover um fim. Já as regras são normas imediatamente descritivas

---

[513] Cf. STEINMETZ, 2001, p. 187-192.

[514] No mesmo sentido, SCHOLLER, Heinrich. O princípio da proporcionalidade no direito constitucional e administrativo da Alemanha. Tradução Ingo Wolfgang Sarlet. *Interesse Público*, n. 2, 1999, p. 97: "A *sedes materiae* do princípio da proporcionalidade encontra-se no princípio do Estado de Direito, o qual – na condição de princípio constitucional fundamental – vincula o legislador, na medida em que serve de fundamento para o princípio da reserva de lei proporcional".

de comportamentos devidos, ou atributivas de poder. Logo, supera-se o terreno das normas para se adentrar em uma outra categoria, a das metanormas, situadas em um segundo grau e direcionadas a estabelecer a estrutura de aplicação de outras normas.[515]

Em Alexy, justamente pela estruturação dos direitos fundamentais mediante a distinção entre regras e princípios, definidos estes últimos como mandados de otimização, a proporcionalidade aparecerá sob a designação de "máxima", constituída por três "máximas parciais" (os conhecidos subprincípios da proporcionalidade).[516] A designação de Alexy demonstra-se coerente à sua teoria estrutural dos direitos fundamentais, adotada em nosso estudo. Formando-se um certo consenso na doutrina e jurisprudência, não vemos óbice em respeitar a designação da proporcionalidade por princípio, desde que se tenha presente a distinção entre regras, princípios e postulados ou máximas.

Cumpre ainda dizer que o princípio da proporcionalidade, apesar de não positivado no ordenamento jurídico pátrio, assim como não o é na ordem jurídica germânica, tem sua formulação obtida com fulcro na própria essência dos direitos fundamentais.[517]

Segundo a doutrina alemã, onde foi concebido o princípio da proporcionalidade (*Verhältnismässigkeit*), inicialmente aplicado ao direito administrativo e depois migrado ao direito público em geral,[518] tem-se que engloba um conjunto de três sub-regras, subprincípios, ou, ainda, máximas parciais, a saber: a) adequação – como congruência na relação *meio x fim*; b) necessidade – afere se o meio escolhido para o atendimento de determinado fim não pode ser substituído por outro, igualmente eficaz, mas menos gravoso (relação *meio x meio*);[519] c) proporcionalidade em sentido estrito – envolve a otimização de possibilidades jurídicas, consistindo no "sopesamento entre a intensidade da restrição ao direito fundamental atingido e a importância da realização do direito fundamental que com ele colide e que fundamen-

---

[515] ÁVILA, 2006, p. 123-124.

[516] ALEXY, 1997, p. 111.

[517] Ibidem, p. 112. Assim também, PEREIRA, 2006, p. 319-320.

[518] Cf. STEINMETZ, 2001, p.145 et seq. Noticia o autor a aplicação do princípio da proporcionalidade desde o século XIX, no Direito Administrativo de polícia prussiano, desenvolvendo-se dogmaticamente e adquirindo *status* de princípio constitucional no segundo pós-guerra.

[519] Esta matéria é objeto de abundante produção doutrinária, não se pretendendo, neste seguimento do estudo, sua abordagem exauriente. Por isso, reporto-me, para aprofundamento do exame dos subprincípios da proporcionalidade em sentido amplo, notadamente, aos estudos de PEREIRA, op. cit., p. 324 *et seq.*; STEINMETZ, op. cit., p. 148 *et seq.*; ALEXY, op. cit., p. 111 *et seq.*; ÁVILA, 2006, p. 148 *et seq.*; 152 *et seq.*; STUMM, Raquel Denize: *Princípio da proporcionalidade: no direito constitucional brasileiro*. Porto Alegre: Livraria do Advogado, 1995, p. 79 *et seq.*; BARROS, Suzana de Toledo. *O princípio da proporcionalidade e o controle da constitucionalidade das leis restritivas de direitos fundamentais*. 2. ed. Brasília: Brasília Jurídica, 2000, p. 74 *et seq.*, dentre outros.

ta a adoção da medida restritiva".[520] Contudo, é com a atuação conjunta dos três subprincípios que se obtém o parâmetro necessário para sua eficaz aplicação.

Alexy distingue a proporcionalidade em sentido estrito dos subprincípios da necessidade e adequação, em razão de o primeiro considerar as possibilidades jurídicas (ponderação entre a lesividade e salvaguarda dos outros direitos envolvidos), e os demais levarem em conta possibilidades fáticas.[521]

A conexão entre a aplicação do princípio da proporcionalidade, nos processos exegéticos que importam em modificação tácita do sentido, alcance e significado das normas constitucionais, e a preservação do núcleo essencial dos direitos fundamentais reside no fato de que, em se considerando a teoria subjetiva relativa,[522] pela ponderação de direitos frente ao caso concreto (subprincípio da proporcionalidade propriamente dito), poderia ser deduzida a restrição violadora do núcleo essencial dos direitos em tela. Por conseguinte, o princípio da proporcionalidade, adotando-se a teoria estrutural dos direitos fundamentais de Alexy, importa em "ferramenta metodológica no controle de validade das restrições aos direitos fundamentais", porque, na condição de princípios – normas que podem ser cumpridas em diferentes graus – "torna-se imperativo adotar um critério que se preste a mensurar em que escala a Constituição exige o seu cumprimento em cada caso".[523]

Sob esse aspecto, o cânone da proporcionalidade se origina da necessidade de conferir efetividade aos direitos fundamentais, não plenamente assegurados pela mera positivação no texto constitucional: configura "garantia especial" dos direitos fundamentais, em um contexto em que a dignidade do homem, como finalidade essencial do Estado, viabiliza a abertura para o reconhecimento de novos direitos e suas respectivas e necessárias garantias.[524]

---

[520] SILVA, L.V., 2002, p. 40. Assim também ensina BARROS, 2000, p. 74-87: 1- quanto ao subprincípio da adequação: o meio escolhido deve ser apto à consecução do fim pretendido; 2- quanto ao subprincípio da necessidade: dentre os meios adequados (segundo o item precedente), deve-se escolher aquele que cause menor restrição a direito, isto é, o meio menos gravoso ao cidadão; 3- quanto ao subprincípio da proporcionalidade em sentido estrito: deve-se considerar a relação precedência de um bem jurídico em detrimento de outro envolvido no processo de ponderação.

[521] ALEXY, 1997, p. 112-113.

[522] Segundo Alexy, a teoria subjetiva absoluta distingue-se da teoria subjetiva relativa acerca das restrições aos direitos fundamentais. Pela primeira, o núcleo essencial seria determinável teórica e abstratamente, e, assim, intocável para o intérprete na apreciação do caso concreto. Em contrapartida, na segunda, o conteúdo essencial de um direito fundamental somente pode ser aferível diante da ponderação de peso dos respectivos direitos envolvidos diante das circunstâncias particulares (Ibidem, p. 288-291).

[523] PEREIRA, 2006, p. 321-322.

[524] BARROS, 2000, p. 93.

Interessa-nos, em especial, o exame da proporcionalidade em sentido estrito, visto que, nesta etapa, será empregada a ponderação que definirá os limites, em concreto, da restrição aos direitos fundamentais, fixando o seu âmbito de proteção definitivo.

No que concerne à aferição da proporcionalidade em sentido estrito, quanto à restrição imposta aos direitos fundamentais, temos a lição de Scholler, lembrando que o Tribunal Federal Constitucional culminou por desenvolver a chamada "teoria dos degraus" e a "teoria das esferas". Em consonância com a primeira, as restrições aos direitos fundamentais devem ser operadas considerando-se a existência de diferentes degraus.[525] Acrescenta-se que a restrição somente poderá avançar um degrau (ou esfera) em direção à proteção do direito fundamental em jogo, passando-se para a fase (degrau) seguinte, apenas quando uma restrição mais intensa seja absolutamente indispensável para obtenção do fim pretendido, e assim sucessivamente, até que esbarre em uma esfera (degrau ou nível) de caráter mais central, via de regra, imune a restrições legislativas e administrativas, porquanto se sobrepõe, sob pena de aniquilação da própria efetividade do direito fundamental, às esferas da privacidade ou de ordem pública.[526]

No que tange à barreira imposta pelo nível mais íntimo de proteção dos direitos fundamentais, temos o postulado da proibição de excesso, muitas vezes situado como faceta do princípio da proporcionalidade, mas que com este não se confunde, por não perquirir das questões de adequação e necessidade dos meios empregados e fins almejados (subprincípios da proporcionalidade).

Em se cuidando do princípio da proibição de excesso, pode-se até considerar a proporcionalidade em seu sentido estrito, na função de proibir a restrição excessiva de qualquer direito fundamental. No entanto, importa à proibição de excesso o fato de estar um direito fundamental sendo excessivamente restringido, com a retirada, para realização de regra ou princípio constitucional, de um mínimo necessário à sua eficácia. Enquanto, na proporcionalidade em sentido estrito, comparam-se os graus de intensidade de restrição de um princípio ou direito fundamental, para reconhecimento da invalidade de uma medida que restringe mais do que promove determinado direito; na proibição de excesso, considera-se a existência de um halo protetor do núcleo

---

[525] O autor exemplifica: "Assim, por exemplo, já se poderá admitir uma restrição na liberdade de exercício profissional (art. 12 da Lei Fundamental) por qualquer motivo objetivamente relevante (aus jedem sachlichen Grund), ao passo que no degrau ou esfera mais profunda, o da liberdade de escolha da profissão, tida como sendo em princípio irrestringível, uma medida restritiva apenas encontrará justificativa para salvaguardar bens e/ou valores comunitários de expressiva relevância de ameaças concretas, devidamente comprovadas, ou pelo menos altamente prováveis." (SCHOLLER, 1999, p.102).

[526] Ibidem, p. 102-103.

essencial dos direitos fundamentais, intransponível, independentemente da sua finalidade, justificativa e do grau de intensidade da sua realização.[527]

Todavia, conforme assevera Vieira de Andrade, os direitos fundamentais não constituem apenas direitos subjetivos, mas também comportam uma dimensão objetiva, não admitindo serem pensados apenas do ponto de vista dos indivíduos, enquanto faculdades ou poderes de que são titulares. Valem igualmente do ponto de vista da comunidade, na qualidade de valores ou fins, a partir de uma dimensão tanto diretiva como prospectiva.[528]

Sob esse aspecto, os direitos fundamentais podem adotar, em meio a essa dimensão objetiva, uma dimensão valorativa, em virtude de que a medida e o alcance da sua validade jurídica são, em parte, determinados pelo seu reconhecimento comunitário, e não simplesmente remetidos ao âmbito da vontade dos seus titulares.[529]

Daí emana a conclusão de que os poderes públicos têm não somente o dever de resgatar os direitos fundamentais, mas de intervir para acondicioná-los, garanti-los e restringi-los, quando necessário à salvaguarda dos valores e interesses comunitários, respeitado o seu núcleo essencial.[530] Assim também se posiciona Sarlet, para quem a dimensão axiológica da função objetiva dos direitos fundamentais importa em que estes direitos não permitam valoração exclusiva sob a ótica do indivíduo e do seu *status* perante o Estado, mas também sob o

---

[527] ÁVILA, 2006.

[528] ANDRADE, 1987, p. 144-145.

[529] Ibidem, 146-147.

[530] Ibidem, p. 148. No entendimento do autor, a dimensão objetiva dos direitos fundamentais, vista como produtora de efeitos jurídicos, demonstra-se complemento e suplemento da dimensão subjetiva, ao passo que os preceitos constitucionais produzem efeitos que não reconduzem às posições jurídicas subjetivas, reconhecendo deveres e obrigações, notadamente ao Estado, sem a correspondente atribuição de direitos aos indivíduos (Ibidem, p. 161). Tomada a idéia de direito subjetivo na condição de "poder de vontade própria para realização de interesses que também são reconhecidos como próprios do respectivo titular", importa conceber-se, igualmente, a existência de uma esfera de auto-regulamentação ou um espaço de decisão individual protegido (Ibidem, p. 163). Ocorre que o conceito de direitos subjetivos deve ser entendido num sentido amplo quando dirigido à aplicação dos direitos fundamentais. E, por essa forma, o espaço de manobra deixado ao titular do direito não será sempre o mesmo, e a liberdade dependerá da intensidade com que o valor pessoal posto em causa é assumido pela ordem jurídica, também como interesse comunitário ou da sua suscetibilidade em afetar interesses gerais ou coletivos (ANDRADE, 1987, p. 164). Além do que, a força desses direitos depende do grau com que a Constituição determina ou pode determinar o conteúdo concreto dos direitos e deveres correspondentes – maior, quando comportamentos negativos são exigidos do Estado; menor, quando se lhe exigem prestações que implicam objeções políticas e dependem de escassos recursos financeiros. Por outro lado, há se considerar que os direitos fundamentais configuram posições subjetivas complexas, encerrando, em si, uma multiplicidade de direitos e pretensões, poderes e faculdades, com objetos, conteúdos e sujeitos ativos e passivos diversos (Ibidem, p. 165). Deixaremos de analisar aqui, embora faceta da dimensão objetiva dos direitos fundamentais, a questão dos deveres fundamentais, porquanto exorbitará a diretriz traçada para o presente estudo.

prisma da comunidade na sua totalidade, uma vez que constituem fins e valores a serem concretizados, necessitando, o exercício dos direitos subjetivos individuais, de reconhecimento pela comunidade.[531] É por isso que, com base no magistério já mencionado de Vieira de Andrade, Sarlet aponta para os efeitos da dimensão objetiva dos direitos fundamentais quanto à sua aptidão para legitimar restrições a direitos subjetivos, contribuindo, de certa forma, para a limitação do conteúdo e alcance dos direitos fundamentais, observando-se o resguardo do respectivo núcleo essencial destes direitos.[532] Acresce-se, ainda, comportar, a dimensão objetiva, uma denominada eficácia diretiva em relação ao Estado, que se encontra compelido à permanente concretização e realização dos direitos fundamentais.[533]

É nesse sentido que se posiciona Mendes, pois, se os direitos fundamentais não contêm apenas uma proibição de intervenção (*Eingriffsverbote*), expressando também um postulado de proteção (*Schutzgebote*), haverá não só uma proibição de excesso, mas uma proibição de omissão do Estado na implementação da eficácia dos direitos fundamentais (*Untermassverbote*).[534] Em se verificando que a eficácia dos direitos fundamentais dirige-se, de forma imediata, contra o Estado – pois é o destinatário da tutela destes direitos –, e mediata contra os particulares – porquanto irradia efeitos que impõem o dever de guarda e proteção suficiente por parte do Estado, em relação às pretensões e interesse dos demais sujeitos privados –;[535] evidencia-se, outrossim, a Constituição proibir que se desça abaixo de um certo mínimo de proteção, identificando-se o que Canaris batizou, com base em precedentes do Tribunal Constitucional alemão, de *"proibição de insuficiência"*.[536] Segundo Sarlet, a proibição de insuficiência reconduz ao princípio do Estado de Direito, em que o Estado exsurge como detentor do monopólio do emprego da força e da solução dos litígios entre

---

[531] SARLET, Ingo Wolfigang. Constituição e proporcionalidade: o direito penal e os direitos fundamentais entre proibição de excesso e de insuficiência. *Revista da Ajuris*, Porto Alegre, v. 32, n. 98, p. 105-149, jun. 2005, p. 123-124.

[532] Ibidem, p. 124.

[533] Ibidem, p. 125.

[534] MENDES, 2004, p. 12: O autor aponta que, com base na jurisprudência da Corte Constitucional alemã, pode-se classificar o dever estatal de proteção como: a) dever de proibição (*Verbotspflicht*), referente ao dever de proibir determinada conduta; b) dever de segurança (*Sicherheitspflicht*), dever estatal de proteger o indivíduo contra ataques de terceiros mediante a adoção de diversas medidas; e, c) dever de evitar riscos (*Risikopflicht*): dever estatal de adotar medidas preventivas e protetivas a fim de evitar riscos para os cidadãos, notadamente em relação ao desenvolvimento técnico ou tecnológico. Também, aquela Corte reconheceu a existência de um direito subjetivo, ou direito fundamental à observância do dever de proteção, porquanto a não-observância desse dever violaria o art. 2, II, da Lei Fundamental.

[535] CANARIS, Claus Wilhelm. *Direitos fundamentais e direito privado*. Tradução Ingo Wolfgang Sarlet e Paulo Mota Pinto. Coimbra: Almedina, 2003, p. 57-58.

[536] Ibidem, p. 59-60.

particulares,[537] salvo situações determinadas pela própria ordem jurídica. Deparando-nos com essa ambivalente perspectiva subjetiva e objetiva dos direitos fundamentais, constata-se uma dupla feição no que concerne aos limites dos limites destes direitos e ao dever de proteção pelo Estado, consubstanciados no princípio da proporcionalidade. Se, sob o enfoque dos direitos de defesa (ou direitos subjetivos em sentido negativo), configurar-se-ia, como limite à restrição, o que a doutrina sedimentou como proibição de excesso; em contrapartida, também falharia o Estado quanto ao seu dever de proteção, ao atuar de forma insuficiente, abaixo dos limites mínimos de proteção exigidos pela Constituição.[538]

A aplicação prática desse entendimento nos é trazida em voto da lavra do Ministro Gilmar Mendes, primeiramente, no julgamento do Recurso Ordinário constitucional quanto ao *Habeas Corpus* n° 82.033-6, interposto contra acórdão do Superior Tribunal Militar que deferiu, em parte, pedido para trancamento de ação penal versando sobre os delitos de calúnia e difamação, prosseguindo no tocante ao delito de injúria. Naquela ocasião, o recorrente sustentava a inexistência de justa causa para o ajuizamento da ação penal, porquanto as expressões tomadas como ofensivas foram proferidas no exercício da advocacia, encontrando-se atingidas pela imunidade profissional prevista no art. 133 da CF/88; também pela ausência de *animus injuriandi*. O Ministro entendeu configurar hipótese de colisão de direitos fundamentais,

---

[537] SARLET, 2005, p. 129.

[538] Ibidem, p. 132. Segundo Sarlet, restou convencionado, pela doutrina e jurisprudência, como proibição de insuficiência (assim entendida como insuficiente implementação dos deveres de proteção do Estado: *Untermassverbote*), partindo-se da doutrina de Canaris e Isensee, aplicada pelo Tribunal Constitucional alemão, de forma que "o legislador, ao implementar um dever de prestação que lhe foi imposto pela Constituição (especialmente no âmbito dos deveres de proteção) encontra-se vinculado pela proibição de insuficiência, de tal sorte que os níveis de proteção (portanto, as medidas estabelecidas pelo legislador) deveriam ser suficientes para assegurar um padrão mínimo (adequado e eficaz) de proteção constitucionalmente exigido. A violação da proibição de insuficiência, portanto, encontra-se habitualmente representada por uma omissão (ainda que parcial) do poder público, no que diz com o cumprimento de um imperativo constitucional, no caso, um imperativo de tutela ou dever de proteção [...]", ressaltando, Sarlet, não se esgotar, entretanto, nessa dimensão omissiva. Assim também define Streck, considerando que a "proibição de proteção deficiente" refere-se à estrutura que o princípio da proporcionalidade adquire na aplicação dos direitos fundamentais de proteção, constituindo, por isso, uma de suas faces na qualidade de critério estrutural para determinação dos direitos fundamentais (STRECK, Lenio Luiz. A dupla face do princípio da proporcionalidade: da proibição de excesso (*Übermassverbote*) à proibição de proteção deficiente (*Untermassverbote*) ou de como não há blindagem contra normas penais inconstitucionais. *Revista da Ajuris*, Porto Alegre, v. 32, n. 97, p. 171-201, mar. 2005, p.179-180). Observa-se que a análise, realizada pelos autores, embora dirigida a questões de direito penal, nem por isso se desvencilha do seu cunho propedêutico no que se refere à elucidação sobre o conteúdo deste instituto denominado proibição de insuficiência, sem a pretensão, aqui, de tecer um estudo mais aprofundado, porquanto nos servirá como mecanismo para que se entenda a restrição aos limites dos direitos fundamentais no processo exegético.

quais sejam, a liberdade de exercício profissional e o direito à honra, à imagem e à dignidade da pessoa humana. Neste caso, a questão resolver-se-ia pela atividade ponderativa entre os valores envolvidos em concreto. O julgador destaca os direitos fundamentais como instrumento de defesa da ordem jurídico-objetiva, extraindo-se daí a concepção que impõe ao Estado um dever de proteção, fazendo evoluir a posição do Estado, de adversário a guardião dos direitos fundamentais. Tal permite superar a separação entre ordem constitucional e ordem legal, possibilitando que se reconheça uma irradiação dos efeitos destes direitos sobre toda a ordem jurídica. Naquela específica hipótese, ponderou, de um lado, que o texto constitucional preconiza a liberdade profissional do exercício da advocacia, mas de outro, surgem outros valores, tais como a dignidade da pessoa humana, que não pode ser ofendida ao pretexto de atendimento à imunidade que garanta o bom exercício profissional. Isso culminaria por converter o homem em objeto do Estado. Votou, portanto, pelo desprovimento do recurso.

Em outra oportunidade, o Ministro Gilmar Mendes pronunciou-se, no Recurso Extraordinário – RE nº 418376, cujo argumento principal consiste na verificação de contrariedade ao disposto no artigo 226, § 3º, da Constituição Federal, em se considerando que a decisão recorrida deixou de reconhecer a união estável entre homem e mulher como uma entidade familiar, para efeitos da aplicação da cláusula de extinção da punibilidade prevista no art. 107, VII, do Código Penal.[539] Quanto a essa hipótese, Mendes elucida que há uma outra faceta do princípio da proporcionalidade como proibição de excesso (já fartamente explorada pela doutrina e jurisprudência pátrias), que abrange uma série de situações, de modo que, na hipótese em exame, o reconhecimento de união estável, equiparável a casamento para fins de extinção da punibilidade (nos termos do art. 107, VII, do Código Penal), não seria consentâneo com o princípio da proporcionalidade no que toca à

---

[539] Assim se manifestou o Ministro Gilmar Mendes: "A união estável, que se equipara a casamento por força do art. 226, §3º, da Constituição Federal, é uma relação de convivência e afetividade em que homem e mulher de idade adulta, de forma livre e consciente, mantém com o intuito de constituírem família. Não se pode equiparar a situação dos autos a uma união estável, nem muito menos, a partir dela, reconhecer, na hipótese, um casamento, para fins de incidência do art. 107, VII, do Código Penal.
De outro modo, estar-se-ia a blindar, por meio de norma penal benéfica, situação fática indiscutivelmente repugnada pela sociedade, caracterizando-se típica hipótese de proteção insuficiente por parte do Estado, num plano mais geral, e do Judiciário, num plano mais específico.
Quanto à proibição de proteção insuficiente, a doutrina vem apontando para uma espécie de garantismo positivo, ao contrário do garantismo negativo (que se consubstancia na proteção contra os excessos do Estado) já consagrado pelo princípio da proporcionalidade. A proibição de proteção insuficiente adquire importância na aplicação dos direitos fundamentais de proteção, ou seja, na perspectiva do dever de proteção, que se consubstancia naqueles casos em que o Estado não pode abrir mão da proteção do direito penal para garantir a proteção de um direito fundamental".

proibição de proteção insuficiente, uma vez que todos os poderes do Estado, dentre os quais evidentemente está o poder judiciário, estão vinculados e obrigados a proteger a dignidade das pessoas.

4.4. A ponderação

Comum à aplicação da proporcionalidade em sentido estrito e à proibição de excesso e insuficiência, demonstra-se a atividade de ponderação. A despeito de não haver uma clara distinção na doutrina quanto à equiparação entre princípio da proporcionalidade, em sentido estrito e amplo, e ponderação, a relevância prática para o nosso tema reside em que a ponderação de direitos e bens jurídicos em situação de colisão se opera, de forma racional e controlável, pelo princípio da proporcionalidade, notadamente, pela sua máxima parcial da proporcionalidade em sentido estrito.[540]

Despontando a sua utilização, no direito germânico, pelo Tribunal Constitucional Federal, a contar do noticiado caso Lüth (1958), evidencia-se que ponderação não é sinônimo de interpretação, mas corresponde à metódica empregada com escopo a adotar uma decisão de preferência entre direitos ou bens em conflito, determinando qual direito ou bem prevalecerá na solução da colisão e em que medida.[541]

Em sendo a ponderação, nas palavras de Canotilho, um elemento do procedimento de interpretação/aplicação de normas, destinado à atribuição de um significado normativo e à elaboração de uma norma de decisão,[542] ao depararmo-nos com situações de menor densidade normativa, como no caso dos princípios constitucionais, verifica-se insuficiente a utilização da técnica subsuntiva, adequada aos casos de normas dotadas de maior densidade. É por esse motivo que alguns autores identificam o método da subsunção como afeto à aplicação das regras de direito, enquanto a ponderação destinar-se-ia aos princípios jurídicos,[543] o que nos parece pouco conclusivo. Mesmo as regras, se dotadas de expressões de ampla vaguidade, podem exigir uma atividade ponderativa no processo de concretização. Poderíamos dizer que a ponderação constitui método compatível com a exigência de densificação das normas. Neste caso, a subsunção adequar-se-ia melhor aos casos de normas de maior densidade, que prescindem, pela característica das expressões do texto normativo, do processo de densificação.

---

[540] Cf. STEINMETZ, 2001, p. 144-145.

[541] Cf. Ibidem, p. 140-141.

[542] CANOTILHO, 2000, p. 1109-110.

[543] SANCHÍS, Luis Prieto. Neoconstitucionalisno y ponderación judicial. In: NEOCONSTITUCIONALISMO(S). Madrid: Trotta, 2003, p. 144.

Em se adotando a teoria estrutural de Alexy, alicerçada em uma teoria dos princípios e das posições jurídicas básicas, os direitos fundamentais possuem a estrutura normativa de princípios que podem ser cumpridos em diferentes graus, e que, dependendo da extensão do seu âmbito de proteção, podem colidir. Com intuito de solucionar essa situação, Alexy formula a "Lei de Colisão", que visa a estabelecer, em se utilizando da atividade de ponderação, uma relação condicionada de preferências: "Las condiciones bajo las cuales un principio precede a otro constituyen el supuesto de hecho de una regla que expresa la consecuencia jurídica del principio precedente". A precedência, no caso, dependerá do peso que adquirirão os princípios envolvidos frente a determinadas circunstâncias: "El principio P_1 tiene, en un caso concreto, un peso mayor que el principio opuesto P_2 cuando existen razones suficientes para que P_1 preceda a P_2, bajo las condiciones C dadas en el caso concreto".[544] Verifica-se, no enunciado acima, equivaler a dimensão de peso às razões para precedência de um princípio em relação a outros. De outra sorte, em face do retrorreferido caráter *prima facie* dos princípios e da faculdade de se realizarem em diferentes graus, segundo as possibilidades jurídicas e fáticas, importa que, em se obtendo um determinado resultado para um dado caso concreto, não significa que este resultado seja definitivo, pois as razões em que se alicerçou podem ser superadas por razões opostas, sob outras condições pertinentes ao caso concreto.[545]

Sob a mesma perspectiva, para Guastini, a ponderação se realiza entre princípios em conflito, que se encontram em uma relação de antinomia não dirimível pelos critérios usuais destinados à solução dos conflitos entre regras (quais sejam: os critérios hierárquico, cronológico ou de especialidade), porquanto se tem uma superposição parcial de supostos de fato. Para solução da questão, será necessário identificar uma hierarquia axiológica ou móvel na relação valorativa estabelecida pelo intérprete, com base em um juízo de valor.[546]

Resta evidente, a partir do exposto, que a hierarquia valorativa não será estabelecida em abstrato, mas contemplada para o caso concreto. Isso talvez tenha culminado por atribuir, à atividade ponderativa, feição subjetiva e particularista. No entanto, Moreso aponta que não se pode conferir à ponderação um caráter eminentemente subjetivo, porque depende das circunstâncias concretas, para as quais se impõe uma solução específica que pode ser pautada por casos paradigmáticos, condicionantes do juízo de valor do intérprete.[547]

---

[544] ALEXY, 1997, p. 90-95 e p. 157.
[545] Ibidem, p. 99.
[546] GUASTINI, 1999, p. 167-171.
[547] MORESO, 2003, p. 106.

Em contraponto às objeções acerca do emprego da ponderação, vemos, na doutrina de Alexy, uma atividade sujeita a um controle racional. Conforme o autor, as condições segundo as quais um princípio precede a outro (faz com que ceda diante de si) configuram o suposto de fato de uma regra que expressa a conseqüência jurídica do princípio precedente. Estas consistiriam em normas de direito fundamental "adscriptas", ou implícitas, como melhor define Moreso.[548]

Como alternativa para fugir do particularismo, Moreso aposta na reconstrução dos princípios de modo a estabelecer-lhes uma hierarquia condicionada, suscetível de universalização consistente, que não produza, pois, conflitos em outros níveis. Por essa forma, não se evidenciariam mais deveres relativizáveis. Os deveres que surgem da ponderação dos princípios em conflito, tomadas as circunstâncias condicionantes, dão lugar a um sistema normativo de pautas condicionáveis, mas não relativizáveis.[549]

Conquanto se visualize relevância na constatação de condições implícitas que serão especificadas para o caso concreto de aplicação da norma, deve-se ter cuidado em reconhecer, nisso, como Moreso, uma atividade subsuntiva voltada a resolver casos individuais mediante a aplicação de pautas gerais.[550] A atividade interpretativa, a despeito de submetida à atuação volitiva do agente intérprete, é, em sua essência, gnoseológica, e, por isso, não dispensa uma fundamentação lógico-racional e um método que forneça uma margem de controle ao chamado subjetivismo – que não pode ser confundido com o particularismo.[551]

Portanto, considerado o contexto ontológico em que se insere a hermenêutica, referido à finitude das circunstâncias da "vida cotidiana" (*Lebenswelt*), devem ser vistas com cautela as tentativas de reconhecer qualquer hierarquização axiológica apriorística e abstrata, de modo a encerrar esse processo em mera técnica subsuntiva. O que Moreso descreve é a tentativa racional de estabelecer parâmetros à fundamentação da atividade de ponderação nos casos de conflitos entre princípios. Porém, a nosso ver, incorre no risco de transformar a subsunção em uma resposta simplista à perplexidade causada pela riqueza de possibilidades geradas no cerne do processo dialógico.

---

[548] MORESO, 2003, p. 114-115.

[549] Ibidem, p. 116-117.

[550] Ibidem, p. 121.

[551] Segundo Sanchís, a ponderação não parece estimular um subjetivismo desmedido, nem constitui um método vazio que conduza a qualquer resultado. Ao contrário, indica-nos a necessidade de determinada fundamentação para resolver um conflito constitucional, ou seja, para onde deve mover-se a argumentação a fim de justificar um enunciado de preferências, o grau de sacrifício ou afetação de um dado bem e o grau de satisfação do bem envolvido: "*Las críticas de subjetivismo no pueden ser eliminadas, pero tal vez sí matizadas*" (SANCHÍS, 2003, p. 152).

Logo, acertada a conclusão de Sanchís quando entende que a ponderação pretende ser um método para fundamentação de um enunciado de preferências condicionadas, em que se traça uma hierarquia móvel a afirmar, no caso concreto, a preponderância de uma das razões possíveis. Para o jurista, a virtude da ponderação encontra-se em estimular uma interpretação em que a relação entre as normas constitucionais não seja de independência ou hierarquia, senão de continuidade e efeitos recíprocos, de maneira que, na hipótese dos direitos fundamentais, a sua delimitação não venha em abstrato, mas definida em concreto, à luz da necessidade de justificação da tutela de outros direitos ou princípios em jogo:

> Lo característico de la ponderación es que con ella no se logra una respuesta válida para todo supuesto, no se obtiene, por ejemplo, una conclusión que ordene otorgar preferencia siempre al deber de mantener las promesas sobre el deber de ayudar al prójimo, o a la seguridad pública sobre la libertad individual, o a los derechos civiles sobre los sociales, sino que se logra sólo una preferencia relativa al caso concreto que no excluye uma solución diferente en outro caso; se trata, por tanto, de esa jerarquía móvil que no conduce a la declaración de invalidez de uno de los bienes o valores en conflicto, ni a la formulación de uno de ellos como excepción permanente frente al outro, sino la preservación abstracta de ambos, por más que inevitablemente ante cada caso de conflicto sea preciso reconocer primacía a uno u otro.[552]

Por conseguinte, a atividade ponderativa decorre da abertura semântica e estrutural dos direitos fundamentais, especialmente do seu caráter principiológico. Embora possa ser considerada procedimento racional, não conduz necessariamente a um único resultado possível no que diz respeito ao conteúdo das normas de direito fundamental e, assim, à sua determinação material frente à Constituição.[553]

Consistindo a ponderação em uma relação de preferências condicionadas, a justificação para se atribuir um maior ou menor peso a um princípio jurídico, nesta relação, depende de argumentos específicos, defluindo-se a Lei de Ponderação no sentido de que, quanto maior o grau de não realização ou afetação de um princípio, maior deverá ser o grau de satisfação do outro.[554] Portanto, a Lei de Ponderação busca fundamentar o enunciado de preferência condicionada que representa o resultado da ponderação.[555]

Qualquer que seja a solução encontrada após a ponderação, depende de valorações cujo controle extrapola a própria atividade ponderativa que consiste, por isso, em um procedimento aberto e importa na abertura do sistema jurídico, materialmente determinado pelas normas de direito fundamental. Nesse esquema, a natureza e estrutura das normas de direito fundamental torna o sistema jurídico

---

[552] SANCHÍS, 2003, p. 143-144.
[553] ALEXY, 1997, p. 525.
[554] Ibidem, p. 160-161.
[555] Ibidem, p. 164.

aberto, inclusive quanto a juízos morais, e, em especial, no que concerne aos conceitos materiais jusfundamentais da dignidade, igualdade e liberdade, sendo que a ponderação entre estes princípios leva à irradiação da idéia de justiça.[556]

Logo, a questão da fundamentação jusfundamental insere-se na esfera da argumentação jurídica, que, segundo Alexy, versa sobre questões práticas (o que está ordenado, proibido ou permitido), tomando parte no discurso prático geral.[557]

Conforme visto na primeira parte deste estudo, a hermenêutica contemporânea volta-se à impossibilidade de obter-se uma única resposta correta, mas evidencia a viabilidade de teorias procedimentais morais que formulem regras ou condições da argumentação ou da decisão prática racional.[558]

Diante das várias possibilidades do discurso moral, as teorias discursivas morais devem ser conectadas à teoria do Direito, uma vez que a solução dos conflitos sociais exige uma tomada de posição ou solução determinada para cada caso. Extrai-se, pois, a relevância de um modelo procedimental não somente assentado no discurso prático geral, no procedimento legislativo e no discurso jurídico, mas, principalmente, no procedimento judicial.[559]

---

[556] ALEXY, 1997, p. 525-526.

[557] Ibidem, p. 529-530.

[558] Ibidem, p. 530.

[559] Quanto ao discurso prático geral, já mencionamos que não conduz a uma única solução possível; no que concerne ao procedimento legislativo, não se demonstra suficiente, porquanto a fundamentalidade e supremacia das normas de direito fundamental não podem ser limitadas por normas de hierarquia inferior; e, no que tange ao discurso jurídico, não se mostra bastante hábil para eliminar, completamente, a insegurança do resultado encontrado (Cf. Ibidem, p. 531-532). Com efeito, parecem não prosperar as objeções de Habermas no que diz respeito à utilização da ponderação. Primeiramente, quanto à diversidade entre o plano deontológico e axiológico, ao se considerar a Constituição como "ordem concreta de valores", separação que se vê preservada na teoria estrutural de Alexy, já que não confunde os dois planos (dos valores e das normas), mas os vê co-implicados. Em segundo, não se evidencia a ausência de parâmetros racionais nas decisões do Tribunal Constitucional, nem serem estas decisões carentes de legitimidade democrática, posto que, dada a fundamentalidade dos direitos em tela, bem como a característica fluidez das expressões que os constituem, não se pode pretender que o legislador constitucional consiga apreender a multiplicidade de situações possíveis, assim como não se pode remeter a determinação dos direitos fundamentais, dotados de supremacia e preponderância no ordenamento jurídico, ao legislador ordinário (HABERMAS, Jürgen. *Between facts and norms:* contributions to a discourse theory of law and democracy. Massachussetts: The MIT, 1996, p. 255-260). Na verdade, bem expôs Pereira relativamente à restrição habermasiana à ponderação: "Isso provavelmente decorre do fato de a teoria da norma adequada, ao que parece, estar mais voltada para questão da legitimidade democrática das decisões judiciais, do que preocupada em estabelecer mecanismos que viabilizem sua controlabilidade e transparência. A preocupação central dessa tese não está em fixar critérios racionais para o processo de decisão judicial, mas em explicá-lo de forma a distinguir os processos de criação e aplicação do direito. Com efeito, isso pode ser identificado na falta de simetria entre a crítica que Habermas deduz à ponderação, e a defesa que faz da teoria da norma adequada. De um lado, os ataques de Habermas ao método da ponderação abrangem tanto a acusação de que este é destituído de parâmetros racionais, como a de que se apresenta ilegítimo do ponto de vista democrático. Mas,

Interessa-nos destacar que as disposições de direito fundamental se nos apresentam deveras abstratas, abertas e ideologizadas, o que faz importante distinguir entre a base e o processo da argumentação jusfundamental. A sujeição à lei deverá ser substituída pela sujeição ao texto das disposições jusfundamentais e à vontade do legislador constitucional, cuja apreensão não se obtém pelos métodos tradicionais de interpretação, em virtude da mencionada abertura semântica e indeterminação daqueles preceitos. Conseqüentemente, a argumentação jusfundamental, em Alexy, apóia-se em uma teoria material dos direitos fundamentais, concebida sob a forma de uma teoria dos princípios, e não terá pretensão de estabelecer uma única resposta definitiva (ou fundamentação última), porém busca estruturar a argumentação jusfundamental de uma maneira racional e controlável, o que se obtém por meio de uma teoria dos princípios em uma ordem branda, isto é, consideradas as prioridades *prima facie* em prol dos princípios da liberdade e igualdade.[560]

Assim, como observa Ferrajoli, uma concepção não meramente procedimentalista da democracia deve ser garantidora dos direitos fundamentais dos cidadãos e não simplesmente da onipotência da maioria. E essa garantia somente pode ser operativa com o recurso à instância jurisdicional,[561] em que substância e procedimento estejam concatenados de modo a, mesmo diante dos riscos do decisionismo, particularismo e subjetivismo, obter-se a resposta, na prática, mais eqüitativa, mediante um procedimento racional e controlável.

---

de outro lado, a defesa que o filósofo faz da metodologia da norma adequada tem por foco, basicamente, sua compatibilidade com o ideal da separação de poderes, não sendo apresentadas as razões por que esse modelo ofereceria mais garantias de racionalidade do que o juízo ponderativo." (PEREIRA, 2006, p. 230-241).

[560] ALEXY, 1997, p. 533-552.

[561] FERRAJOLI. *Derechos y garantías. La ley del más débil.* Traducción de Perfecto Andrés Ibañez y Andréa Greppi. Madrid: Trotta, 2001, p. 23.

5. O limite das mutações constitucionais interpretativas e o limite à restrição dos direitos fundamentais: a questão da garantia do conteúdo essencial

Elucidando acerca dos limites da restringibilidade dos direitos fundamentais, alguns aspectos referentes ao nosso ordenamento jurídico devem ser ressaltados ao buscarmos estes limites em um conteúdo ou núcleo essencial a cada direito. Primeiro, devemos considerar inexistirem direitos absolutos.[562] Segundo, ao contrário do que ocorre no direito constitucional alemão, não se verifica, em nossa Constituição, norma positivada protetiva do núcleo essencial dos direitos fundamentais. Ressalta-se, porém, que seja como princípio expressamente consagrado na Constituição, seja como postulado constitucional imanente, o princípio da proteção ao núcleo essencial busca evitar o esvaziamento do conteúdo do direito fundamental diante de restrições descabidas, desmensuradas e desproporcionais.[563]

Equiparado ao art. 19, § 2º., da Lei Fundamental alemã, quanto ao óbice em se afetar o conteúdo essencial dos direitos fundamentais, encontramos o art. 60, §4º-IV, da nossa atual Constituição Federal.[564]

Pérez Luño, adotando as posições da teoria institucional e da teoria jusnaturalista crítica, vê, na primeira, postura que supõe uma dimensão institucional aos direitos fundamentais, por meio da qual a proteção do conteúdo essencial deve ser entendida como garantia institucional que faz referência aos fins objetivamente estabelecidos (institucionalizados pela Constituição, em razão da qual direitos e liberdades fundamentais foram reconhecidos). A garantia do núcleo

---

[562] Conforme visto no capítulo precedente, acerca da interpretação dos direitos fundamentais.

[563] MENDES, 2004, p. 43.

[564] Assim reza o texto do art. 60, § 4º, da CF/88: "Não será objeto de deliberação a proposta de emenda tendente a abolir: I – a forma federativa de Estado; II – o voto direto, secreto, universal e periódico; III – a separação dos Poderes; IV – *os direitos e garantias individuais*" (grifo nosso). Importante salientar que, a despeito da referência expressa do texto aos direitos e garantias individuais, segundo bem acentua Sarlet, uma exegese sistemática e includente da Lei Maior não sustenta a interpretação restritiva do dispositivo em tela, devendo-se entendê-lo no seu sentido abrangente de incluir as diversas espécies de direitos fundamentais contemplados, expressa ou implicitamente, na Constituição, sejam direitos de defesa ou prestacionais (Cf. SARLET, 2001a, p. 363-368).

essencial se refere à obrigação do legislador em salvaguardar a instituição, definida pelo conjunto das normas constitucionais e pelas condições socioculturais que formam o contexto destas liberdades e direitos (Häberle). Acresce, a esta posição, a contribuição da teoria jusnaturalista crítica, que busca a delimitação do conteúdo essencial com base na consciência histórica que possui a humanidade quanto aos seus valores e direitos fundamentais.[565]

As teorias do conteúdo essencial dos direitos fundamentais podem adotar, na visão de Alexy, posições subjetivas a uma situação objetiva de normatização, conforme se interprete a garantia destes direitos, em sentido absoluto ou relativo.[566] Segundo a teoria relativa, o conteúdo essencial de um direito fundamental resulta naquilo que remanesce após a ponderação. Por isso, as restrições decorrentes da aplicação do princípio da proporcionalidade não lesionariam a garantia do conteúdo ou núcleo essencial, ainda quando, na situação individual, importassem em supressão do respectivo direito. Nesse diapasão, a garantia do conteúdo essencial dos direitos fundamentais se reduziria à aplicação do princípio da proporcionalidade e, tanto o art. 19, § 2º, da Lei Fundamental alemã, quanto o art. 60, § 4º, IV, da CF/88, possuiriam significado meramente declaratório.[567]

Consoante a teoria absoluta, existiria um núcleo intangível atribuído aos direitos fundamentais. Todavia, na visão de Alexy, isso não implica indicação prévia e abstrata, dissociada do caso concreto, acerca de quais fundamentos de peso são superiores ou não a fim de afastar a proteção jusfundamental, porque, quando a teoria absoluta elenca posições em relação às quais não persistiria nenhuma razão superior que as desbancasse, culminaria por aplicar a teoria relativa, ou seja, por se alicerçar em uma atividade ponderativa. Adentrando nas esferas de proteção dos direitos fundamentais, chegaremos a um nível em que nenhum princípio oposto logrará força de precedência. Esta configuração definirá a zona limítrofe do conteúdo essencial dos direitos fundamentais, que será aferido, entrementes, a partir da relação entre os princípios em jogo, na situação concreta.[568]

Por essa forma, a proteção do núcleo essencial, consubstanciada no art. 19, § 2º, da Lei Fundamental alemã, e deduzida do art. 60, § 4º, IV, da CF/88, será aferida mediante emprego do subprincípio da proporcionalidade propriamente dito, da proibição de excesso e insuficiência, conforme antes examinado. Isso porque a multifuncionalidade dos direitos fundamentais, na ordem constitucional, pode influir signi-

---

[565] Cf. PÉREZ LUÑO, 1999, p. 312.
[566] ALEXY, 1997, p. 286-287.
[567] Conclusão com base na doutrina de ALEXY, 1997, p. 288.
[568] Ibidem, p.290-291.

ficativamente sobre a norma de proteção do núcleo essencial. Com efeito, em se admitindo o caráter pluridimensional destes direitos, bem como a possibilidade de contemplarem uma perspectiva subjetiva, tanto quanto objetiva, cumpre assentir que as variantes interpretativas do princípio da proteção ao núcleo essencial deverão se enquadrar em um esquema não excludente.[569]

Vieira de Andrade, conquanto se posicione em prol das teorias relativas acerca da delimitação do núcleo essencial dos direitos fundamentais,[570] bem acentua que a idéia de restrição contida na proteção ao núcleo essencial não poderá ser simplesmente resumida nas metanormas mencionadas retro. É que os preceitos obstativos à restrição (no caso, o art. 18º, nº 3, da Constituição portuguesa) funcionam como proibição absoluta – um limite fixo ou mínimo valor inatacável – identificada como *"a dignidade do homem concreto como ser livre"*. Segundo o autor, a dignidade humana constitui não somente base para os direitos fundamentais, mas sua unidade material.[571]

No sentir de Vieira de Andrade, infere-se, a partir das normas insertas no art. 19, §2º., da Lei Fundamental alemã – equivalente ao art. 60, § 4º, IV, da CF/88 – e no art. 18º, nº 3, da Constituição portuguesa, que o conteúdo essencial não deve referir-se ao direito, mas ao preceito constitucional enquanto norma de valor e garantia, consistindo, a limitação à restrição dos direitos fundamentais, em não atentar contra as exigências mínimas de valor que, na qualidade de projeção da idéia de dignidade da pessoa humana, formam a essência de determinado preceito constitucional.[572]

Sarlet, ao examinar a Lei Fundamental da Alemanha, no entanto, levanta a questão da ausência de correspondência, segundo a interpretação sistemática dos preceitos fundamentais, entre "cláusulas pétreas" e "princípio da dignidade da pessoa humana", de sorte que, ao contrário do que pensam alguns, todos os direitos fundamentais possuem um núcleo essencial, mas nem todos possuem correspondência no princípio da dignidade da pessoa humana. Ou, ainda, remanescem dúvidas se a própria efetividade do princípio da dignidade da pessoa humana não depende da proteção do conteúdo essencial dos direitos fundamentais, uma vez que a própria intangibilidade deste princípio não se encontra positivada, mas é presumida a partir dos limites materiais do sistema.[573]

---

[569] MENDES, 2004, p. 45-46.

[570] Apesar de entender não haver relevo prático para a distinção perpetrada pelas duas correntes de teorias (absoluta e relativa), porque os resultados obtidos seriam semelhantes. (ANDRADE, 1987, p. 234).

[571] Cf. Ibidem, p. 236.

[572] Cf. Ibidem, p. 237.

[573] Cf. SARLET, 2001, p. 370.

Convergindo para a conclusão de Sarlet, as expressões contidas no art. 60, § 4º, IV, da CF/88, quais sejam, "tendente a abolir", são referências que apontam para a opção do constituinte pátrio em preservar o cerne de cada direito fundamental, independentemente do seu conteúdo na dignidade da pessoa humana.

No entendimento de Stern, o conteúdo essencial dos direitos fundamentais consubstancia-se nos elementos que constituem os componentes dele inseparáveis e verdadeiramente inerentes, ou seja, seus elementos essenciais, não meramente acidentais.[574] Estes elementos são aferíveis, como visto, diante do caso concreto, porquanto a concretização da norma, para aplicação dos direitos fundamentais, por obra do julgador e demais membros da comunidade jurídica, seja no controle de constitucionalidade difuso como abstrato, envolve a questão das chamadas antinomias aparentes, conflitos entre interesses e bens, cuja prevalência, na maior ou menor medida, somente poderá ser obtida como resultado da atividade ponderativa.

Nesse intento, atua o princípio da dignidade da pessoa humana como elemento inserto na atividade de ponderação, verdadeiro "tópico" em sentido estrito, de maneira que, mesmo para os que sustentam não possuírem todos os direitos fundamentais, quanto ao seu conteúdo essencial, correspondência neste princípio, toda restrição a direito fundamental que afete o seu conteúdo em dignidade da pessoa humana, demonstrar-se-á desproporcional.[575] Em conclusão, temos que o princípio da dignidade da pessoa humana, no mister de limitar as restrições aos direitos fundamentais, ao passo que atua como proteção contra medidas restritivas, contribuindo para a delimitação do conteúdo essencial, serve "como justificativa para a imposição de restrições a

---

[574] Cf. STERN, 1987, p. 354-355.

[575] Cf. SARLET, Ingo Wolfgang. *Dignidade da pessoa humana e direitos fundamentais na Constituição Federal de 1988*. Porto Alegre: Livraria do Advogado, 2001b, p.118. Assim, posiciona-se o Eg. Supremo Tribunal Federal, deixando evidente que a dignidade da pessoa humana assume relevância no processo de ponderação das posições em conflito, na decisão acerca da coercibilidade do paciente ao exame hematológico de DNA, destinado à exclusão da sua paternidade presumida, considerada a ofensa à sua dignidade pessoal: "EMENTA: DNA: submissão compulsória ao fornecimento de sangue para a pesquisa do DNA: estado da questão no direito comparado: precedente do STF que libera do constrangimento o réu em ação de investigação de paternidade (HC 71.373) e o dissenso dos votos vencidos: deferimento, não obstante, do HC na espécie, em que se cuida de situação atípica na qual se pretende – de resto, apenas para obter prova de reforço – submeter ao exame o pai presumido, em processo que tem por objeto a pretensão de terceiro de ver-se declarado o pai biológico da criança nascida na constância do casamento do paciente: hipótese na qual, à luz do princípio da proporcionalidade ou da razoabilidade, se impõe evitar a afronta à dignidade pessoal que, nas circunstâncias, a sua participação na perícia substantivaria" (BRASIL. Supremo Tribunal Federal. HC nº 76.060-4. Relator: Min. Sepúlveda Pertence. *DJ* 15 maio 1998). Nesse, mister a utilização do princípio da proporcionalidade aparece como lei de ponderação perante o Pretório Excelso, rejeitando-se a intervenção que impõe ao atingido um ônus intolerável ou desproporcional (MENDES, 2004, p. 102).

direitos fundamentais, acabando, neste sentido, por atuar como elemento limitador destes".[576]

Seguindo-se a lição de Sarlet, cumpre ainda considerar que a proteção ao núcleo essencial é estendida aos direitos sociais e de defesa, com as particularidades específicas a cada ordem de direitos, levando-se em conta, outrossim, na atividade de ponderação, a vedação ao retrocesso social e a observância a um mínimo existencial.[577]

Em sendo assim, o parâmetro traçado pelo conteúdo em dignidade da pessoa humana, conjugado à idéia de uma vinculação dos órgãos estatais em face da eficácia imediata dos direitos fundamentais, bem como os aludidos princípios da vedação ao retrocesso social e observância de um mínimo existencial, evidenciam que os direitos fundamentais não contêm, em seu núcleo essencial, apenas uma proibição de intervenção excessiva, mas, igualmente, uma proibição de omissão na implementação da sua eficácia, o que exige, com base em Canaris, não somente ponderar com vista a uma proibição de excesso (*Übermassverbote*), mas também a uma proibição de omissão (*Untermassverbote*).[578]

De qualquer forma, ressalta-se a conclusão de que o grau de proteção de cada direito fundamental, seja ele de defesa ou prestacional, dependerá, em maior ou menor medida, da delimitação do seu núcleo essencial,[579] que não é dado previamente e em abstrato, mas depende do procedimento concretizador da norma, em que se realiza a atividade ponderativa, sopesando os diferentes princípios, valores e bens jurídicos envolvidos, com base nas circunstâncias do caso concreto e na aplicação das metanormas da proporcionalidade, proibição de excesso e de insuficiência.

O emprego do princípio da proporcionalidade na aferição do núcleo essencial, para limitação das restrições aos direitos fundamentais, é chancelado pela nossa Corte Constitucional. Em sessão do pleno

---

[576] Cf. SARLET, 2001a, p. 119-120.

[577] SARLET, 2001b, p. 371-376. Sustentado a manutenção de um padrão mínimo existencial, temos Canotilho: "[...] todos (princípio da universalidade) têm um direito fundamental a um *núcleo básico de direitos sociais* (*minimum core of economic and social rights*), na ausência do qual o estado português se deve considerar infractor das obrigações jurídico-sociais constitucional e internacionalmente impostas" (CANOTILHO, 2000, p. 470), em contraponto à construção dogmática da reserva do possível (*Vorbehalt des Möglichen*) (Ibidem, p. 438-439), e TORRES, R. L. O *Mínimo Existencial, os Direitos Sociais e a Reserva do Possível*. In: António Avelãs Nunes, Jacinto Nelson de Miranda Coutinho. (Org.). Diálogos Constitucionais: Brasil/Portugal. Rio de Janeiro: Renovar, 2004, v., p. 447-471. Quanto à proibição de retrocesso social, citamos SARLET, Ingo Wolfgang. O estado social de direito, a proibição de retrocesso e a garantia fundamental da propriedade. *Revista da Faculdade de Direito da UFGRS*, Porto Alegre, n. 17, 1999, p. 111 *et seq.*, e A eficácia do direito fundamental à segurança jurídica: dignidade da pessoa humana, direitos fundamentais e proibição de retrocesso social no direito constitucional brasileiro. *Revista de Direito Social*, v. ano 4, n. 14, p. 9-49, 2004.

[578] MENDES, Gilmar Ferreira. Os direitos fundamentais e seus múltiplos significados na ordem constitucional. *Revista Jurídica Virtual*, Brasília, v. 2, n. 13, jun. 1999.

[579] SARLET, 2001a, p. 371.

do Supremo Tribunal Federal, por voto da lavra do Ministro Gilmar Mendes, na ADIn nº 3.324-7-DF, versando sobre interpretação conforme a Constituição, quanto à análise de norma que autorize a transferência obrigatória de servidor público, removido por interesse da administração, desde que a instituição de ensino destinatária seja congênere à de origem, ficou externado que:

> A máxima da proporcionalidade, na expressão de Alexy, coincide igualmente com o chamado núcleo essencial dos direitos fundamentais concebido de modo relativo – tal como o defende o próprio Alexy. Nesse sentido, o princípio ou máxima da proporcionalidade determina o limite último da possibilidade de restrição legítima de determinado direito fundamental. A par dessa vinculação aos direitos fundamentais, o princípio da proporcionalidade alcança as denominadas colisões de bens, valores ou princípios constitucionais. Nesse contexto, as exigências do princípio da proporcionalidade representam um método geral para a solução de conflitos entre princípios, isto é, um conflito entre normas que, ao contrário do conflito entre regras, é resolvido não pela revogação ou redução teleológica de uma das normas conflitantes nem pela explicitação de distinto campo de aplicação entre as normas, mas antes e tão-somente pela ponderação do peso relativo de cada uma das normas em tese aplicáveis e aptas a fundamentar decisões em sentidos opostos. Nessa última hipótese, aplica-se o princípio da proporcionalidade para estabelecer ponderações entre distintos bens constitucionais. Em síntese, a aplicação do princípio da proporcionalidade se dá quando verificada restrição a determinado direito fundamental ou um conflito entre distintos princípios constitucionais de modo a exigir que se estabeleça o peso relativo de cada um dos direitos por meio da aplicação das máximas que integram o mencionado princípio da proporcionalidade.[580]

---

[580] Ainda, restou esposado por Mendes, na ADIn nº 3.324-7-DF: "O princípio da proporcionalidade, também denominado princípio do devido processo legal em sentido substantivo, ou ainda, princípio da proibição do excesso, *constitui uma exigência positiva e material relacionada ao conteúdo de atos restritivos de direitos fundamentais, de modo a estabelecer um 'limite do limite' ou uma 'proibição de excesso'* na restrição de tais direitos. A máxima da proporcionalidade, na expressão de Alexy, coincide igualmente com o chamado núcleo essencial dos direitos fundamentais concebido de modo relativo – tal como o defende o próprio Alexy. Nesse sentido, o princípio ou máxima da proporcionalidade determina o limite último da possibilidade de restrição legítima de determinado direito fundamental. A par dessa vinculação aos direitos fundamentais, o princípio da proporcionalidade alcança as denominadas colisões de bens, valores ou princípios constitucionais. Nesse contexto, as exigências do princípio da proporcionalidade representam um método geral para a solução de conflitos entre princípios, isto é, um conflito entre normas que, ao contrário do conflito entre regras, é resolvido não pela revogação ou redução teleológica de uma das normas conflitantes nem pela explicitação de distinto campo de aplicação entre as normas, mas antes e tão-somente pela ponderação do peso relativo de cada uma das normas em tese aplicáveis e aptas a fundamentar decisões em sentidos opostos. Nessa última hipótese, aplica-se o princípio da proporcionalidade para estabelecer ponderações entre distintos bens constitucionais"-grifei. Traz-se, também, referência sobre a matéria no excerto da Segunda Turma do Pretório Excelso, no HC nº 85.687-0-RS, com voto igualmente do Min. Gilmar Mendes, no que concerne à aplicação do disposto no art. 2º, §1º, da Lei 8.072/90: "O núcleo essencial seria aquele mínimo insuscetível de restrição ou redução com base nesse processo de ponderação. Segundo essa concepção, a proteção do núcleo essencial teria significado marcadamente declaratório.Gavara de Cara observa, a propósito, que, para a teoria relativa, 'o conteúdo essencial não é uma medida pré-estabelecida e fixa, uma vez que não se trata de um elemento autônomo ou parte dos direitos fundamentais'. Por isso, segundo Alexy, a garantia do art. 19, II, da Lei Fundamental alemã, não apresenta, em face do princípio da proporcionalidade, qualquer limite adicional à restrição dos direitos fundamentais.Tanto a teoria absoluta quanto a teoria relativa pretendem assegurar uma maior proteção dos direitos fundamentais, na medida em que buscam preservar os direitos fundamentais contra uma ação legislativa desarrazoada. Todavia, todas elas apresentam insuficiências. É verdade que a teoria absoluta, ao acolher uma noção material do núcleo essencial, insuscetível de redução por parte do legislador, pode converter-se, em muitos casos,

Com efeito, em se aplicando a teoria relativa, "[...] a garantia do conteúdo essencial corresponde à exigência de justificação das limitações

numa fórmula vazia, dada a dificuldade ou até mesmo a impossibilidade de se demonstrar ou caracterizar in abstracto a existência desse mínimo essencial. É certo, outrossim, que a idéia de uma proteção ao núcleo essencial do direito fundamental, de difícil identificação, pode ensejar o sacrifício do objeto que se pretende proteger. *Não é preciso dizer também que a idéia de núcleo essencial sugere a existência clara de elementos centrais ou essenciais e elementos acidentais, o que não deixa de preparar significativos embaraços teóricos e práticos.* Por seu turno, uma opção pela teoria relativa pode conferir uma flexibilidade exagerada ao estatuto dos direitos fundamentais, o que acaba por descaracterizá-los como princípios centrais do sistema constitucional .Por essa razão, propõe Hesse uma fórmula conciliadora, que reconhece no princípio da proporcionalidade uma proteção contra as limitações arbitrárias ou desarrazoadas (teoria relativa), mas também contra a lesão ao núcleo essencial dos direitos fundamentais. É que, observa Hesse, a proporcionalidade não há de ser interpretada em sentido meramente econômico, de adequação da medida limitadora ao fim perseguido, devendo também cuidar da harmonização dessa finalidade com o direito afetado pela medida. *Embora o texto constitucional brasileiro não tenha estabelecido expressamente a idéia de um núcleo essencial, é certo que tal princípio decorre do próprio modelo garantístico utilizado pelo constituinte. A não-admissão de um limite ao afazer legislativo tornaria inócua qualquer proteção fundamental"* [...] "Vê-se, pois, que a argumentação desenvolvida no belíssimo precedente parece não distinguir as situações de aplicação do princípio da proporcionalidade com as do princípio do núcleo essencial Independentemente da filiação a uma das teorias postas em questão, é certo que o modelo adotado na Lei n° 8.072/90 faz *tabula rasa* do direito à individualização no que concerne aos chamados crimes hediondos. A condenação por prática de qualquer desses crimes haverá de ser cumprida integralmente em regime fechado. O núcleo essencial desse direito, em relação aos crimes hediondos, resta completamente afetado. Na espécie, é certo que a forma eleita pelo legislador elimina toda e qualquer possibilidade de progressão de regime e, por conseguinte, transforma a idéia de individualização enquanto aplicação da pena em razão de situações concretas em maculatura. Daí afirmar Maria Lucia Karam, em texto já referido por Peluso, que 'a imposição de um regime único e inflexível para o cumprimento de pena privativa de liberdade, com vedação de progressividade em sua execução, atinge o próprio núcleo do princípio individualizador, assim indevidamente retirando-lhe eficácia, assim, indevidamente diminuindo a razão de ser da norma constitucional que assentada no inciso XLVI do art. 5° da Carta de 1988, o preconiza e garante' (Regimes de cumprimento da pena privativa de liberdade, in: Escrito em Homenagem a Alberto Silva Franco, São Paulo, 2003, p. 314). No caso dos crimes hediondos, o constituinte adotou um conceito jurídico indeterminado que conferiu ao legislador ampla liberdade, o que permite quase a conversão da reserva legal em um caso de interpretação da Constituição segundo a lei. Os crimes definidos como hediondos passam a ter um tratamento penal agravado pela simples decisão legislativa. E a extensão legislativa que se emprestou à conceituação de crimes hediondos, como resultado de uma política criminal fortemente simbólica, agravou ainda mais esse quadro. A ampliação dos crimes considerados hediondos torna ainda mais geral a vulneração do princípio da individualização, o que, em outras palavras, quase que transforma a exceção em regra. Todos os crimes mais graves ou que provocam maior repulsa na opinião pública passam a ser tipificados como crimes hediondos e, por conseguinte, exigem o cumprimento da pena em regime integralmente fechado. Os direitos básicos do apenado a uma individualização são totalmente desconsiderados em favor de uma opção política radical. Não é difícil perceber que fixação in abstracto de semelhante modelo, sem permitir que se levem em conta as particularidades de cada indivíduo, a sua capacidade de reintegração social e os esforços envidados com vistas à ressocialização, retira qualquer caráter substancial da garantia da individualização da pena. Ela passa a ser uma delegação em branco oferecida ao legislador, que tudo poderá fazer. Se assim se entender, tem-se a completa descaracterização de uma garantia fundamental. Portanto, nessa hipótese, independentemente da doutrina que pretenda adotar sobre a proteção do núcleo essencial – relativa Supremo Tribunal Federal ou absoluta –, afigura-se inequívoca a afronta a esse elemento integrante do direito fundamental. É que o próprio direito fundamental restaria violado" – grifei. Com efeito, no aludido aresto, o posicionamento foi pelo reconhecimento da inconstitucionalidade do artigo 2°, § 1°, da Lei n° 8.072, de 1990, com efeito *ex nunc*.

aos direitos fundamentais, a qual resta atendida mediante a aplicação do princípio da proporcionalidade", não havendo como determiná-lo de forma abstrata e apriorística, mas a partir da atividade de ponderação em que os princípios envolvidos são sopesados.[581] A garantia do núcleo essencial restaria, sob o prisma da teoria relativa, desprovida de um sentido normativo autônomo, de modo a não possuir a aptidão de desencadear conseqüências jurídicas independentemente do processo de interpretação dos direitos fundamentais: "[...] um instituto desvestido de sentido jurídico útil autônomo, podendo, no máximo, desempenhar um papel de reforço da exigência de justificação nas hipóteses em que os direitos sofram restrições severas".[582] Alicerçada nesta constatação, atribui-se, à proteção do conteúdo essencial, uma função discursiva subsidiária no controle das restrições aos direitos fundamentais, de modo que, nesta condição de "instrumento argumentativo-retórico", atuaria também como um tópico em sentido estrito que joga a favor do direito no processo de ponderação.[583]

As conclusões acima bem enfrentam a problemática do núcleo essencial e a ausência de autonomia normativa, quando considerados sob o enfoque da restrição à limitação dos direitos fundamentais, e, de fato, encontram guarida na mais expressiva doutrina estrangeira e nacional, assim como nos recentes precedentes do nosso Supremo Tribunal Federal, conforme transcrito.

A indagação que agora se impõe é se esta assertiva prevalece também para a específica questão da investigação acerca da existência de um limite para as mutações constitucionais interpretativas frente aos direitos fundamentais. Se a resposta for positiva, então o limite dos limites das mutações constitucionais desta espécie, diante dos direitos fundamentais, consistirá no princípio da proporcionalidade propriamente dito, e a proteção ao núcleo dos direitos fundamentais terá relevância apenas retórica na fundamentação das restrições dos direitos fundamentais, figurando como um tópico a ser considerado no processo de ponderação. Se a resposta for negativa, então a limitação da atividade interpretativa, geradora de mutação constitucional, terá como resultado, no que tange aos direitos fundamentais, o seu respectivo conteúdo essencial.

Ocorre que não se está a falar somente de limites às restrições de direitos fundamentais, mas de limites da atividade interpretativa que altera o conteúdo, significado e alcance de expressões constitucionais, sem que o respectivo texto sofra modificações. E, por essa forma,

---
[581] PEREIRA, 2006, p. 371.
[582] Ibidem, p. 375-376.
[583] Ibidem, p. 379.

deve-se diferenciar o que importa no procedimento ou método do que representa o seu resultado.

Quando Alexy assevera que a garantia do conteúdo essencial não formula, frente ao princípio da proporcionalidade, nenhuma restrição adicional à restringibilidade dos direitos fundamentais, equivalendo-o, então, a uma parte do princípio da proporcionalidade,[584] o faz considerando a teoria dos princípios, sistematizados em uma ordem branda, isto é, tomadas as prioridades apenas *prima facie*, ante a inexistência de direitos genuinamente absolutos, de onde o princípio da proporcionalidade ganha força como método de interpretação na solução dos conflitos entre direitos e bens jurídicos envolvidos no processo de concretização dos direitos fundamentais.

Em nosso estudo, precisamos identificar um limite às mutações constitucionais interpretativas que envolvem direitos fundamentais, caso em que o princípio da proporcionalidade será empregado, conforme mencionado alhures, como método interpretativo, e a ponderação, referida à máxima parcial desta metanorma, corresponderá a elemento inserto neste processo. Disso, todavia, não se pode inferir que o método corresponda ao resultado desta operação, embora possa com ele guardar uma relação de equivalência. Em se situando os limites à restrição dos direitos fundamentais no princípio da proporcionalidade em sentido estrito, certo é que nem toda colisão de direitos implicará restrição de um direito fundamental ao limite do seu conteúdo essencial. Admitindo-se a realização dos princípios, que compõem a estrutura dos direitos fundamentais, em diferentes graus, o que equivale à restrição de outros direitos com aquele colidentes também em diversos graus, a satisfação do direito a ser realizado pode ocorrer integralmente sem que seja necessária a restrição de outro ou outros direitos ao limite do seu núcleo essencial. Isso vai ao encontro da conclusão de Alexy acerca equivalência da restrição dos direitos fundamentais ao princípio da proporcionalidade. Ocorre que, em se cuidando de identificar um limite para as mutações que se pretendem constitucionais, há que se aceitar que nenhuma mutação constitucional poderá romper a barreira do núcleo essencial, sem que sobre ela recaia a pecha de inconstitucionalidade, visto que, inobstante não haja previsão expressa no texto da Lei Maior quanto à proteção do núcleo essencial, o art. 60, §4º-IV, da CF/88 sinaliza contra as alterações no texto da Constituição tendentes a abolir os direitos fundamentais, não se permitindo uma interpretação restritiva deste dispositivo de forma a aplicá-lo somente ao processo legislativo.

Visto de outro ângulo, devem ser respeitados os limites materiais do sistema, em razão da vinculação material dos direitos fundamen-

---

[584] Cf. ALEXY, 1997, p. 291.

tais. O Estado de Direito possui um escopo essencial que vincula os poderes constituídos, nos moldes professados por Mortati, e na forma dos limites impostos pelo horizonte das possibilidades (Rosenfeld). Dessarte, remeter o conteúdo essencial dos direitos fundamentais à condição de mero tópico da argumentação jurídica significaria enfraquecer a barreira que distingue as mutações constitucionais daquelas consideradas inconstitucionais.

Conclusões

Lassale implantou idéias que não mais puderam ser expurgadas ou simplesmente ignoradas, sem que voltassem para assombrar o constitucionalismo moderno. Sua concepção sociológica de Constituição e os seus condicionantes "Fatores Reais do Poder" ou "Fragmentos de Constituição" abalaram os alicerces das teorias positivistas que desprezavam a correlação e interdependência entre Constituição formal e realidade constitucional. Os fatores reais do poder tocam em um ponto crucial, que o dogmatismo jurídico, de cunho lógico-formal, não conseguiu resolver: a questão da eficácia da norma.

Ocorre que os fatores reais são, enquanto elementos da realidade dinâmica, potencialmente aptos a gerar conflitos entre a Constituição real que refletem e a Constituição escrita (folha de papel). Lassale, influenciado por uma sociedade obtusa, não foi capaz de antever outra solução para esses conflitos potenciais, além de uma inevitável ruptura entre ordem jurídica e social.

Apesar disso, a experiência lassaliana serviu de base para o aprimoramento teórico da relação entre realidade constitucional e Constituição, sem que isso importasse na erosão do sistema. Assim, identificam-se, na gênese das teses de Hesse e Häberle – embora esse último não fizesse referência expressa aos fatores reais do poder –, as marcas do sociologismo jurídico de Lassale.

No entanto, seja pela "crença", – ou como melhor nos soa –, pelo "respeito" à força normativa da Constituição, seja pela atuação interpretativa direta ou indireta dos participantes (oficiais ou não) deste processo, devem ser buscados mecanismos de preservação da estabilidade e atualidade da Lei Maior.[585]

A Constituição, mantendo a sua abertura e unidade política, como preconizado por Hesse, resta maleável para, frente às mudanças, vergar sem romper-se, de modo a suportar as intempéries da sua época, no verdadeiro exercício de conformação entre texto, norma e realidade. Cumpre, dessa maneira, o seu desiderato na vida da comunidade, pois, nesse espaço, operam as forças políticas, amparadas pelas

---
[585] COELHO, 1998, p. 190.

prescrições materiais, relativas à estrutura do Estado e à regulação do processo de formação da unidade política e atuação estatal.[586] Assim agindo, culminará em manter a estabilidade social, sem ficar indiferente ao influxo das mudanças.

Não obstante, essas mudanças sociais, que alteram a tábua de valores vigentes na comunidade, não podem, como vimos, ser diretamente incorporadas ao plano jurídico, porquanto correspondem a um âmbito diverso. Evidencia-se, então, uma relação de interação e implicação de subsistemas, que passa, na lição de Teubner, pela internação dos efeitos dos elementos externos (de ordem econômica e sociocultural) às estruturas interiores do sistema jurídico.

Estes elementos interiores, por seu turno, refletem a cristalização dos valores sobre os quais as instituições sociais foram erigidas. Portanto, os procedimentos e instituições são elementos internos ao sistema jurídico e atendem não somente à incorporação do efeito das mudanças exógenas, mas à manutenção das estruturas já existentes, de modo que, desta tensão, resulte o equilíbrio estabilizador do sistema.

O intérprete se encontra inserido neste processo ontognoseológico e hermenêutico, na acepção gadameriana, na condição de mediador da fusão do horizonte do passado (tradição transmitida) com o horizonte do presente (efeitos das mudanças exógenas), não desconsiderado o seu condicionamento pelos reflexos da "história efeitual", uma vez que não é indivíduo isolado, mas *ser* inserido no mundo, produto da sua existência.

Os limites procedimentais e substanciais, por essa forma, são inerentes ao próprio sistema de referência, e, em termos de ordem jurídica, podem ser encontrados na Constituição material, que guarda o propósito essencial e a forma de ser do Estado, e os meios para realização daquele fim último.

Contudo, a busca destes parâmetros se nos demonstra complexa, devendo-se contemplar aspectos da intersubjetividade e ética discursiva habermasiana, na busca da justificação das decisões judiciais por meio da argumentação jurídica (Alexy), evidenciando a racionalidade procedimental, atribuída à prática da administração da justiça.[587]

Todavia, não se admite esquecer a insuficiência da justificação ética em um exclusivo critério procedimental, desprovido de substân-

---

[586] HESSE, 1992, p. 20.

[587] Na forma deduzida por Streck: "A viragem lingüístico-hermenêutica demonstrou que ambas as metafísicas (clássica e moderna) foram derrotadas. É o Direito, *locus* privilegiado do processo hermenêutico – porque os textos necessitam sempre de interpretação, questão que a própria dogmática jurídica reconhece – não pode caminhar na contramão desse rompimento paradigmático. Tais conclusões, porque hermenêuticas – não são, a toda evidência, definitivas. Como já referido acima, a hermenêutica, por ser crítica, está inexoravelmente condenada à abertura e ao diálogo." (STRECK, 2002, p. 693).

cia, como bem refere Streck. Se o procedimento é a necessária e racional estrutura de permeação e internação dos valores emanados das mudanças sociais, no seio do sistema jurídico, tem-se por subjacente uma ordem de conteúdo substancial, que brota do pacto social e traça os limites da atuação dos poderes constituídos na permanente tarefa de (re)construção do edifício constitucional onde se estribam a essência (escopo) e a forma de ser do Estado.

Destarte, o fundamento da legitimidade, no que concerne à atuação dos poderes estatais na função de promover as mudanças constitucionais informais, está assentado na díade processo/substância, dirigida à conciliação entre Estado e sociedade, Constituição e realidade constitucional, somente justificada, em última instância, no Estado Democrático de Direito, sob o estandarte dos postulados da justiça social, alcançado por meio dos direitos fundamentais.

Descortina-se, então, uma perspectiva limítrofe para as mutações constitucionais, que, entrementes, não é estanque, e nem poderia ser, posto que imersa no eterno devir inerente à natureza do homem no mundo, apontando, mais do que para a definição de verdades últimas, à abertura ao diálogo e à contemplação das inesgotáveis possibilidades hermenêuticas.

A tendência dogmático-sistemática e o caráter rígido das modernas Constituições tornaram propício o terreno para impulsionar o estudo das mutações constitucionais, na medida em que, por meio deste fenômeno, opera-se a alteração no sentido e conteúdo das disposições da Lei Maior, sem que advenha a alteração do seu texto.

Diante de uma Constituição escrita e dotada de rigidez, ensejando, para sua alteração, procedimentos legislativos distintos dos conferidos às leis ordinárias, não se pode esperar que os processos de mudança social aguardem a iniciativa legislativa adequada, por obra do poder competente para a reforma constitucional. As Constituições, como já visto, ou são dotadas de mecanismos eficazes para acompanhar as vicissitudes do seu tempo, ou estão fadadas à ruína.

Concebidas como um sistema aberto de normas, as modernas Constituições, inobstante rígidas, guardam instrumentos necessários à permeabilidade e internação dos efeitos das mudanças sociais, de forma a gerar a necessária evolução do sistema e condicionar a conduta social em conformidade com esse processo evolutivo.

Então, se as mutações constitucionais podem ser assim compreendidas, a interpretação constitucional, no sentir de Barroso, é a atividade prática de revelar o conteúdo, alcance e significado das disposições da Lei Maior, com destino a fazer incidir a norma no caso concreto, culminando com a sua aplicação (termo final do processo).[588]

---

[588] BARROSO, 2004, p. 103.

Nesse esquema, os elementos sistêmicos, em meio ao processo de concretização, proporcionam a comunicação entre a ordem jurídica e a social, atuando não somente no desenvolvimento sistemático progressivo, assim também agindo como mecanismos estabilizadores frente às inovações nocivas, no escopo de alcançar a justa medida entre evolução e manutenção do *status* anterior. Isso porque, embora se imponha o constante desenvolvimento do sistema constitucional perante dinâmica da vida social, existem limites a serem observados, sob pena de rompimento com a ordem jurídica vigente e ofensa aos direitos e garantias individuais e sociais conquistados, que se encontram no cerne (núcleo) dos fins perseguidos pelo Estado Democrático e Social de Direito. Estes limites iniciam na exegese vinculada ao programa normativo, em meio ao processo dialógico de densificação, que considera o caso concreto e os demais direitos, valores e bens jurídicos envolvidos em verdadeira atividade de ponderação.

Em assim sendo, a tarefa da jurisdição constitucional é conferir eficácia e efetividade aos preceitos constitucionais, ao promover a respectiva aplicação, e, como aplicar e interpretar são atividades implicadas, o judiciário, através da jurisdição constitucional, deverá propiciar as condições necessárias para a concretização dos direitos fundamentais, inclusive os sociais.[589]

Os limites da jurisdição constitucional, conseqüentemente, esbarrarão nos limites da interpretação judicial, como estes também marcarão a zona limítrofe para as mutações interpretativas que se pretendem verdadeiramente constitucionais, porque conferir eficácia e efetividade ao texto constitucional importa em vivificá-lo. E, nesse contexto, a decisão judicial se legitimará pela argumentação jurídica que demonstre, no processo democrático dialógico, corresponder à resposta mais adequada ou correta para a específica hipótese concreta.

O sistema jurídico-constitucional apresenta elementos aptos a preservar, diante da necessidade premente de conferir dinamicidade e efetividade à ordem jurídica – o que gera situações de conflito e colisões de direitos e bens jurídicos –, o núcleo essencial dos direitos fundamentais. Em se tomando a acepção de Pérez Luño, no sentido de que os direitos fundamentais representam uma decisão básica do constituinte através da qual os principais valores éticos e políticos de uma comunidade alcançam expressão jurídica, indicando o horizonte das metas sociopolíticas a alcançar, ao mesmo tempo em que estabelece a posição jurídica dos cidadãos em suas relações com o Estado, ou entre si,[590] vimos que a evolução histórica do constitucionalismo escreve também a história dos direitos fundamentais.

---

[589] STRECK, 2003, p. 225.

[590] Cf. PÉREZ LUÑO, 1999, p. 310.

De fato, nas Constituições rígidas, a positivação dos direitos fundamentais adota a estrutura principiológica, cujo "programa normativo" contém expressões de menor densidade. Logo, para sua plena realização, as normas de direitos fundamentais, com tal estrutura, assim também aquelas que adotam expressões carecedoras de densificação, exigem concretização na sua respectiva aplicação.

Este processo de concretização passa pela distinção entre texto e norma, teorizada por Müller, respectivamente nas definições de "programa normativo" e "âmbito normativo". A essa tese, deve ser acrescida a contribuição de Hesse, que sofreu, igualmente, influência do pensamento tópico, quanto à sua teoria concretizadora da Constituição, segundo a qual elementos substanciais, pertencentes à realidade social, passam a integrar o âmbito normativo. Tal remete a uma racionalidade material, conciliadora e includente do substrato valorativo integrante do aspecto material da Constituição.

Na hipótese dos direitos fundamentais, as normas são veiculadas por disposições com baixa densidade normativa e encerram expressões fluidas ou indeterminadas. Verifica-se, por outro lado, incidir o princípio da eficácia e efetividade dos direitos fundamentais (art. 5º, § 1º, da CF/88), estendido também aos direitos sociais e prestacionais, que obriga sua aplicabilidade imediata, conforme o caso. Não se podendo negar eficácia aos direitos fundamentais, impõe-se a sua concretização e, em conseqüência, a necessidade de delimitação do respectivo âmbito de proteção, por meio da atividade interpretativa, podendo gerar, proporcionalmente à extensão que adquira o âmbito de proteção de um direito fundamental, colisões com outros direitos e bens constitucionalmente protegidos.

Em face da peculiar estrutura normativa dos direitos fundamentais, a atividade concretizadora importará em orientar a exegese segundo teorias que contemplem o conteúdo axiológico, conformador de uma unidade material, e a ponderação de bens, valores e direitos. Nessa tarefa, a atividade ponderativa cumpre otimizar a eficácia dos direitos fundamentais, contemporizando sua plena aplicação.

Já afastadas as críticas – que podemos agrupar na preocupação de Pérez Luño – acerca do casuísmo, decisionismo e arbitrariedade, em se adotar um esquema alicerçado no princípio da proporcionalidade em sentido amplo – e, mais especificamente, a máxima parcial da proporcionalidade em sentido estrito, que remete à ponderação – devemos compreender esse método sob a ótica de uma atividade racional e controlável. Assim se demonstra, porque emprega uma técnica vinculada aos ditames procedimentais e ao escopo da Constituição, baseando-se na argumentação e na tentativa de obtenção de um consenso, este entendido como a decisão que melhor contemple os interesses dos diversos seguimentos sociais envolvidos no seio do processo dialógico. Igualmente, tem-se que os parâmetros de cotejo podem ser obtidos no exame de casos paradigmáticos, quanto às decisões proferidas para situações similares.

Nesse diapasão, o princípio da proporcionalidade assume a condição de método interpretativo racional e controlável para fundamentar a restrição aos direitos fundamentais, assim como os limites desta restrição. A argumentação jusfundamental justificará, neste processo, as preferências condicionadas em meio ao discurso jurídico (prático).

Se o princípio da proporcionalidade em sentido amplo, e, mais especificamente, a sua máxima parcial da proporcionalidade em sentido estrito, equivalem, no dizer de Alexy, ao limite dos limites aos direitos fundamentais, ao cuidarmos de estabelecer uma limitação às mutações constitucionais, não podemos confundir o método empregado com o resultado desta operação. Remeter o conteúdo essencial dos direitos fundamentais à condição de mero tópico da argumentação jurídica significaria enfraquecer a barreira que distingue as mutações constitucionais daquelas tidas como inconstitucionais. Explico: em se situando os limites à restrição dos direitos fundamentais no princípio da proporcionalidade em sentido estrito, certo é que nem toda colisão de direitos implicará restrição de um direito fundamental ao limite do seu conteúdo essencial. Admitindo-se a realização dos princípios que compõem a estrutura dos direitos fundamentais em diferentes graus, o que equivale à restrição de outros direitos com aquele colidentes também em diversos graus, a satisfação do direito a ser realizado pode ocorrer integralmente sem que seja necessária a restrição de outro, ou outros direitos, ao limite do seu núcleo essencial. Isso vai ao encontro da conclusão de Alexy acerca da equivalência da restrição dos direitos fundamentais ao princípio da proporcionalidade. Ocorre que, cuidando-se de identificar um limite para as mutações que se pretendem constitucionais, há se aceitar que nenhuma mutação constitucional poderá romper a barreira do núcleo essencial, sem que sobre ela recaia a pecha de inconstitucionalidade, visto que, inobstante não haja previsão expressa no texto da Lei Maior, quanto à proteção do núcleo essencial dos direitos fundamentais, o art. 60, §4º-IV, da CF/88 sinaliza contra as alterações no texto da Constituição tendentes a abolir os direitos fundamentais, não se permitindo uma interpretação restritiva deste dispositivo de forma a aplicá-lo somente ao processo legislativo.

Sem embargo, essa atividade deverá encontrar limite no conteúdo essencial dos direitos fundamentais, que não se confunde com o método empregado para obtenção deste parâmetro (princípio da proporcionalidade), assim como não vem definido abstrata e previamente, sob pena de, cedendo-se à tentação de procurar esteio na segurança aparente do método subsuntivo, obter uma fundamentação débil ou insuficiente.

Em verdade, a riqueza e dinamicidade da realidade constitucional impõem o árduo e cuidadoso mister de formação dos parâmetros de aferição do núcleo essencial pelos operadores jurídicos e demais participantes da sociedade aberta dos intérpretes da Constituição, de maneira que, na concretização das normas de direito fundamental, não sejam integralmente suprimidos direitos constitutivos do modo de ser do Estado.

Com efeito, as mutações constitucionais interpretativas reafirmam o pacto social originário, quando respeitam o conteúdo essencial, fundamento deste pacto. E, nesta ordem, convergem para a reconciliação entre Estado e sociedade.

Referências

ABBAGNANO, Nicola. *Dicionário de filosofia*. 4. ed. São Paulo: Martins Fontes, 2000.

ALEXY, Robert. *Teoria da argumentação jurídica*. Tradução Zilda Hutchinson Silva. São Paulo: Landy, 2001.

——. *Teoria de los derechos fundamentales*. Madrid: Centro de Estúdios Constitucionales, 1997.

ANDRADE, José Carlos Vieira de. *Os direitos fundamentais na Constituição Portuguesa de 1976*. Coimbra: Livraria Almedina, 1987.

ARIZA, Santiago Sastre. La ciência jurídica ante el noconstitucionalismo. In: NEOCONSTITUCIONALISMO(S). Traducción Santiago Sastre Ariza. Edición de Miguel Carbonell. Madrid: Trotta, 2003.

ÁVILA, Humberto. *Teoria dos princípios*: da definição à aplicação dos princípios jurídicos. 5. ed. rev. ampl. São Paulo: Malheiros, 2006.

BARACHO, José Alfredo de Oliveira. "Teoria geral dos conceitos legais indeterminados". *Cidadania e Justiça*, v. 4, n. 8, 2000.

BARBERIS, Mauro. "Neoconstitucionalismo, democracia e imperialismo de la moral". In: *Neoconstitucionalismo(s)*. Traducción Santiago Sastre Ariza. Edición de Miguel Carbonell. Madrid: Trotta, 2003.

BARROS, Suzana de Toledo. *O princípio da proporcionalidade e o controle da constitucionalidade das leis restritivas de direitos fundamentais*. 2. ed. Brasília: Brasília Jurídica, 2000.

BARROSO, Luís Roberto. Fundamentos teóricos e filosóficos do novo direito constitucional brasileiro: pós-modernidade, teoria crítica e pós-positivismo. *Revista Trimestral de Direito Público*, São Paulo, n. 29, p. 2000.

——. *Interpretação e aplicação da constituição*: fundamentos de uma dogmática constitucional transformadora. 6. ed. São Paulo: Saraiva, 2004.

BARZOTTO, Luis Fernando. *O positivismo jurídico contemporâneo*: uma introdução a Kelsen, Ross e Hart. São Leopoldo: UNISINOS, 1999.

BONAVIDES, Paulo. *Curso de direito constitucional*. 15. ed. São Paulo: Malheiros, 2004.

BOTTOMORE, T.B. *Introdução à sociologia*. Tradução Waltensir Dutra e Patrick Burglin. 9. ed. Rio de Janeiro: LTC, 1987.

BRYCE, James. *The american commonwealth*. London: Macmillan, 1952.

——. *Constituciones flexibles y constituciones rigidas*. Traducción Pablo Lucas Verdu. Madrid: Centro de Estudios Constitucionales, 1988.

BULOS, Uadi Lammêgo. *Mutação constitucional*. São Paulo: Saraiva, 1997.

BURDEAU, Georges. *Manuel de droit constitutionnel*. 6. ed. Paris: R. Pichon-Durand Auzias, 1952.

CANARIS, Claus Wilhelm. *Direitos fundamentais e direito privado*. Tradução Ingo Wolfgang Sarlet e Paulo Mota Pinto. Coimbra: Almedina, 2003.

———. *Pensamento sistemático e conceito de sistema na ciência do direito*. Tradução de A. Menezes Cordeiro. 2. ed. Lisboa: Calouste Gulbenkian, 1996.

CANOTILHO, J. J. Gomes. *Direito constitucional e teoria da constituição*. Coimbra: Almedina, 2000.

CHINOY, Ely. *Sociedade:* uma introdução à sociologia. Tradução Octavio Mendes Cajado. São Paulo: Cultrix, 1999.

CLÈVE, Clémerson Merlin. *A fiscalização abstrata de inconstitucionalidade no direito brasileiro*. 2. ed. São Paulo: Revista dos Tribunais, 2000.

COELHO, Inocêncio Mártires. *Hermenêutica constitucional e direitos fundamentais*, Brasília: Brasília Jurídica, 2000.

———. *Interpretação constitucional*. Porto Alegre: Fabris, 2003.

———. Konrad Hesse/Peter Häberle: um retorno aos fatores reais de poder. *Revista de Informação Legislativa*, Brasília, v. 35, n. 138, abr./jun. 1998.

CORDEIRO, Antônio Menezes. Introdução à obra de Claus-Wilhelm Canaris. In: CANARIS, Claus-Wilhelm *Pensamento sistemático e conceito de sistema na ciência do Direito*. Lisboa: Calouste Gulbenkian, 1996.

CRUZ, Álvaro Ricardo de Souza. *Jurisdição constitucional democrática*. Belo Horizonte: Del Rey, 2004.

DAU-LIN, Hsü. *Mutación de la constitución*. Traducción Pablo Lucas Verdú. Oñati: Instituto Vasco de Administración Pública, 1998.

DI RUFFÌA, Paolo Biscaretti. *Introduzione al diritto costituzionale comparato*. Milano: Giuffrè, 1988.

DWORKIN, Ronald. *Taking rights siriously*. Cambridge, Massachusetts: Harvard University, 1997.

ENGISCH, Karl. *Introdução ao pensamento jurídico*. Tradução J. Baptista Machado. 8. ed. Lisboa: Calouste Gulbenkian, 2001.

FERRAJOLI, Luigi. *Derechos y garantías:* la ley del más débil. Traducción de Perfecto Andrés Ibañez y Andréa Greppi. Madrid: Trotta, 2001.

———. *Pasado y futuro del estado de derecho*. In *Neoconstitucionalismo(s)*. Traducción Pilar Allegue. Madrid: Trotta, 2003.

FERRAZ, Anna Cândida da Cunha. *Processos informais de mudança da constituição:* mutações constitucionais e mutações inconstitucionais. São Paulo: Max Limonad, 1986.

FERREIRA FILHO, Manoel Gonçalves. *O poder constituinte*. 3. ed. São Paulo: Saraiva, 1999.

FIGUEROA, Afonso García. La teoria de derecho em tiempos de constitucionalismo. In *Neoconstitucionalismo(s)*. Traducción Pilar Allegue. Madrid: Trotta, 2003.

FÖRSTER, Christian. Prefácio: die verfassungswandlung. In: DAU-LIN, Hsü. *Mutación de la constitución*. Traducción Pablo Lucas Verdú. Oñati: Instituto Vasco de Administración Pública, 1998.

FREITAS, Juarez. *A interpretação sistemática do direito*. 3. ed. rev. São Paulo: Malheiros, 2002.

———. ———. 4. ed. rev. e ampl. São Paulo: Malheiros, 2004.

———. A melhor interpretação vs. única resposta correta. In: SILVA, Virgílio Afonso da (Org.). *Interpretação constitucional*. São Paulo: Malheiros, 2005.

FRIEDRICH, Carl. *Teoria y realidad de la organización constitucional democrática*. Traducción Vicente Herrero. México: Fondo de Cultura Econômica, 1946.

GADAMER, Hans-Georg. *Verdade e método*. Tradução Flávio Paulo Meurer. Rev. da Tradução Ênio Paulo Giachini. 4. ed. Petrópolis: Vozes, 2002.

GARCIA PELAYO, Manuel. *Derecho constitucional comparado*. 3. ed. Madrid: Manuales de la Revista de Occidente, 1953.

GOYARD-FABRE, Simone. *Os princípios filosóficos do direito político moderno*. Tradução Irene A. Paternot. São Paulo: Martins Fontes, 1999.

GRAU, Eros Roberto. *O direito posto e o direito pressuposto*. 6. ed. rev. ampl. São Paulo: Malheiros, 2005.

GUASTINI, Ricardo *Distinguiendo:* estudios de teoría y metateoría del derecho. Traducción Jordi Ferrer i Beltrán. Barcelona: Gedisa, 1999.

———. La constitucionalización del ordenamiento jurídico: el caso italiano In: *Neoconstitucionalismo(s)*. Traducción Santiago Sastre Ariza. Edición de Miguel Carbonell. Madrid: Trotta, 2003.

HÄBERLE, Peter. *Hermenêutica constitucional:* a sociedade aberta dos intérpretes da Constituição: contribuição para a interpretação pluralista e procedimental da Constituição. Tradução Gilmar Ferreira Mendes. Porto Alegre: Fabris, 1997.

HABERMAS, Jürgen. *Between facts and norms:* contribuctions to a discourse theory of law and democracy. Massachussetts: The MIT, 1996.

———. *De l'éthique de la discussion*. Traduction de l'allemand par Mark Hunyadi. Paris: Les éditions du cerf, 1992.

———. *O discurso filosófico da modernidade:* doze lições. Tradução Luiz Sérgio Repa e Rodnei Nascimento. São Paulo: Martins Fontes, 2000.

———. *Escritos sobre moralidad y eticidad*. Traducción de Manuel Jiménez Redondo. Barcelona: Paidós, 1991.

———. *Teoría de la acción comunicativa, II:* crítica de la razón funcionalista. Traducción Manuel Jiménez Redondo. Buenos Aires: Taurus Humanidades, 2001.

HEIDEGGER, M. *Ser e tempo*. Petrópolis: Vozes, 2001. v. 1.

HELLER, Hermann. *Teoria do estado*. Tradução Lycurgo Gomer da Motta. São Paulo: Mestre Jou, 1968.

HESSE, Konrad. *A força normativa da constituição*. Tradução Gilmar Ferreira Mendes. Porto Alegre: Fabris, 1991.

———. *Elementos de direito constitucional da República Federal da Alemanha*. Tradução Luís Afonso Heck. Porto Alegre: Fabris, 1998.

———. *Escritos de derecho constitucional*. Traducción e introduccíon Pedro Cruz Villalon. 2. ed. Madrid: Centro de Estudios Constitucionales, 1992.

JAMESON, Fredric. *Pós-modernismo, ou a lógica cultural do capitalismo tardio*. Tradução Maria Elisa Cevasco. São Paulo: Àtica, 1996.

JELLINEK, Georg. *Reforma y mutacion de la constitucion*. Madrid: Centro de Estudios Constitucionales, 1991.

KELSEN, Hans. *Teoria pura do direito*. Tradução João Baptista Machado. 5. ed. São Paulo: Martins Fontes, 1996.

LARENZ, Karl. *Metodologia da ciência do direito*. Tradução José Lamego. Lisboa: Calouste Gulbenkian, 1983.

LASSALE, Ferdinand. *A essência da constituição*. Adaptada a partir da Tradução de Walter Stönner. Rio de Janeiro: Liber Juris, 1998.

LOEWENSTEIN, Karl. *Teoría de la constitución*. Traducción y estudio sobre la obra por Alfredo Gallego Anabitarte. Barcelona: Ariel, Esplugues de Llobregat, 1976.

LUFT, Eduardo. Fundamentação última é viável? In: CIRNE-LIMA, Carlos; ALMEIDA, Custódio, (Org.). *Nós e o absoluto*: festschrift em homenagem a Manfredo Araújo de Oliveira. São Paulo: Loyola, 2001.

MELLO, Oswaldo Aranha Bandeira de. *A teoria das constituições rígidas*. 2. ed. São Paulo: Bushatsky, 1980.

MENDES, Gilmar Ferreira. *Direitos fundamentais e controle de constitucionalidade*: estudos de direito constitucional. São Paulo: Saraiva, 2004.

———. Os direitos fundamentais e seus múltiplos significados na ordem constitucional. *Revista Jurídica Virtual*, Brasília, v. 2, n. 13, jun. 1999.

———. *Jurisdição constitucional*: o controle abstrato de normas no Brasil e na Alemanha. 2. ed. São Paulo: Saraiva, 1998.

MIRANDA, Jorge. *Manual de direito constitucional*. 3. ed. rev. e atual. Coimbra: Coimbra, 2000. v. 4.

———. ———. 5. ed. Coimbra: Coimbra, 2003. v. 2.

———. ———. 6. ed. Coimbra: Coimbra, 1997. v. 1.

MORESO, José Juan. Conflictos entre principios constitucionales. In: NEOCONSTITUCIONALISMO(S). Madrid: Trotta, 2003.

MORO, Sérgio Fernando. *Jurisdição constitucional como democracia*. São Paulo: Revista dos Tribunais, 2004.

MORTATI, Costantino. *La costituzione in senso materiale*. Milano: Giuffré, 1940.

MÜLLER, Friedrich. *Fragmento (sobre) o poder constituinte do povo*. Tradução Peter Naumann. São Paulo: Revista dos Tribunais, 2004.

———. *Métodos de trabalho no direito constitucional*. 3. ed. rev. e ampli. Tradução de Peter Naumann. Rio de Janeiro: Renovar, 2005.

OLIVEIRA, Manfredo Araújo de. *Reviravolta lingüistico-pragmática na filosofia contemporânea*. São Paulo: Loyola, 1996.

OLIVEIRA, Marcelo Andrade Cattoni de. Devido processo legislativo e controle jurisdicional de constitucionalidade no Brasil. In: SAMPAIO, José Adércio Leite (Org.) *Jurisdição constitucional e direitos fundamentais*. Belo Horizonte: Del Rey, 2003.

PARSONS, Talcott. Estruturas com primazia integrativa e estágios na evolução de sociedades. In: SOCIOLOGIA e direito: textos básicos para a disciplina de sociologia jurídica. 2. ed. atual. São Paulo: Pioneira, 1999.

PASQUALINI, Alexandre. *Hermenêutica e sistema jurídico*: uma introdução à interpretação sistemática do direito. Porto Alegre: Livraria do Advogado, 1999.

PEREIRA, Jane Reis Gonçalves. *Interpretação constitucional e direitos fundamentais*: uma contribuição ao estudo das restrições aos direitos fundamentais na perspectiva da teoria dos princípios. Rio de Janeiro: Renovar, 2006.

PERELMAN, Chaïm; OLBRECHTS-TYTECA, Lucie. *Tratado da argumentação*. Tradução Maria Ermantina Galvão. São Paulo: Martins Fontes, 2002.

PÉREZ LUÑO, Antônio Enrique. *Derechos humanos, estado de derecho y constitución*. 6. ed. Madrid: Tecnos, 1999.

PINTO, Luzia Marques da Silva Cabral. *Os limites do poder constituinte e a legitimidade material da Constituição*. Coimbra: Coimbra, 1994.

REALE, Miguel. *Filosofia do direito*. 20 ed. São Paulo: Saraiva, 2002.

———. Fundamentos da concepção tridimensional do direito. *Revista Brasileira de Filosofia*, São Paulo, v. 10, n. 4, p. 455-470, out./dez., 1960.

TORRES, R. L. *O Mínimo Existencial, os Direitos Sociais e a Reserva do Possível*. In: António Avelãs Nunes, Jacinto Nelson de Miranda Coutinho. (Org.). Diálogos Constitucionais:Brasil/Portugal.. Rio de Janeiro: Renovar, 2004, v., p. 447-471.

ROMESÍN, Humberto Maturana. *De máquinas e seres vivos*: autopoiese – a organização do vivo. Tradução Juan Acuña Llorens. Porto Alegre: Artes Médicas, 1997.

ROSENFELD, Michel. *A identidade do sujeito constitucional*. Belo Horizonte: Mandamentos, 2003.

ROUANET, Sérgio Paulo. Jürgen Habermas: 60 anos. *Revista TB*, Rio de Janeiro, n. 98, p. 23-78, jul./set. 1989.

SALDANHA, Nelson. Ordem Política. Direito e Estado. *Revista de Informação Legislativa*, Brasília, v. 29, n. 113, p. 25-30, jan./mar. 1992.

SAMPAIO, Nelson de Souza. *O poder constitucional de reforma*. Bahia: Livraria Progresso, 1954.

SANCHÍS, Luis Prieto. Neoconstitucionalisno y ponderación judicial. In: NEOCONSTITUCIONALISMO(S). Madrid: Trotta, 2003.

SANTOS, Boaventura de Sousa. A sociologia dos tribunais e a democratização da justiça. *In Pela mão de Alice: o social e o político na pós-modernidade*. 7. ed. São Paulo: Cortez, 2000.

——. Tudo o que é sólido se desfaz no ar: o marxismo também? In: Pela mão de Alice: o social e o político na pós-modernidade. 7. ed. São Paulo: Cortez, 2000.

SARLET, Ingo Wolfgang. A eficácia do direito fundamental à segurança jurídica: dignidade da pessoa humana, direitos fundamentais e proibição de retrocesso social no direito constitucional brasileiro. *Revista de Direito Social*, v. ano 4, n. 14, p. 9-49, 2004.

——. *A eficácia dos direitos fundamentais*. 2. ed. rev. e atual. Porto Alegre: Livraria do Advogado, 2001a.

——. Argüição de descumprimento de preceito fundamental: alguns aspectos controversos. In: TAVARES, André Ramos; ROTHENBURG, Walter Claudius (Org.) *Argüição de descumprimento de preceito fundamental*: análises à luz da Lei 9.882/99. São Paulo: Atlas, 2001.

——. Constituição e proporcionalidade: o direito penal e os direitos fundamentais entre proibição de excesso e de insuficiência. *Revista da Ajuris*, Porto Alegre, v. 32, n. 98, p. 105-149, jun. 2005.

——. *Dignidade da pessoa humana e direitos fundamentais na Constituição Federal de 1988*. Porto Alegre: Livraria do Advogado, 2001b.

——. O estado social de direito, a proibição de retrocesso e a garantia fundamental da propriedade. *Revista da Faculdade de Direito da UFGRS*, Porto Alegre, n. 17, 1999.

SCHMITT, Carl. *Teoría de la constitución*. Madrid: Revista de Derecho Privado, [s.d.].

SCHOLLER, Heinrich. O princípio da proporcionalidade no direito constitucional e administrativo da Alemanha. Tradução Ingo Wolfgang Sarlet. *Interesse Público*, n. 2, 1999.

SIEYÈS, Emmanuel Joseph. *A Constituição burguesa*: qu'est-ce que le tiers état?. 3.ed. Tradução Norma Azeredo. Rio de Janeiro: Lumen Juris, 1997.

SILVA, Luís Virgílio Afonso da. O proporcional·e o razoável. *Revista dos Tribunais*, São Paulo, v. 91, n. 798, abr. 2002.

SOJA, Edward W. *Geografias pós-modernas*: a reafirmação do espaço na teoria social. Tradução Vera Ribeiro. Rio de Janeiro: Jorge Zahar, 1993.

SOUTO, Cláudio. *Introdução ao direito como ciência social*. Rio de Janeiro: Tempo Brasileiro, 1971.

SOUTO, Claudio; SOUTO, Solange. *A explicação sociológica:* uma introdução à sociologia. São Paulo: EPU,1985.

STEINMETZ, Wilson Antônio. *Colisão de direitos fundamentais e princípio da proporcionalidade*. Porto Alegre: Livraria do Advogado, 2001.

STERN, Klaus. *Derecho del estado de la Republica Federal Alemana*. Madrid: Centro de Estudios Constitucionales, 1987.

STRECK, Lenio Luiz. A dupla face do princípio da proporcionalidade: da proibição de excesso (*übermassverbot*) à proibição de proteção deficiente (*untermassverbot*) ou de como não há blindagem contra normas penais inconstitucionais. *Revista da Ajuris*, Porto Alegre, v. 32, n. 97, p. 171-201, mar. 2005.

——. *Hermenêutica jurídica e(m) crise:* uma exploração hermenêutica da construção do direito. 6. ed. Porto Alegre: Livraria do Advogado, 2005.

——. *Jurisdição constitucional e hermenêutica:* uma nova crítica do direito. Porto Alegre: Livraria do Advogado, 2002.

——. Os meios de acesso do cidadão à jurisdição constitucional, a argüição de descumprimento de preceito fundamental e a crise da eficácia da Constituição. *Revista da Ajuris*, Porto Alegre, v. 26, n. 81, p. 97-117, mar. 2001.

——. Quinze anos de Constituição: análise crítica da jurisdição constitucional e das possibilidades hermenêuticas de concretização dos direitos fundamentais-sociais. *Revista da Ajuris*, Porto Alegre, v.30, n. 92, p. 205-233, dez. 2003.

——. Súmulas vinculantes: em busca de algumas projeções hermenêuticas. In: SARLET, Ingo Wolfgang (org.) *Jurisdição e direitos fundamentais:* anuários 2004/2005/ Escola Superior da Magistratura do Rio Grande do Sul – AJURIS. Porto Alegre: Escola Superior da Magistratura do Rio Grande do Sul: Livraria do Advogado Ed, 2006, p. 107-129.

STUMM, Raquel Denize: *Princípio da proporcionalidade:* no direito constitucional brasileiro. Porto Alegre: Livraria do Advogado, 1995.

TEIXEIRA, Meireles, J. H. *Curso de direito constitucional*. Rio de Janeiro: Forense Universitária, 1991.

TEUBNER, Gunther. *Le droit:* un système autopoïétique. Traduit de l' allemand par Gaby Maier et Nathalie Boucquey. Paris: Presses Universitaires de France, 1993.

VERDU, Pablo Lucas. *Constituciones flexibles y constituciones rigidas*. Madrid: Centro de Estudios Constitucionales, 1988.

——. Estudio preliminar. In: JELLINEK, Georg. *Reforma y mutacion de la constitucion*. Madrid: Centro de Estudios Constitucionales, 1991.

VERDU, Pablo Lucas. Introdução. In: BRYCE, James. *Constituciones flexibles y constituciones rigidas*. Madrid: Centro de Estudios Constitucionales, 1988.

VIEIRA, Iacyr de Aguilar. A essência da constituição no pensamento de Lassale e de Konrad Hesse. Revista de Informação Legislativa, Brasília, v. 35, n. 139, 1998.

WHEARE, Karl C. *Las constituciones modernas*. Barcelona: Labor, 1971.

ZAGREBELSKY, Gustavo. *Il diritto mite*. Torino: Einaudi, 1992.

ZAVASCKI, Teori Albino. *Eficácia das sentenças na jurisdição constitucional*. São Paulo: Revista dos Tribunais, 2001.